Brigitte Fabian • Kraft durch innere Reinigung

Das Thema innerliche und äußerliche Reinigung ist für den heutigen Menschen von großer Bedeutung. Wenn wir lernen, in Harmonie mit uns, unseren Mitmenschen, unserer Umwelt, der Natur und dem Kosmos zu leben, halten wir den Körper und unsere Umgebung rein. Doch wie erreichen wir diese Reinheit des Körpers, der Seele und des Geistes, wie gelangen wir zum persönlichen Wohlbefinden?

Voraussetzung für eine Reinigung auf allen Ebenen ist der achtsame Umgang mit sich selbst. Hierbei muß zuerst die Eigenwahrnehmung geschult werden: Geist und Seele können gereinigt werden, indem man sich Gefühle bewußtmacht, indem man nach Erkenntnis strebt.

Vorbeugende Maßnahmen zur Reinigung des Körpers sind Ernährung, Trinkkuren, Bewegung, aber auch Yoga, Meditation und Fasten. Unterstützend wirken Maßnahmen wie zum Beispiel Bäder, Aroma- und Farbtherapie, Obsttage oder Kräutertees.

Als Therapien eignen sich auch Massagen, Lymphdrainagen oder Ausleitungskuren. Reinigungsprozesse sind auch mit Hilfe von Therapeuten möglich, etwa durch Logotherapie oder Atemtherapie.

Die Autorin

Brigitte Fabian ist Heilpraktikerin, Ernährungsberaterin und ausgebildete Waldorf-Lehrerin. Als Inhaberin des Bellassana-Instituts für Ganzheitliche Gesundheitsvorsorge, Therapie und Schulung in München bildet sie ganzheitliche Fastenleiter aus und leitet Fasten- und Selbsterfahrungsgruppen. Ihre Schwerpunkte: Psychotherapie, Persönlichkeitstraining, Anti-Streß-Training, Aroma-Massagen und energetische Behandlungen.

Brigitte Fabian

Kraft durch innere Reinigung

Klarheit für Körper, Geist und Seele

Mosaik

Umschlaggestaltung: Design Team München
Umschlagfoto: Hermann Gerth, Jahreszeiten Verlag
Textredaktion: Annette Baldszuhn
Satz: Filmsatz Schröter GmbH, München
Druck und Bindung: Graphischer Großbetrieb Pößneck GmbH
Printed in Germany
ISBN 3-576-11242-1

Dieses Buch widme ich meinen beiden Söhnen,
Nico-Sebastian und Jan-Philipp, in Dankbarkeit für das,
was ich durch sie lernen und erfahren durfte.
Sie sind heute noch jung genug, um rechtzeitig ein Bewußtsein
für dieses Thema entwickeln zu können,
und schon alt genug, den Sinn zu begreifen.

Ich danke meinen Freunden Heike, Sabine, Jutta und Michael
für ihre konstruktive Kritik und Unterstützung.

Inhalt

KAPITEL 6: ANLEITUNG FÜR KÖRPERLICHE, SEELISCHE UND GEISTIGE REINIGUNG

Vorwort

Reinigung setzt Verunreinigung voraus. Das Anliegen, ein Buch über die Reinigung von Körper, Seele und Geist zu schreiben, und der nachfolgende Blick in die Regale meiner Buchhandlung weckten bei mir die Frage, woher dieses übertriebene Reinigungsbedürfnis des zivilisierten Menschen, speziell in der westlichen Welt, kommen mag.

Wer nicht im Überfluß lebt, sondern nur das hat, was er wirklich zum Leben braucht, also Wasser, saubere Luft, gesunde Böden für gehaltvolle Nahrung, Zuwendung und Liebe, ein Zuhause im Innen und Außen – wobei das Außen sich verändern kann –, der wird nicht in die Situation kommen, sich zu ›verschmutzen‹. Er wird also auch kein Bedürfnis nach mehr als körperlicher Hygiene und Reinigung verspüren.

Daß innerliche und äußerliche Reinigung heute in einem solchen Maße thematisiert werden, zeigt, wie wenig wir Menschen in Harmonie mit uns selbst, unserer Umwelt, der Natur mit ihren unumstößlichen Gesetzen und unseren Mitmenschen leben. Tatsache ist:

- Wir verschmutzen das Weltall.
- Wir verschmutzen unseren Planeten.
- Wir verschmutzen die Umwelt.
- Wir beschmutzen die Beziehungen zu unseren Mitmenschen.
- Wir beschmutzen unsere Sprache.
- Wir verschmutzen unseren Organismus.
- Wir beschmutzen unseren Innenraum, unsere Seele.
- Wir beschmutzen unser Ich.

Das alles ist nur möglich, weil wir in der Illusion leben, uns grenzenlos *bedienen* zu können:

- *aus natürlichen Ressourcen*, indem wir die Natur nicht nur ausbeuten, sondern sie überdies ausbeuterisch manipulieren (zum Beispiel in der Landwirtschaft);
- *aus unserer eigenen Energiequelle*, indem viele von uns ihren Körper mit allen zur Verfügung stehenden Mitteln auf Höchstleistung trimmen (zum

Beispiel durch Doping bei Spitzensportlern oder Fitneßtraining bis zum Umfallen);

- *aus unserem Seelenpotential* – und hier liegt wohl die größte Ausbeutung der heutigen Zeit –, indem wir Körper und Seele und damit unsere Empfindungen mit Hilfe von Drogen, Alkohol, Schlaf- und Aufputschmitteln oder der Potenz-Pille betrügen. Musik aus dröhnenden Lautsprechern, Videoclips und andere Multi-Media-Effekte oder immer waghalsigere Freizeitvergnügungen betäuben unsere Sinne. Wir brauchen immer stärkere Reize, um überhaupt noch etwas zu fühlen. Auch wenn dies nicht pauschal für alle Menschen gilt, so trifft es doch für die große Masse zu.
- *aus unserem Intellekt*, indem wir unseren Geist mit einer Flut von Informationen ›verstopfen‹, die oftmals keine Weisheit mehr zulassen, oder mit positiven Autosuggestionen aus dem Bereich des mentalen Trainings, die alles machbar erscheinen lassen.

Was uns mehr und mehr abhanden kommt, ist die Fähigkeit, eine von gesunden Gefühlen, von Liebe, Ehrfurcht und Achtsamkeit getragene Beziehung zu uns selbst, unseren Mitmenschen, unserer Umwelt, der Natur und dem gesamten Kosmos zu entwickeln. Intuition wird kaum mehr wahrgenommen. Für Spiritualität ist kein Platz, obwohl unstrittig ist, daß der Ursprung allen Seins geistiger Natur ist.

Doch wenn Denken, Handeln und Urteilen nicht auf wahrhaftigen, sinndurchdrungenen Gefühlen beruhen, führen sie zu seelenlosen, menschen- und lebensverachtenden Aktionen und in der Folge zu Krankheit. Insofern besteht heute ein durchaus berechtigtes Interesse an Reinigung auf allen Ebenen – auch wenn sich das Reinigungsbedürfnis bei den meisten Menschen nur körperbezogen zeigt.

Ich selbst möchte lieber von Ballast abwerfen und Befreiung von krankmachendem Überfluß auf der körperlichen, seelischen und geistigen Ebene sprechen statt von Reinigung. Nur dann können wir voller Gesundheit, Lebensfreude, Vertrauen und Tatkraft befreit und frei mit dem Fluß des Lebens fließen, den Sinn des Augenblicks erkennen und uns mit Energie unserer jeweiligen Aufgabe hingeben.

Kapitel 1

Warum ist Reinigung so wichtig?

In trübem Wasser stirbt alles Leben.

Reinigung – ein unentbehrlicher Schritt für allumfassende Gesundheit

Leben ist ständiges Werden und Vergehen, ist Bewegung und Rhythmus. Deshalb sollten wir die Lebensrhythmen respektieren, fähig bleiben, in fließenden guten Beziehungen zu uns, unseren Mitmenschen, der Natur und der Umwelt zu leben, und jeglichen Stillstand vermeiden.

Der Mensch ist eine Einheit aus Körper, Seele und Geist. Also sollten wir auch für diese drei Wesensglieder und ihre Gesunderhaltung Sorge tragen. Dies ist nur möglich, wenn sie in Harmonie zueinander existieren und wir allen dreien unsere Aufmerksamkeit schenken.

Der Körper lügt nicht

Um erkennen zu können, welche Bedürfnisse wir haben bzw. wovon wir uns befreien oder reinigen müssen, gilt es, unsere Eigenwahrnehmung zu schulen. Der Körper lügt nicht. Doch körperliche Botschaften wollen erkannt und angenommen werden!

Zwar leben wir in einer außerordentlich körperbezogenen Zeit, haben aber dennoch immer weniger Zugang zu den Botschaften und Signalen, die uns der Körper sendet. Das mag einerseits daran liegen, daß spätestens ab der zweiten Nachkriegsgeneration jedes kleine Wehwehchen sofort mit Medikamenten vermeintlich beseitigt wurde. Andererseits steigt der gesellschaftliche Leistungsdruck, und wir haben kaum noch Zeit, die Signale unseres Körpers zu beachten. Da Mütter zunehmend berufstätig werden, kann die notwendige Fürsorge für ein krankes Kind in den wenigsten Fällen noch geleistet werden. Was bleibt angesichts dieser Tatsache anderes übrig, als Krankheiten schon bei Kleinkindern zu unterdrücken?

Kaum jemand macht sich klar, daß die meisten Krankheitssymptome jedoch zunächst den Versuch des Körpers darstellen, Gifte auszuscheiden. Der

Mensch ist ein Fließsystem. In ihm zirkulieren Blut, Lymphe und Zwischenzellflüssigkeit. Andere Körpersäfte sind Galle, Speichel, Schweiß, Tränenflüssigkeit, die Verdauungssäfte der Bauchspeicheldrüse und des Magens, die Ausscheidungen der Genitalschleimhäute und beim Mann die Ejakulationsflüssigkeit. Auch das den Embryo umgebende Fruchtwasser und die Muttermilch der stillenden Frau gehören dazu. Bei einem gesunden Menschen sind die Körperflüssigkeiten ›rein‹, das heißt frei von krankheitserregenden (pathogenen) Keimen. Es findet ein regelmäßiger Austausch statt zwischen extrazellulärer und intrazellulärer Flüssigkeit und zwischen Blut und Lymphe. In einem gesunden Stoffwechsel fließen die Verdauungssäfte in angemessener Menge und Zusammensetzung, die Schleimhäute sind gut durchblutet und feucht, Tränenflüssigkeit benetzt die Bindehaut der Augäpfel, Samenflüssigkeit, Fruchtwasser und Muttermilch sind ausreichend vorhanden und frei von Giftstoffen. Der Stoffwechsel ist nicht übersäuert.

Der Körper kann sich selbst reinigen

Es gibt nach Dr. med. Hans-Heinrich Reckeweg, Baden-Baden, im Verlauf verschiedenster Krankheiten den sogenannten biologischen Schnitt. Dieser Schnitt wird zwischen der humoralen, also die Körperflüssigkeiten betreffende, und der zellulären, also die Körperzellen betreffende Phase einer Krankheit gezogen. Reckeweg unterteilt die humorale Phase in die Ausscheidungsphase (Exkretionsphase), die Reaktionsphase und die Ablagerungsphase (Depositionsphase), die zelluläre Phase in die Phase des Eindringens der Giftstoffe in die Zellen (Imprägnationsphase), die Entartungsphase (Degenerationsphase) und die Phase des entarteten Zellwachstums (Neoplasmaphase). Die Tendenz zur Selbstheilung durch Ausscheidung von Giftstoffen (Toxinen) besteht nur in der humoralen Phase. Danach dringen Toxine in die Zellen ein und führen zu fortschreitenden Zellstoffwechselstörungen, chronischen Krankheiten und schließlich zu Siechtum.

Es ist deshalb zuerst einmal wichtig, die körpereigene Tendenz zur Ausscheidung und damit zur Reinigung zu unterstützten. Physiologische Ausscheidungsvorgänge sind u. a. Stuhlgang und Urinieren, Schweißbildung, Schleimhautabsonderungen, Regelblutung, Tränenfluß sowie die innersekretorischen Drüsenausscheidungen. Sind diese Ausscheidungsvorgänge gestört und außerdem krankmachende Erreger in den Organismus eingedrungen, kommt es zu Reaktionen des Körpers. In vielen Fällen stellen sich zunächst Unwohlsein, Fieber und Entzündungen ein. Hauterscheinungen treten auf. Der Körper wehrt sich damit direkt gegen krankmachende Erreger und öffnet die eigenen ›Schleusen‹, um die ›Eindringlinge‹ wieder loszuwerden. Auch Erbrechen, Durchfall, Schweißausbrüche, Schnupfen und Husten können zu dieser Ausscheidungsphase gezählt werden. Die Toxine können in dieser Phase zunächst noch chemisch umgesetzt und zur Ausscheidung gebracht werden. Unterbinden wir allerdings diesen Prozeß mit allopathischen Medikamenten, so verschwinden zwar häufig die Symptome, es kommt aber oft zu Symptomverschiebungen und damit zu teilweise chronischen Zweiterkrankungen, da die erste Krankheit nicht wirklich ausgeheilt wurde, sondern die Entgiftungsreaktion von Haut und Lymphe unterbunden wurde. Ein Teufelskreis beginnt.

Wenn die Selbstreinigungskräfte des Körpers versagen

Gelingt es dem Körper nicht, krankmachende Stoffe auszuscheiden, oder wird der Ausscheidungsvorgang unterbrochen, so lagern sich diese Stoffe zunächst einmal im Fett-, Binde- und Unterhautzellgewebe ab. Hier sind sie am wenigsten schädlich für die gesunden Funktionen der lebenswichtigen Organsysteme. Auch Gelenke und Blutgefäße dienen im fortgeschrittenen Stadium als ›Deponien‹. In der Folge können Rheumatismus, Gicht, Durchblutungsstörungen, Herz-Kreislauf-Erkrankungen und nach und nach Zellschädigungen entstehen. Diese gehen häufig mit starken Entzündungen einher, zum Beispiel Magenschleimhaut-, Dick- oder Dünndarmentzündungen. Leberschäden, Herzklappenfehler, Asthma, Osteoporose oder andere schwere Krankheiten können auftreten. Wenn nun der Körper nicht grundlegend entgiftet wird, gerät der Zustand der geschädigten Organe automatisch in die Phase der Entartung. Die Zellen können nicht mehr repariert werden. Unheilbare Zustände wie Schrumpfniere, Leberzirrhose, Knochenschwund, Erblindung, Taubheit und schließlich Entartung der Zellen bis hin zu Krebserkrankungen sind die Folge. Das zeigt, daß Krankheiten niemals isoliert betrachtet werden dürfen. Aus einem durch Schnupfenspray unterdrückten Schnupfen können später eine Halsentzündung, dann ein chronisches Nasen-Nebenhöhlen-Geschehen, schwerste Organschädigungen bis hin zum Siechtum entstehen. Natürlich gibt es Infektionen, bei denen sich zu viele oder zu starke Gifte häufen und deshalb eine Behandlung mit Antibiotika unumgänglich und manchmal lebensrettend ist. Häufig jedoch werden diese Medikamente bereits bei Krankheitsprozessen eingesetzt, die besser durch die Förderung der Ausscheidungsreaktionen kuriert werden sollten. Konsultieren Sie bitte im Zweifelsfall unbedingt einen naturheilkundlich oder anthroposophisch orientierten Arzt. Dieser wird darauf achten, daß die durch Medikamente – wenn sie unumgänglich erscheinen – eingebrachten Toxine auch wieder ausgeleitet werden.

Ein gesundes Immunsystem schafft es in der Regel, durch Reaktionen in der humoralen Phase sein Gleichgewicht wiederherzustellen. Ist dies nicht der Fall, kommt es zur Ablagerung von Toxinen. Die Folgen können dann auch Übergewicht, Steinleiden, Verstopfung, Ödeme oder Neuralgien sein. Das Bindegewebe und die Zwischenzellflüssigkeit sind – wie zuvor beschrieben – mit Toxinen überflutet, und es kommt zu fortschreitender innerer Selbstvergiftung. Das körpereigene Abwehrsystem bricht zusammen.

›Aufräumarbeit‹ ist auf allen Ebenen nötig

In diese Prozesse spielen allerdings auch seelische wie geistige Komponenten hinein. Seelische Unausgeglichenheit durch ungebündelte Emotionen, nicht erkannte und nicht integrierte Persönlichkeitsanteile, ungesunde Begierden und Süchte, Ängste, Sorgen und Nöte wollen bearbeitet und ›erlöst‹ werden. Unseren Geist können wir von fehlgelenkten, belastenden Gedanken und unguten Beziehungen befreien. Wir können unsere Vorstellungen und Hoffnungen überprüfen, unsere Handlungen auf ihren Wahrheitsgehalt hin untersuchen und Wünschen von wirklich sinnerfülltem Wollen unterscheiden lernen. ›Aufräumarbeit‹ im Sinne von Reinigung ist auch in diesen Bereichen von Zeit zu Zeit nötig, um Klarheit auf allen Ebenen zu erlangen.

Wie Sie dieses Buch benützen sollten

Es ist natürlich nicht möglich, im Rahmen dieses Buches alle Mittel und Wege der Reinigung aufzuführen. Insofern erhebt dieses Buch keinen Anspruch auf Vollständigkeit. Auch wäre es unseriös, für Methoden, die eingehende Information und längerfristige Übung unter Anleitung erfordern, nur eine kurz skizzierte ›Gebrauchsanweisung‹ anzubieten.

Ich möchte Ihnen einen ersten Überblick über körperliche, seelische und geistige Reinigungsprozesse und -methoden geben. Werden Sie sich beim Lesen zunächst darüber klar, wo sich Ihre persönlichen Schwachstellen im Organismus bemerkbar machen und welche seelischen Einflüsse und geistigen Haltungen Ihren Lebensfluß lähmen. Wenn Sie dann mit Hilfe des Kapitels 6 – und insbesondere durch Beantwortung der Fragen zur Selbsteinschätzung (siehe Seite 165 ff.) und dank der ›Tips zur Reinigung für die verschiedenen Menschentypen‹ (siehe Seite 170 ff.) – herausgefunden haben, was Sie am meisten anspricht, können Sie selbst entscheiden, womit Sie beginnen möchten, und sich im Bedarfsfall über weitere Quellen zusätzlich informieren (siehe hierzu auch Weiterführende Literatur und Wichtige Adressen im Anhang).

Kapitel 2

Reinigung war zu allen Zeiten wichtig

Wie innen – so außen, heißt auch wie außen – so innen.

Hermes Trismegistos

Reinigungsrituale begleiten die Menschheitsentwicklung

Reinigung in Wandlungsphasen

Die meisten Reinigungsrituale wurden mehr im Sinne seelisch-geistiger Reinigung und Läuterung praktiziert, oder aber sie waren eng verbunden mit Wandlungsphasen im Leben der Menschen. So wurden einschneidende Lebensabschnitte von Reinigungsritualen begleitet: Geburt und Pubertät, Hochzeit und Tod.

Häufig fand in diesen kultischen Handlungen Katharsis statt: die Läuterung der Seele von Leidenschaften und das Sichbefreien von seelischen Konflikten und inneren Spannungen durch emotionale Abreaktion, die alle Gefühle wie Schmerz und Trauer freisetzen konnte. Immer war mit diesem Prozeß auch ein ›Sterbeprozeß‹ verbunden, etwa der Abschied von der vorgeburtlichen Existenz, das Ende der Kindheit oder der wirkliche physische Tod.

Reinigungsrituale wurden vollzogen als Wandlungsrituale beim Überschreiten einer Schwelle zwischen zwei ›Welten‹ oder Seinszuständen. Der Wandlungsprozeß der Raupe über die Puppe bis zum Schmetterling macht deutlich, was hier gemeint ist. Das Ziel solcher Rituale war es, innere Fesseln zu sprengen, sich zu befreien, zu stärken und auf etwas Neues vorzubereiten. Dieser Prozeß wurde bewußt vollzogen.

Totenreinigung

Vor allem bei den Nordeuropäern gab es immer wieder Rituale der Totenreinigung. Man ging davon aus, daß sich der Geist des Verstorbenen nicht vom Irdischen lösen konnte. In besonders schlimmen Fällen sollen die Geister, sogenannte Vampire, sogar Menschen und Tiere angefallen haben.

Man las für diese Toten Messen, grub die Leichname wieder aus und entfernte ihnen das Herz. Fuhr der vermeintliche Vampir mit seinen nächtlichen Ruhestörungen fort, hielt man drei Tage und drei Nächte Prozessionen ab, während derer die Geistlichen fasten mußten. Alle Häuser des Dorfes wurden mit Weihwasser besprengt, dem Toten wurde sogar Weihwasser in den Mund gegossen. Nach drei Tagen verbrannte man den Leichnam.

Reinigung von Schuld

Reinigung von Schuld oder Trauer durch Rache kennen wir durch Hunderte von Beispielen aus der Geschichte. In früherer Zeit wandten die Menschen oft rigorose Methoden an, wie zum Beispiel Hamlet, der dem Geist seines Vaters Ruhe verschaffen sollte, indem er den an ihm begangenen Meuchelmord rächte. Ein Zeugnis der ›Reinigung durch Vernichtung‹ ist die Hexenverbrennung.

Vertreibung ›böser Geister‹

Auch die Vertreibung ›böser Geister‹, wie sie schon im alten China praktiziert wurde, war ein Reinigungsritual bei allen Urvölkern. Diese Rituale wurden auf ganz verschiedene Art und Weise durchgeführt. Heute besinnen sich viele Menschen der westlichen Welt darauf und holen über die Beschäftigung mit [1]Feng Shui oder den Kulturen der Urvölker dieses alte Wissen in die Gegenwart zurück. Durch Maßnahmen des Feng Shui wird der Energiefluß Ch'i so gelenkt, daß zum Beispiel Hausgeister und von Menschen hinterlassene schlechte Stimmungen und Energien aus Wohnräumen vertrieben werden.

Reinigung von ›Besetzungen‹

Nicht allein in europäischen Kulturen herrschte der Glaube vor, daß der Mensch nicht mit seinem Ableben erlöst sei, sondern daß vor einem höheren Gericht über ihn geurteilt werde. In zahlreichen Religionen liest man

[1] Feng Shui heißt wörtlich Wind und Wasser. Gemeint sind Erdkräfte, die verantwortlich für das Gelingen, für Wohlstand und Gesundheit sind. Feng Shui ist aus der frühen chinesischen Philosophie, dem Taoismus, hervorgegangen. Diese religiöse Lehre geht auf das Buch ›Vom Wirken des Tao‹ zurück, das Laotse (geb. 604 v. Chr.) zugeschrieben wird.

Totenmessen nicht nur, um den Verstorbenen von seinen Sünden zu erlösen, sondern auch, um die Hinterbliebenen von ›Besetzungen‹ zu reinigen. Hintergrund ist die Vorstellung, daß Menschen auch nach ihrem Tod von anderen Menschen Besitz nehmen können – sei es aus übersteigerter Liebe, aus reinem Egoismus oder bedingt durch ihr [2]Karma. Demnach mischten sich Tote in die Beziehungen und alltäglichen Handlungen der Hinterbliebenen ein. Dieser Glaube führte zum Beispiel zu der Überzeugung, daß ein ›besetzter‹ Sohn keine Frau finden könne, da seine verstorbene Mutter ihn noch beschütze.

Reinigung von Krankheiten

Im Altertum

Im alten Griechenland und Ägypten war die sogenannte ›Inkubation‹, der Tempelschlaf, das Mittel, sich von einer Krankheit zu befreien. Hierzu suchte man Tempel solcher Götter aus, die den Menschen die zum Genesen notwendige Kraft und den erforderlichen guten Willen versprachen.

Aquilin, ein berühmter griechischer Advokat, litt an der Galle. Er ließ sich in das Micheaelion tragen, und die Götter rieten ihm im Traum, ein aus Honig, Wein und Pfeffer gemischtes Getränk einzunehmen. Dies brachte ihm in der Tat die Gesundheit zurück. In Griechenland haben sich einige dieser Gebräuche bis heute erhalten.

In Ägypten wurde der Serapistempel zu Memphis zur Heilung benutzt. Doch hier glaubte man nicht, daß allein der mehrtägige Schlaf in dem Tempel zur Genesung ausreiche, sondern man hoffte, im Traum eine Eingebung zu erhalten, die Heilung oder Linderung ermögliche.

Bei den Griechen hing die Inkubation namentlich mit dem Kultus des Heilgottes Asklepios zusammen. Seine Tempel waren von Sonnenlicht durchflutet und befanden sich in der Nähe von Quellen, die höchstwahrscheinlich mineralische Elemente enthielten. Die Priester, die Asklepiaden, besaßen medizinische Kenntnisse und ließen hoffnungslos Kranke oder Hochschwangere sich in der Nähe des Tempels aufhalten, damit sie selbst nicht in Verruf gerieten, wenn den Kranken auf dem Weg vom Tempel nach Hause ein Unglück geschähe. Vor allem versuchten sie den Kranken durch strikte Diäten zu helfen.

[2] Karma bezeichnet im Buddhismus das die Form der Wiedergeburten eines Menschen bestimmende Handeln bzw. das durch ein früheres Handeln bedingte gegenwärtige Schicksal.

Zur Heilung von Fieber existierte eine merkwürdige Methode. Hatte ein Mann das viertägige Fieber, so mußte dessen schwangere Frau seine Kleider tragen. Danach zog der Fiebernde die Kleidung an, ohne sie vorher gewaschen zu haben.

Auch versuchte man sich von Fieber zu heilen oder vor Fieber zu schützen, indem man es auf andere übertrug. Man schrieb zum Beispiel auf ein Stückchen Papier: ›Fieber, bleib aus, ich bin nicht zu Haus‹. Dieses Papier ließ man in die Rocktasche des nächstbesten Menschen gleiten. Oder man rührte den Urin des Fieberkranken mit Mehl an und bereitete daraus Brot. Dieses gab man dann den Fischen zu fressen. Die Römer schnitten einem Fieberkranken einen Nagel ab und hefteten ihn mit Hilfe von Wachs an ein anderes Haus.

Im Mittelalter

Im Mittelalter galt Krankheit nicht immer als Störung des natürlichen Organismus, sondern man suchte, selbst noch bis ins 17. Jahrhundert hinein, nach göttlichen oder dämonischen Einwirkungen als Ursache für eine Krankheit. Magische Heilmittel waren üblich, um die Betroffenen zu reinigen.

In Griechenland befolgen gläubige Mütter noch heute einen mittelalterlichen Brauch und schlafen zu Füßen der Heiligenstatuen, wenn ihre Kinder schwer erkrankt sind. Auch das Tragen eines geweihten Kreuzes oder eines Zeichens des Schutzpatrons soll Heil bringen.

In Köln gab es im Mittelalter eine merkwürdige Sitte: In der Karthäuserkirche wurde der umgenähte Rocksaum Christi aufbewahrt. Frauen mit starken Menstruationen hielten ein Tuch an die Reliquie und tauchten es anschließend in Wein, den sie dann tranken. Der Wein brachte ihnen angeblich Heilung.

Verbreitet waren im Mittelalter auch Rituale bei Zahnschmerz. So sollte man bei starkem Zahnweh während der Messe die Zähne aufeinanderbeißen. Auch wer jeden Morgen mit der Zunge im Mund ein Kreuz schlüge, bekäme keine Zahnschmerzen. Oder man löste von der Ostseite einer Erle oder Weide im Frühjahr die Rinde, schnitt einen Splitter aus dem Holz heraus und stocherte damit solange im Zahnfleisch herum, bis es blutete. Dann legte man den Splitter an die vorige Stelle zurück und verbrannte das Stück Holz.

Zwei Reinigungsrituale haben sich bis in unsere Zeit gehalten: Wallfahrten und fromme Schenkungen sollten und sollen helfen, sich von Krankheiten, belastenden Ereignissen oder schlechten Erfahrungen zu befreien. In tiefreligiösen Gegenden werden ›unruhige Geister‹ noch heute durch Beten, Fasten, Almosengeben und fleißige Gottesdienstbesuche zu vertreiben versucht.

Methoden der Reinigung

Feuer

In vielen Religionen ging man davon aus, daß die bösen oder vom Teufel besessenen Menschen nach ihrem Tod im Fegefeuer schmoren müßten. War das Feuer einerseits der Verbündete des Bösen, nahm sich im Mittelalter das Christentum andererseits des Feuers als Mittel der Reinigung an. Man bedenke nur, wie viele vermeintliche Hexen auf dem Scheiterhaufen verbrannt wurden. Die Einstellung zum Feuer war also zeitlebens zwiespältig. Man bediente sich des Feuers als einzig sicherem Mittel, den Teufel aus den Hexen und den Magiern auszutreiben. Eine Hexe war nur durch das Feuer unschädlich zu machen. Als Beweis, daß die Menschen es mit einer Hexe zu tun hatten, ließ man sie über glühende Kohlen laufen. Dies konnte nur eine Hexe überstehen. Dann verbrannte man sie, um auch ihren Geist ›unschädlich‹ zu machen.

Nahrungsbeschränkung

Oft bestanden Reinigungsrituale darin, die Nahrung zu beschränken, um neue Kräfte des Lebens zu gewinnen. Diese Rituale hatten eine sittliche und moralische Schulung zum Ziel, die Dankbarkeit und Bewußtsein für Nahrung weckt, zur Selbstdisziplin erzieht und die Nahrung mit anderen teilen läßt. Der körperliche Aspekt der Reinigung stand dabei nicht, wie heute, im Vordergrund. Die Motivation für eingeschränkte Nahrungsaufnahme bzw. Fasten war und ist unterschiedlicher Art:

- Im alten Ägypten war Nahrungsenthaltung Ausdruck von Trauer.
- Die Anhänger der Philosophie des Phytagoras (582–507 v. Chr.) legten sich Nahrungsenthaltung auf, um ihren Geist zu züchtigen.
- Im alten Judentum galt Fasten u. a. als verdienstvolles Werk vor Gott.
- Bei einigen Naturvölkern sind bestimmte Riten von Fastentagen begleitet.
- Die Inder fasten, um sich durch Askese von der materiellen Welt zu lösen.
- Die Hindu-Religion kennt Enthaltsamkeit von Speisen vor allem als Mittel ritueller Reinigung.
- Die buddhistischen Mönche nehmen mittags gegen 12 Uhr ihre letzte Mahlzeit ein.
- Fasten ist auch ein fester Bestandteil der christlichen Religion, um sich zu läutern und zu reinigen. Moses hat auf dem Berge Sinai vierzig Tage und vierzig Nächte ohne Wasser und Brot zugebracht. Jesus tat dies in der

Wüste eine genauso lange Zeit. Schon in der Genesis, der biblischen Schöpfungsgeschichte, wird dem Menschen ein erstes einschränkendes Gebot der Nahrungsaufnahme gegeben: ›Aber vom Baume der Erkenntnis des Guten und des Bösen sollst du nicht essen.‹
- Auch Ikonen malende Mönche haben ihren Geist durch Fasten gereinigt, um ihre Intuition zu steigern.

Überall auf der Welt haben Menschen – gleich welcher Religion und Weltanschauung – versucht, sich durch Fasten zu reinigen und innerlich mit moralisch-geistigen Kräften zu stärken. Fasten und andere Reinigungsrituale gingen einschneidenden, neuen Lebensabschnitten voraus, in die es geläutert und ›rein‹ einzutreten galt.

Reinigungsrituale in den Religionen

Volksglauben

In Deutschland gab man im Mittelalter einem Neugeborenen, bevor es zum ersten Mal saugen durfte, einen gebratenen Apfel. Die schon damals bekannte Reinigungskraft des Apfels sollte dazu beitragen, daß das Kind anständig würde.

Nach der Hochzeit sollte eine schwarze Henne das Haus eines Brautpaares zuerst betreten, um es zu reinigen. Man glaubte, daß sich dann alles Unglück auf das Tier übertragen würde.

Damit Kinder keine krausen Haare bekamen, wurden sie mit Weißwein gewaschen.

Christentum

Bei den Christen gilt die Beichte als stärkstes Reinigungsmittel von jeglicher Sünde. Hintergrund ist der Glaube, daß Jesus Christus stellvertretend für alle Sünder gestorben ist.

Auch das Christentum praktiziert, wie alle Religionen, die an unruhige Geister, ›Untote‹ oder Besetzungen glauben, kurz vor dem Tod ein Reinigungsritual. Bei den Katholiken ist es die Letzte Ölung, die immer mit einer Beichte verbunden ist. Der im Sterben Liegende soll noch einmal über seine Sünden Rechenschaft ablegen können. Nur so, setzen die Gläubigen und Priester voraus, hat er eine Chance, Gottes Gnade erfahren zu dürfen. Die Beichte steht in direktem Zusammenhang mit der Vorstellung, daß unerlöste

Seelen, die sich einer Schuld bewußt sind, sich nicht von der Erde trennen können.

Im übrigen ist auch das Bekreuzigen ein Ritual, um sich von allem Bösen rein zu halten. Der Besitz eines Kreuzes, das am Körper getragen oder über der Tür aufgehängt wird, dient dem gleichen Zweck. Der Mensch soll durch das Kreuz davor geschützt werden, in Versuchung zu geraten, das Böse soll ihm nichts anhaben können.

Auch das Beten des Rosenkranzes dient zur Reinigung von Sünden.

Zur Zeit Jesu galt das Fasten als ein Werk besonderer Frömmigkeit und als kultische Form des Opferns. Bis in die heutige Zeit hat sich die Fastenzeit in der katholischen Kirche erhalten. Zeugnis darüber geben auch die Begriffe Fastnacht oder Karneval, was vom Lateinischen ›carne vale‹, ›Fleisch lebe wohl‹, kommt. Bevor die Menschen also Ostern als Auferstehung des Fleisches feiern, fasten sie, um sich auf dieses große Ereignis vorzubereiten.

Wasser symbolisiert in der christlich-jüdischen Religion Reinigung und Erneuerung. Es wird für kultische Reinigungen und Segnungen angewandt. Auch die Heilung des gelähmten Mannes am Teich von Betesda symbolisiert die Reinigungskraft des Wassers.

Wasser und Blut sind, wie im Johannes-Evangelium zu lesen ist, zur Reinigung von Schuld und Sünde geflossen.

Die Taufe ist ebenfalls ein Ritual zur Reinigung von der Macht der Sünde.

Das [3]Gilgamesch-Epos sowie die Sintflut-Erzählung zeugen von der Kraft des Wassers im Sinne von Reinigung und Erneuerung.

Judentum

Im Talmud, der Sammlung der Gesetze und Überlieferungen des nachbiblischen Judentums, gibt es deutliche Anweisungen zur äußeren Reinheit. So ist erklärt, wie man heilige Gegenstände reinigt, aber auch, wie ein Zimmer nach unreiner Krankheit gesäubert wird. Genauestens wird erläutert, welches Huftier man essen darf und daß nur der Verzehr von Wassertieren mit Schuppen erlaubt ist. Als größte Unreinheit gilt, ein Kalb oder Lamm in der Milch seiner Mutter zu kochen. Grundsätzlich werden daher Milch(produkte) und Fleisch zu den Mahlzeiten strikt getrennt. Die Verhaltensregeln sind so genau, daß selbst Seife aus tierischem Fett nicht zum Geschirrspülen

[3] Gilgamesch war Held des babylonischen Reiches im 3. Jt v. Chr. Das Gilgamesch-Epos ist Grundlage für viele Elemente der Sintflut-Erzählung aus dem Alten Testament.

benutzt werden darf. Grundsätzlich betrachten die Juden den Eßtisch als Altar. So dient jede Nahrungsaufnahme der Heilung des Körpers und des Lebens.

Auch die Beschneidung der männlichen Nachkommen dient nicht nur dem hygienischen Schutz, um die Übertragung zahlreicher Krankheiten zu vermeiden. Sie ist ein Reinheitsritual als äußeres Zeichen des Bundes zwischen Gott und Mensch. Im ersten Buch Moses 17, 11, sagt Gott zu Abraham: ›Am Fleisch eurer Vorhaut müßt ihr euch beschneiden lassen. Das soll geschehen im Zeichen eures Bundes mit mir und euch.‹ Acht Tage nach der Geburt wird noch heute jeder Jude beschnitten und erhält erst dann seinen Namen.

Als größtes Zeichen der Reinheit ihres Glaubens an Gott ehren die Juden den Sabbat als wöchentlichen Ruhetag: ›Und Gott segnete den siebenten Tag und heiligte ihn, weil er an ihm ruhte von allen seinen Werken, die Gott geschaffen und gemacht hatte‹ (Genesis 2, 3). Um Gott als höchste Instanz anzuerkennen, verrichten gläubige Juden am Samstag keine Arbeit. Das Essen wird am Freitag vorgekocht, und auch der Tisch wird gedeckt. Besonders strenggläubige Juden zünden am Sabbat nicht einmal eine Kerze an. Sie gehen an diesem Tag in die Synagoge und lesen in der Thora, den fünf Büchern Moses als heiligste Grundlage der jüdischen Religion. Der Beginn und der Ausklang des Sabbats werden durch Segnungen und Gebete im Kreis der Familie gefeiert, um diesen Tag symbolisch von den Arbeitstagen zu trennen.

Mit ›Rosh Hashanah‹, dem jüdischen Neujahrsfest, beginnt eine zehntägige Bußzeit der Besinnung, die mit dem Sühnetag ›Jom Kippur‹ endet. Dieser höchste jüdische Feiertag ist ein Tag der Versöhnung, des Fastens und des Betens um Vergebung der Sünden gegenüber Gott und den Mitmenschen. Als Symbol der Reinheit und Vergänglichkeit legen die Gläubigen an diesem Tag weiße Kleider an.

Hinduismus

Überregionale Reinigungsrituale im Hinduismus sind die Badefeste. Das bekannteste ›Kumbahamela‹ findet in Allahabad statt. Nach der Mythologie fließt hier der unterirdisch verlaufende Fluß Sarasvati in den Ganges und den Yamuna. Alle zwölf Jahre, wenn die astrologische Konstellation besonders günstig ist, strömen Hunderttausende in das riesige Mündungsdreieck. Da das Baden nur zu einem gewissen Zeitpunkt seine rituell reinigende Wirkung hat, kommt es immer wieder zu tödlichen Unfällen, wenn Pilger in den Fluß drängen.

Als andere Art der Reinigung zählt der Glaube, wer in Benares, einer Stadt am linken Ufer des Ganges, stürbe und wessen Asche in den heiligsten aller Flüsse, den Ganges, gestreut würde, werde niemals wiedergeboren.

Die Inder streichen einmal im Jahr ihre Wohnungen oder spärlichen Hütten mit prachtvollen Farben an. Damit soll erreicht werden, daß die Heimstatt von allem Schlechten gereinigt wird und durch eine bestimmte Anwendung der Farben das Gute Einzug halten kann. Auch das Tragen bestimmter Kleidung oder Frisuren, zum Beispiel die Haarlänge bei Männern, haben reinigende Wirkung. Mental gilt das auch für den typischen Punkt am 7. Chakra (auf der Stirnmitte wenig oberhalb der Augenbrauen), den gläubige Inderinnen tragen. Er soll das ›Dritte Auge‹ öffnen und zu Klarheit verhelfen.

Auch das Zeichnen von Symbolen auf dem ganzen Körper, vor allem an Händen und Füßen, dient der Reinheit. Es soll sogar vor Krankheit oder Armut schützen.

Andere gängige Reinheitsrituale im Hinduismus sind: Umschreiten von Feuer, Aufsagen von Mantras, Tempelopfer und das Einhalten von Fastenzeiten. Auch die Enthaltsamkeit von Speisen ist in der Hindu-Religion in erster Linie Mittel ritueller Reinigung.

Unreinheit ist im Kastensystem der Hindus nicht im hygienischen Sinne zu verstehen. Das Thema spielt in der indischen Religionsgeschichte eine große Rolle. ›Befleckungen‹ entstehen durch Geburt und Tod, Fleischgenuß, Geschlechtsverkehr, Menstruation, Betreten der Küche oder des Tempels durch Unbefugte, Berührung gewisser Gegenstände und Mißachtung von Verhaltensvorschriften. Dies alles und mehr kann Unreinheit bewirken. Ist sie nur zeitweilig, müssen die Betroffenen Waschungen vornehmen und sich vorübergehend aus der Gemeinschaft entfernen. Sie müssen Opfer darbringen oder Bußübungen auf sich zu nehmen. Schwere Verfehlungen können mit einem endgültigen Entzug des Kastenstatus geahndet werden.

Islam

Im Islam gilt der Fastenmonat Ramadan als Zeit der Reinigung und Läuterung. Während des Ramadan verzichten gläubige Moslems neunundzwanzig Tage lang von Sonnenaufgang bis Sonnenuntergang auf jegliche Nahrung. Der tiefere Sinn der Nahrungsenthaltung liegt hier ebenfalls in der sittlich-moralischen Schulung des Menschen.

Auch in der Kleidung der Frauen findet sich im Islam der Reinheitsgedanke. Die Verhüllung der Frau gilt zwar als Zeichen der Unterwürfigkeit, dient aber auch zur Bewahrung ihrer Reinheit.

Reinigungsrituale anderer Kulturen

- In den ägyptischen und griechischen Mysterienstätten diente Fasten der kultischen Reinigung, um mit ganz klarem Bewußtsein in die Einweihungsriten gehen zu können.
- Die Kelten sprangen in der Walpurgisnacht durchs Feuer, um sich zu reinigen. Auch Paare durchliefen die Glut zu diesem Zweck.
- Der [4]Shintoist glaubt, daß er sich von aller moralischen Unreinheit und Sünde reinigen kann. Es gibt zwei Riten sowohl für Personen als auch für Gegenstände, den ›Oharai-Ritus‹ und den ›Misogi-Ritus‹. Beim Oharai-Ritus schwenkt ein Priester über den zu reinigenden Gläubigen oder Gegenstand einen Zweig des immergrünen Sakaibaumes, an dessen Spitze Papierstreifen oder Flachsfasern hängen. Beim Misogi-Ritus dient Wasser zur Reinigung.
- Die heilkundigen Magier Ostasiens, auch Schamanen genannt, hatten sehr strenge Fastenregeln, um dadurch einen ekstatischen Zustand zu erreichen, in dem sie ihre okkulten und hellsichtigen Fähigkeiten besser entwickeln konnten.
- Die Kuh nahm in vorchristlicher Zeit eine besondere Stellung ein: Dung und Urin sowie Milch und Butter galten als rituell reinigend.

Reinigungsrituale der Urvölker

Die Reinigungsrituale der Schamanen oder Medizinmänner zielen meist auf Visionen. Schamanen fasten, tanzen, nehmen Halluzinogene oder essen Fliegenpilze, um in einen Zustand zu gelangen, in dem sie, von ihrem Körper getrennt, den Göttern näherkommen, um deren Botschaften zu erhalten. Vor allem in Krisenzeiten, vor wichtigen Entscheidungen für den ganzen Stamm, bei Krankheit oder vor Hochzeiten feiern die Schamanen mit den Bewohnern des Dorfes kultische Reinigungsfeste. Als Beispiel sei der viertägige Sonnentanz um einen Pfahl genannt, bei dem der Tänzer nichts ißt oder trinkt. Durch diese Entbehrung will er auch seine Achtung vor der kreatürlichen Umwelt bezeugen. Der Baumstamm wird bei diesem Tanz als Mittelpunkt der Welt gesehen, und die Tänzer dürfen sich nur in einem aufgezeichneten Kreis bewegen, der die Erde symbolisiert. Im Verlauf der Zeremonie werden auch politische Entscheidungen oder Jagdvorbereitungen

[4] Der Shinto, die ursprüngliche Religion der Japaner, ein Natur- und Ahnenkult, ist seit 1868 Staatsreligion in Japan.

getroffen, weil man glaubt, durch den Tanz von geistigen Unklarheiten ›gereinigt‹ zu werden.

Ein berühmtes Reinheitsritual der Indianer ist das Rauchen der Friedenspfeife. Nach der Überlieferung wurde ihnen die Pfeife einst von der ›Büffelfrau‹ gebracht und enthält nach ihren Worten alles, was es im Himmel und auf der Erde gibt. Wer sie raucht, tritt in Verbindung mit allen Wesen und mit dem großen Geheimnis (des Lebens). Deshalb rauchen die Indianer die Pfeife nur in Gemeinschaft. Derjenige aber, der die Pfeife oder den Tabak mißbraucht, wird von zahlreichen Krankheiten befallen, so wissen die Indianer, denn das Spirituelle kehrt sich dann gegen ihn.

Um ihre eigene Reinheit zu prüfen oder zu beweisen und um gleichzeitig eine spirituelle Erfahrung zu machen, lassen sich bei einigen Indianerstämmen Männer und Frauen (allerdings nur Medizinfrauen) an der Rücken- oder Brusthaut aufhängen. Sie werden dann an einem Pfahl über den Boden gezogen und müssen sich selbst lostanzen – solange bis ihr Fleisch durchreißt. Das kann bis zu sechsunddreißig Stunden dauern.

Die Schwitzhütte

Ein anderes Reinigungsritual, das heute von Anhängern der esoterischen Szene wieder aufgegriffen wird, sind die indianischen Schwitzhütten, Tipis genannt. Bei den Indianern war es früher den Männern vorbehalten, sich in den Schwitzhütten zu reinigen. Die Frauen reinigten sich monatlich durch ihre Menstruation. Die Schwitzhütte gehört zu den sieben heiligen Riten des Indianerstamms der Lakotas und bereitete oft noch größere Rituale wie den Sonnentanz oder die Visionssuche vor. Ziel war es, völlig rein an Körper und Seele zu werden, um so mit den Kräften des Universums in Kontakt treten zu können.

In der Schwitzhütte kommt der Mensch mit den fünf Elementen Stein, Feuer, Wasser, Erde und Luft in Verbindung. Die Schwitzhütte besteht aus sechzehn Weidenstäben, die zu einer kleinen Kuppel zusammengebunden werden. Dadurch soll sie ein Spiegelbild des Universums darstellen. Das Weidengeflecht wird durch Felle abgedeckt; der kleine Eingang liegt an der Westseite, so daß man in Richtung Osten hineinkrabbeln muß. In der Mitte der Hütte ist eine kleine Grube, in die glühendheiße Steine gelegt werden. Sie stellt das Zentrum des Universums dar. Zehn Schritte außerhalb der Hütte befindet sich eine für die Indianer heilige Feuerstelle, die der Sonne geweiht ist und die große Kraft des Geistes durch die Sonne bringen soll.

Das heiße Schwitzbad symbolisiert den Tod und die Wiedergeburt jedes Teilnehmers der Zeremonie. Bevor das Feuer angezündet wird, wird die

Feuerstelle mit Tabak und einem Gebet gesegnet. Die Hütte selbst ist ein Ort der Besinnung und des Gebetes und für die Indianer der Schlüssel zu Gesundheit und Wohlbefinden. An der Außenseite der Hütte werden mindestens 405 kleine Tabakbeutelchen befestigt, aus denen mit dem heißen Dampf der Hütte die gesprochenen Gebete in den Himmel steigen sollen. Sie stehen auch für die 405 Geisthelfer, die das Bewußtsein erweitern.

Das Innere der Hütte ist mit Salbei oder Stroh ausgelegt. Die glühenden Steine werden, nachdem alle Teilnehmer Platz genommen haben, in die Grube gebracht. Die Türklappe wird geschlossen, es ist stockdunkel. Der Schamane wirft Kräuter auf die glühenden Steine. Alle Menschen sitzen zusammengekauert, dicht an dicht, halbnackt beieinander. Ein Reinigungsritual besteht aus ›vier oder sechs Türen‹. Das heißt, die Klappe wird vier- oder sechsmal geöffnet, um frische Luft in die Hütte zu lassen.

Am Ende eines solchen Schwitzhüttenrituals fühlen sich die Teilnehmer wie neugeboren.

Kapitel 3

Körperliche Reinigung

Jede noch so lange Reise beginnt mit dem ersten Schritt.

Ballast auf der materiellen Ebene abwerfen: Körper, Besitz, Räume

Bewußtmachen, was den Lebensfluß auf der körperlichen Ebene lähmt

Wenn wir wirklich gesund sind, fühlen wir uns lebendig, tatkräftig, wach und voller Energie. Unsere Körperfunktionen sind intakt und greifen harmonisch ineinander. Unser Lebensrhythmus ist ausgeglichen zwischen Anspannung und Entspannung, zwischen Aktivität und Ruhe. Wir haben Freude am Leben, fühlen uns wohl in unserer Haut und sind in der jeweils gegebenen Situation leistungsfähig. Wir stehen in guter Beziehung zu uns selbst und gehen achtsam mit uns um. Wenn wir uns unlustig und müde fühlen, wiederholt antriebslos sind oder an anderen Befindlichkeitsstörungen leiden, so können wir dies als Hinweis nehmen, daß auf irgendeiner Ebene unseres Seins etwas nicht in Ordnung ist.

Um herauszufinden, was Ihren Lebensfluß möglicherweise auf der körperlichen Ebene lähmt, sollten Sie Ihre Selbstwahrnehmung schulen und einen kritischen Augenmerk auf folgende Bereiche richten: Haut, Haare und Nägel, Ernährung, Verdauung, Gewicht, Allgemeinbefinden, Körperhygiene, Atmung, Beweglichkeit, Schlaf, Kleidung und Suchtverhalten.

Haut, Haare und Nägel

Die Haut, so sagt man, ist ein Spiegel der Seele, und sie ist unser Grenzorgan. Sie grenzt uns sowohl von innen nach außen als auch von außen nach innen gegenüber allem ab, womit wir in Berührung kommen.

Der Zustand der Haut ist zum einen von genetischen Faktoren und familiären Prädispositionen und zum anderen von hormonellen Steuerungen oder Störungen abhängig. Innere Faktoren, die den Zustand der Haut beeinflussen, sind die vegetative Reaktionslage, aber auch Medikamente oder die Antibabypille. Äußere Faktoren sind etwa Witterungseinflüsse wie Kälte oder Hitze, Raumklima wie Lufttrockenheit oder Luftfeuchtigkeit, Infrarot- und Ultraviolett-Strahlung, Hautpflegemittel wie Seifen und körperliche Bewegung.

Jedes Hautsymptom hat tieferliegende Ursachen. Ist die Haut gesund, nehmen wir sie fast gar nicht wahr. Sie ist ›wartungsfrei‹ und braucht lediglich ein wenig tägliche Pflege. Gesunde Haut hat einen dem jeweiligen Alter entsprechenden Spannungszustand (Tonus), ist elastisch und von gesunder Farbe. Jegliche Hautveränderungen – seien es Pickel, Ausschläge, Schuppenbildung, Pilzbefall oder auffällige Einlagerungen oder Farbveränderungen, Jucken oder Nässen – deuten auf einen beginnenden oder bestehenden Krankheitsprozeß hin. Hautveränderungen können auf eine eigenständige Hauterkrankung hinweisen oder Folgeerscheinung eines anderen körperlichen Leidens sein.

Von welch großer Bedeutung die Haut für den Menschen ist, zeigen viele Redewendungen, zum Beispiel ›aus der Haut fahren‹, ›unter die Haut gehen‹, ›eine dünne bzw. dicke Haut haben‹, ›nicht aus seiner Haut können‹, ›seine Haut zu Markte tragen‹ etc. Sie lassen schon den übergeordneten Bezug des Körperorgans Haut zum geistig-seelischen Befinden eines Menschen erkennen. Insofern ist das Bewußtmachen dessen, was unseren Lebensfluß lähmt, immer übergreifend und kann sich nicht auf die körperliche Ebene allein beschränken, wird jedoch in den meisten Fällen zunächst über den Körper deutlich.

Die Haut ist nicht nur unser Grenz- und Schutzorgan und damit eine Barriere zur Umwelt, sondern umgekehrt kommunizieren wir auch durch unsere Haut mit der Umwelt – über den Tastsinn. Wir empfinden Berührungen als angenehm oder unangenehm, verspüren Schmerz oder Zärtlichkeit. Die Haut atmet und dünstet zudem unseren persönlichen Duft aus, ist also etwas ganz Individuelles. Und wenn wir erblassen oder erröten, gibt die Haut unseren Seelenzustand preis: Scham, Angst, Zorn oder Ärger. Hieran zeigt sich, daß Hauterscheinungen durchaus auf seelische Vorgänge hindeuten können. Sei es, daß wir uns nicht genügend abgrenzen können oder zu offen sind, uns isolieren oder nicht wirklich kommunizieren können. So kann über Hauterscheinungen klar werden, was den Lebensfluß lähmt, wovon wir uns befreien müssen oder was uns fehlt, um gesund zu sein.

Auch der Zustand von Haaren und Nägeln kann Hinweise auf vorliegende Störungen geben. Trockenes, glanzloses Haar deutet oft auf einen gestörten Stoffwechsel hin, und bei Streß können mehr Haare ausfallen, als durch den normalen Regenerationsprozeß üblich ist. Rillen in Fingernägeln sind häufig Zeichen akuter Erkrankungen. Weiße Flecken in den Nägeln signalisieren meist einen Mineralstoff- oder Vitaminmangel.

Ernährung

Nahrung soll uns in erster Linie Energie geben. Dazu essen wir. Außerdem soll die Nahrung ›Lebens-Mittel‹ sein. Ein Lebensmittel ist, wie der Name sagt, etwas Lebendiges. Doch lebendige Nahrung wird immer seltener: durch unnatürliche Landwirtschaftsmethoden, unreife Ernte, lange Transportwege und Lagerzeiten. Bei der Verarbeitung zu Fertigprodukten kommen zu allem Überfluß auch noch zum Teil krankmachende Zusatzstoffe hinzu, von denen wir uns wieder reinigen müssen. Wäre es nicht leichter, sie gleich wegzulassen und uns so zu ernähren, daß möglichst wenig Abfall entsteht?

Machen Sie sich bewußt, womit Sie sich ernähren, und probieren Sie einfach einmal für mindestens vier Wochen andere Ernährungsformen aus. Allein der Versuch, eine Zeitlang kein Schweinefleisch zu essen oder ganz auf Alkohol zu verzichten, wird erstaunliche Folgen haben. Sie werden sich leichter, freier, klarer und leistungsfähiger fühlen. Ernährung ist Hautpflege von innen und damit die einzig effektive Methode, auf den Stoffwechsel einzuwirken.

Verdauung

Der Verdauungstrakt nimmt alles auf, was wir an Nahrung zu uns nehmen. Das gilt sowohl für verträgliche wie für unverträgliche Nahrung, aber auch im übertragenen Sinn auf der immateriellen Ebene. Wenn wir klar unterscheiden, was für uns bekömmlich ist und was nicht, wenn wir das, was uns guttut, aufnehmen und das, was uns schadet, meiden oder zumindest wieder abgeben, dann bleiben wir im gesunden Fluß des Lebens.

Verdauungsstörungen können uns andererseits vieles bewußtmachen. Weshalb zieht es uns zum Beispiel den Magen zusammen, was wollen wir nicht ›rauslassen‹, warum blähen wir uns auf, womit wollen wir uns nicht beschäftigen und lassen es deshalb ungefiltert in uns eindringen? Was macht uns im wahrsten Sinn des Wortes sauer? Was geht uns an die Nieren oder schlägt uns auf den Magen?

Gewicht

Wer an Übergewicht leidet, sollte sich zunächst seine Ernährungsgewohnheiten anschauen. Wenn hier alles in Ordnung ist, sollte man sich einmal fragen, wozu man das Dicksein vielleicht ›braucht‹. Macht es uns ›gewichtiger‹? In welchem Lebensbereich können wir uns nicht durchsetzen, wo mangelt es uns an ›Gewicht‹? Oder entfernen wir uns von unserem Innersten weg, indem wir uns nach außen ausdehnen?

Übergewicht entsteht oft durch Kompensation von verdrängten Gefühlen. Wir schlucken dann im wahrsten Sinn des Wortes den Ärger hinunter. Oder wir sind auf irgendeiner Ebene unseres Seins zutiefst unbefriedigt und kompensieren dies mit Naschereien oder Völlerei. Essen hat für jeden Menschen eine große psychische Bedeutung. Übergewichtige haben Essen darüber hinaus oft als Strategie gewählt, um mit ihren Problemen besser umgehen zu können. Das Bedürfnis nach Wärme, Aufmerksamkeit und sozialen Kontakten wird durch Essen häufig genauso befriedigt, wie seelischer Kummer vermeintlich durch Essen beseitigt wird. Essen ist dann Ersatz für Gespräche, Zärtlichkeit oder Lebensfreude.

Allgemeinbefinden

Fühlen Sie sich allmorgendlich steif und zerschlagen, weil Sie sich nicht ›bewegen‹ wollen? Leiden Sie häufig an Kopfweh, weil Sie immer mit dem Kopf durch die Wand wollen? Worüber zerbrechen Sie sich den Kopf? Haben Sie Gelenk- oder Rückenprobleme, weil Sie Sorgen im wahrsten Sinn des Wortes nicht mehr tragen können?

Bei vielen Störungen des Allgemeinbefindens gilt es die Botschaften des Körpers zu erkennen und sich von krankmachenden Einflüssen zu befreien und zu reinigen. So sollten Sie sich bei ständig verstopfter Nase fragen, was Ihnen eigentlich ›stinkt‹, bei Hörproblemen, was Sie ›nicht hören wollen‹, bei Husten, wem Sie ›etwas husten‹ wollen, bei Nackenverspannungen, was Ihnen ›im Nacken sitzt‹, bei Knieproblemen, wovor Sie sich ›nicht beugen‹ wollen. Auch Umweltgifte, quecksilberhaltige Zahnfüllungen oder (Passiv-) Rauchen können das Allgemeinbefinden nachhaltig beeinträchtigen.

Körperhygiene

Der Punkt Körperhygiene ist beim Thema Reinigung natürlich von besonderer Wichtigkeit. Viele Menschen scheinen eine regelrechte Scheu vor kaltem Wasser, manche vor Wasser überhaupt zu haben. Diesen Eindruck gewinnt man zumindest morgens in öffentlichen Verkehrsmitteln! Wie kann ein Mensch tagsüber fit und aktiv sein, wenn er morgens nicht einmal die Ausdünstungen der Nacht vom Körper gespült hat? Schließlich schwitzen wir jede Nacht bis zu zwei Liter Schweiß aus!

Atmung

Atem ist Leben. Beobachten Sie einmal, wie Sie atmen. Wahrscheinlich wie die meisten von uns zu kurz und zu flach, so daß es ständig zu einer Unterversorgung mit Sauerstoff und dadurch mit Lebensenergie kommt. Andererseits bedingt eine flache Atmung auch, daß überschüssige Säuren nicht abgeatmet werden können. Dem ohnehin zunehmenden Prozeß der Übersäuerung wird dadurch zusätzlich Vorschub geleistet.

Beweglichkeit

Leben ist Bewegung. Und ohne Bewegung kann Leben nicht in seiner ganzen Fülle fließen. Wenn wir uns intensiv und schnell bewegen, kommen wir ins Schwitzen, Herz und Kreislauf werden optimal angeregt. Die Atmung wird vertieft und beschleunigt und somit der gesamte Stoffwechsel angekurbelt. Bewegung ist eine der wichtigsten Voraussetzungen, den Körper zu entschlacken und zu entgiften. Wie oft und wie viel bewegen Sie sich? Kommen Sie dabei ordentlich ins Schwitzen? Steigt Ihr Puls?

Schlaf

Falls Sie nur noch mit Schlaftabletten Schlaf finden, sollten Sie einmal darüber nachdenken, was Sie nicht zur Ruhe kommen läßt oder was Sie selbst in der Nacht noch zu kontrollieren versuchen. Schauen Sie sich auch Ihre Schlafstätte an: Wie ist es mit der Luft im Schlafzimmer bestellt? Ist es kühl genug? Haben Sie ausreichend Sauerstoff zur Verfügung? Bestehen Matratze, Bettwäsche und Nachthemd bzw. Schlafanzug aus naturbelassenen Materialien, die Luft- und Feuchtigkeitsaustausch zulassen?

Eine Ursache von Schlaflosigkeit kann auch darin liegen, daß Sie zu spät oder zu schwer gegessen haben.

Kleidung

Die Kleidung, die Sie tragen, kann die körperliche Reinigung durch Ausscheidungsvorgänge der Haut erschweren oder unterstützen. Das Material sollte weitgehend naturbelassen und atmungsaktiv ist. Materialien, die chemisch aufgerüstet sind, mit schädlichen Stoffen gefärbt, imprägniert oder sonstwie behandelt oder verändert wurden, können Schadstoffe an die Haut abgeben und die Hautatmung behindern. Dasselbe gilt für Kunstfasern und mit Weichspülern behandelte Kleidungsstücke.

Suchtverhalten

Machen Sie sich Ihre Abhängigkeiten und Süchte bewußt, seien es Zigaretten, Alkohol, Tabletten oder bestimmte Nahrungsmittel wie Schweinefleisch oder Süßigkeiten. Versuchen Sie zu ergründen, wonach es Sie wirklich ›hungert‹ oder wofür sie eine Ersatzbefriedigung suchen. Sucht kommt von Suche – was suchen Sie wirklich in Ihrem Leben?

Zu Verunreinigungen des menschlichen Organismus, wie sie heute fast an der Tagesordnung sind, würde es erst gar nicht kommen, wenn wir achtsamer mit uns selbst umzugehen gelernt hätten. In Kapitel 6 wird auf die Möglichkeiten und ersten Schritte der Eigenwahrnehmung eingegangen. Ich möchte immer wieder betonen, daß es die Grundvoraussetzung für Gesundheit ist, die Botschaften des Körpers zu registrieren und anzunehmen.

Freimachen von belastendem Besitz

Neben körperlichem ›Ballast‹ kann sich natürlich auch überflüssiger Besitz lähmend auswirken und unfrei machen.

Sicherlich kennen Sie das Gefühl, viel zuviel angehäuft zu haben. Spätestens bei einem Umzug wird deutlich, wie viele Dinge wir besitzen, die eigentlich zu nichts mehr nütze sind. Dies können Geschenke sein, die wir nicht weggeben wollten, obwohl sie uns gar nicht gefielen. Oder Sachen, die wir aus irgendeinem Gefühl, einer Laune oder Mode heraus gekauft haben, zu denen wir inzwischen aber keinerlei Beziehung mehr haben. Das mag an unserer persönlichen Entwicklung liegen, an der Veränderung der Lebensumstände oder einem Wandel der eigenen Wertigkeiten. Bücher, Kleidungsstücke, Sportgeräte, Möbel oder Haushaltsgegenstände, Schmuck, Nippes oder Reisesouvenirs – all das zählt hierzu.

Wozu brauchen Sie die Skiausrüstung oder das Paddelboot, wenn Sie seit Jahren keine Lust oder Zeit für diese sportlichen Aktivitäten haben? Außerdem können Sie heutzutage Sportausrüstungen in hervorragendem Zustand und auf dem neuesten Stand der Technik ausleihen. Glauben Sie im Ernst, daß Sie Kleidungsstücke, die Sie zwei Jahre nicht getragen haben, je wieder anziehen? Oder meinen Sie, daß Ihre Kinder darin herumlaufen wollen? Wie viele Bücher stehen in Ihren Regalen, die Sie nie gelesen haben und auch nie lesen werden? An welchen hängen wirklich Ihr Herz und Ihr Interesse?

Wenn Sie sich einmal die Mühe machen und Ihren Haushalt bewußt im Sinne einer Inventur durchforsten, werden Sie feststellen, wieviel Unnötiges und Überflüssiges sich dort verbirgt. Viele Dinge führen sogar so etwas wie ein Eigenleben. Sie nehmen Raum ein, der besser genutzt werden könnte. Sie nehmen Ihre Zeit in Anspruch, weil sie gereinigt werden müssen. Ihre kreativen Kräfte können durch sie gelähmt sein, weil sie im wahrsten Sinn des Wortes im Weg sind und Energien binden. Es gibt Menschen, die bauen ihr Haus an, um den immer größer werdenden Besitz unterbringen zu können. Andere häufen Besitz aus Sicherheitsdenken an. Die Folge ist oft, daß sie vor lauter Verpflichtungen ihrem Besitz gegenüber keinen Raum und keine Zeit mehr zum Leben haben.

Bitte verstehen Sie mich nicht falsch. Ich will hier keine Askese predigen. Doch machen Sie einmal den Test und schauen Sie sich die Gegenstände in Ihrem Wohnumfeld unter folgenden Gesichtspunkten an:

- Habe ich sie in den letzten zwei Jahren je benutzt oder mich daran gefreut?
- Wozu will ich sie aufbewahren? Welchen Sinn haben sie für mich?
- Wie oft habe ich mich über sie schon geärgert?
- Welche Mühe habe ich damit gehabt oder werde ich damit haben?
- Wenn ich sie nicht brauche, warum hänge ich dann daran?
- Gibt es nicht jemanden, dem ich damit eine Freude machen könnte?
- Machen sie mein Leben wirklich sicherer?
- Was versage ich mir durch diesen Besitz oder dieses Eigentum?
- Wovon wäre ich frei, wenn ich mich davon trennte?
- Kann ich es verantworten, meinen Nachkommen das alles zu hinterlassen?

Sie glauben gar nicht, wie befreiend eine Reinigung auf der Ebene des Besitzes sein kann. Die Klarheit im Außen zieht oft eine Klarheit im Inneren nach sich und umgekehrt. So manches Problem löst sich schon durch das ›Ausmisten‹ von selbst. Briefe aus abgeschlossenen Beziehungen, in denen kein Rest an ungelösten Problemen und betrübenden oder beglückenden Gefühlen mehr vorhanden ist, können Sie getrost vernichten. Dem Feuer übergeben, sind sie nach alten Riten transformiert und können keinen unguten Einfluß mehr ausüben. Nehmen Sie solche Briefe auch als Anstoß, Klarheit in Ihre – auch früheren – Beziehungen zu Menschen zu bringen.

Gerade dann, wenn Sie sich in Ihrem Lebensfluß auf irgendeine Art gelähmt fühlen und nicht dahinterkommen, woher dieses Gefühl stammt, sollten Sie ihre besondere Aufmerksamkeit auf diesen ›materiellen Bereich‹ lenken und einige Stunden darauf verwenden, Ordnung im Außen zu schaffen.

Säubern der ›Lebens-Räume‹

Aus dem Feng Shui, der alten chinesischen Lehre vom Energiefluß in Räumen und Landschaften (siehe auch Seite 21), wissen wir, daß sich Unordnung, Unsauberkeit und von Menschen verbreitete ungute Stimmungen in Räumen sehr negativ auf die Lebensenergie auswirken können. Sie selbst werden schon erfahren haben, welch schlechte Atmosphäre Sie manchmal spüren, sobald Sie einen Raum betreten. Es handelt sich hierbei um vorhandene störende Energien, die Sie zwar wahrnehmen, aber nicht messen können.

Reinigungsmöglichkeiten bestehen hier durch ätherische Öle, die durch Duftlampen oder Verdampfer für klare Luft und gute Energie in Räumen sorgen. Kampfer, Weihrauch, Myrte, Myrrhe, Zitrusfrucht- und Nadelholzöle gehören dazu, aber auch Lavendel und Rose sowie Rosengeranie, um nur einige zu nennen. Eine andere Möglichkeit ist das Räuchern. Es gibt in Duftläden gute Räuchermischungen, die sehr raumreinigend wirken.

Im Fernen Osten sind zudem Klangspiele sehr beliebt, weil bestimmten Tönen Reinigungswirkungen zugeschrieben werden. Sie können entsprechende Glocken- und Flötenwindspiele auch bei uns im Fachhandel kaufen.

Selbstverständlich gehört regelmäßiges gründliches Lüften durch Öffnen der Fenster als erste und wichtigste Maßnahme zur Raumreinigung dazu.

Vorbeugende und unterstützende Selbsthilfemaßnahmen zur Reinigung des Körpers

Reinigung auf der körperlichen Ebene beginnt mit der täglichen Hygiene. So wie es selbstverständlich ist, sich morgens und abends die Zähne zu putzen und den Körper gründlich von den Ausscheidungen und vom Schmutz der Umwelt zu säubern, sollte es zur guten Gewohnheit werden, den Körper in seinen Selbstreinigungsvorgängen zu unterstützen, damit Stoffwechselabbauprodukte, Zelltrümmer und Schadstoffe ausgeschieden werden können. Solche Maßnahmen stärken die Abwehrkräfte, regen die Ausscheidungsvorgänge an und tragen zu unserem Wohlbefinden und einer stabilen Gesundheit bei.

Stoffwechselabbauprodukte entstehen durch die Vorgänge des Aufbaustoffwechsels (Anabolismus) und des Abbaustoffwechsels (Katabolismus). Zelltrümmer befinden sich in unserem Organismus, weil Körperzellen nur eine bestimmte Lebensdauer haben, dann sterben sie, und es bilden sich neue. Schadstoffe nehmen wir in großer Menge über die Luft in Form von Abgasen und dem Ausstoß giftiger Substanzen auf, ebenso über die Nahrung in Form von schädigenden Nahrungsmittelzusatzstoffen, Dünge- und Schädlingsbekämpfungsmitteln. Dazu kommt, daß wir umgeben sind von Krankheitserregern wie zum Beispiel Bakterien, Viren und Pilzen. Diese gelangen durch verschiedene Übertragungsarten in unseren Körper, sei es durch Tröpfchen-, Kontakt- oder Schmierinfektionen, durch Staubinhalation, infizierte Speisen oder Getränke, durch Austausch von Körpersäften oder Verschleppung im Körper selbst. Die Infektionswege sind Atmungsorgane, Verdauungstrakt, Harnwege, Geschlechtsorgane, verletzte Haut oder Schleimhäute, wozu auch die Bindehaut des Auges gehört.

Um dem Körper die Möglichkeit zu geben, sich von Zeit zu Zeit von diesen belastenden Stoffen zu befreien, gibt es unterschiedliche Methoden, die Sie in Ihren eigenen vier Wänden einfach selbst durchführen können.

Trockenbürsten

Ich beginne die tägliche Körperreinigung mit einer gründlichen Trockenbürstenmassage. Beim Hautbürsten erreichen wir über die Haut auch reflektorisch die inneren Organe, die auf diese Weise angeregt und in ihrer Leistungsfähigkeit und Funktionstüchtigkeit gefördert werden. Der Kreislauf wird angeregt, das Herz besser durchblutet, und die Nieren werden entlastet.

Ich benutze zur Trockenbürstenmassage Luffa-Handschuhe und ein Luffa-Rückenband. An den Füßen beginnend bürste ich in kreisenden Bewegungen mit beiden Händen (ich verwende zwei Handschuhe mit Daumen, so daß ich jeweils ein ganzes Bein umfassen kann) Richtung Herz. Dann folgen die Arme, der Bauch, das Gesäß, die Brust, der Rücken, der Hals und das Gesicht. Diese Massage macht wach, hält die Haut glatt, klar und geschmeidig, führt zu guter Durchblutung und löst abgestorbene Hautpartikel. Die Poren werden frei, so daß die Haut wieder gut atmen kann.

Übrigens war nach einer Befragung in Amerika von mehr als tausend Menschen, die ein Alter von über hundert Jahren erreicht haben, Trockenbürsten die einzige von allen praktizierte Verhaltensweise!

Duschbad oder Ganzkörperwaschung

Nach der Trockenbürstenmassage dusche ich gründlich. Kranke oder sehr alte Menschen, deren Kreislauf nicht mehr so stabil ist oder die sich unter der Dusche unsicher fühlen, sollten durch entsprechende Gummimatten und Haltestangen Sicherheitsvorkehrungen treffen oder besser eine Ganzkörperwaschung durchführen. Ich selbst halte ein Duschbad für sinnvoller, da der Mensch in jeder Nacht ein bis zwei Liter Schweiß absondert. Allein die Vorstellung, unter der Dusche alles von sich zu spülen, unterstützt das Frischegefühl. Außerdem ist es wichtig, den Reinigungsvorgang mit warmem Wasser durch einen kalten Guß zu beenden. Dadurch werden die Poren geschlossen, der Kreislauf angeregt, die Haut gut durchblutet, was sich an ihrer Rötung zeigt. So wird die Haut, unser wichtigstes Ausscheidungsorgan, optimal gereinigt, und krankmachende Stoffe können auch über den Blutstrom durch die Nieren zur Ausscheidung gebracht werden. Wenn das Kaltduschen in Richtung des Energiekreislaufs durchgeführt wird, ist es überhaupt nicht unangenehm, nimmt uns nicht den Atem, sondern wirkt sehr erfrischend und wachmachend. Dazu muß folgende Reihenfolge eingehalten werden: Der kalte Wasserstrahl wird zuerst unter der rechten Fußsohle beginnend am rechten Bein innen bis zum Schritt hinauf- und dann über die Hüfte an der Rückseite des Beins wieder hinabgeführt. In gleicher

Weise folgt das linke Bein. Danach wird auf der Oberseite der rechten Hand ansetzend der Duschkopf an der Außenseite des Arms bis zur Schulter hinaufgeführt und über die Achsel an der Innenseite des Arms über die Handinnenfläche wieder hinab. Es folgen linker Arm, Gesicht und Nacken, und schließlich werden vom Schritt über den Bauch die Brust und die Schultern und zuletzt der Rücken kurz kalt abgespült.

Ich höre immer wieder von Patienten, daß der Hautarzt abrate, täglich zu duschen. Meines Erachtens wurzeln die Hautprobleme vieler Menschen darin, daß sie zu heiß duschen und die Haut noch zusätzlich mit Waschzusätzen auslaugen. Wenn Sie das Wasser beim Duschen in einem wohltemperierten Badezimmer nur so warm einstellen, daß sich auf dem Spiegel kein Wasserdampffilm bildet, können Sie davon ausgehen, daß die Temperatur stimmt und Duschen Ihrer Haut nicht schadet. Duschzusätze sollten möglichst frei von Farb- und Konservierungsstoffen sein und dem pH-Wert der Haut entsprechen. Zugesetzte Duftstoffe sollten aus natürlichen Quellen stammen. Verwenden Sie seifenhaltige Duschgels nicht täglich am ganzen Körper, sondern nur im Achsel- und Genitalbereich sowie für die Füße.

Ätherische Öle

Die abendliche Reinigung kann aus einem Vollbad bestehen, das ebenfalls nicht zu heiß sein sollte. Die Badezusätze sollten entweder entspannend oder entschlackend wirken. Hierzu eignen sich ätherische Öle, die in Honig oder Sahne emulgiert werden, oder aber Meersalz, das dem Wasser pur zugesetzt oder mit ätherischen Ölen getränkt wurde. Da die Haut fettbindende Eigenschaften aufweist und ätherische Öle ein geringes Molekulargewicht haben, können die Öle die Hautbarriere leicht passieren und so ins Bindegewebe, die Lymphe, die Muskulatur und den Blutkreislauf gelangen. Auf diesem Weg kommen sie zu den einzelnen Organsystemen und können dort ihre reinigende Wirkung entfalten, indem sie die Organe in ihren gesunden Funktionen unterstützen. Über die Atmung gelangen die Duftstoffe in die Bronchien und Lunge mit ihren unzähligen kleinen Lungenbläschen (Alveolen) und von dort über haarfeine Blutgefäße (Kapillaren) in den Blutkreislauf.

Ätherische Öle als Badezusätze

Nachfolgend finden Sie einige Tips, wie Sie ätherische Öle bedenkenlos als Badezusätze verwenden können. Wenn nicht anders angegeben, nehmen Sie von *jeweils einem* der Öle 10 bis 15 Tropfen oder von *3 bis 5 Ölen* jeweils 3 bis 5 Tropfen auf ein Vollbad. Mischen Sie diese in 4 Eßlöffeln Emulgator (Sahne, Honig oder Meersalz), und geben Sie sie nach dem Einlaufen des Badewassers in die Wanne. Ein Bad von 15 bis 20 Minuten Dauer entfaltet seine Wirkung sowohl über die Haut wie durch das Einatmen der ätherischen Öle über die Lunge und damit über das Blut. Beachten Sie aber bitte unbedingt die Einschränkungen für Schwangere und Epileptiker am Ende dieses Abschnitts!

Ätherische Öle zur Unterstützung der Entschlackung

- Douglasie, Geranie, Wacholder, Wiesenkönigin, Zitrone.

Ätherische Öle zur Förderung der Durchblutung und Blutreinigung

- Angelika, Estragon, Immortelle, Kampfer, Kassia, Oregano, Rosmarin (Vorsicht, nicht abends verwenden, Rosmarin macht munter!), Wacholder.

Öle zur Intensivierung der Atmung, schleimlösend und auswurffördernd im Kopf- und Atmungsbereich

- Anis, Basilikum, Benzoe, Dill, Fenchel, Fichtennadel, Galbanum, Lärche, Latschenkiefer, Majoran, Meerkiefer, Myrrhe, Thymian, Tolu, Weißtanne, Ysop, Zeder.

Öle zur Förderung der Verdauung

- Bay, Bergamotte (fördert speziell die Bildung von Verdauungsenzymen), Estragon, Fenchel, Galbanum (anregend auf Leber und Galle), Kardamom, Koriander (regt besonders die Bauchspeicheldrüse an), Muskatnuß, Römische Kamille, Santolin (fördert den Gallenfluß), Weihrauch, Zimt.

Öle zur Anregung des Lymphflusses

- Grapefruit, Immortelle, Lemongras, Wiesenkönigin, Zistrose, Zitrone.

Öle zur Entgiftung und Entschlackung der Haut

- Douglasie, Geranie (eines der wichtigsten Hautreinigungsöle), Lemongras (bei fetter Haut), Myrte, Orange, Rosmarin, Zeder; besonders schweißtreibend wirken Kampfer, Thymian, Wacholder und Ysop.

Öle zur Anregung der Menstruation

- Dill, Fenchel, Galbanum, Majoran, Muskatellersalbei, Muskatnuß, Oregano, Rosmarin, Wacholder.

Öle zur Anregung des Nieren-Blasen-Systems, harntreibend, entgiftend

- Fenchel, Lavendel, Limette, Sandelholz, Thymian, Wacholder (stark harntreibend), Wiesenkönigin (stark entgiftend und entwässernd).

Aus dieser Aufzählung wird deutlich, daß es zahlreiche ätherische Öle zur Unterstützung der Reinigungsvorgänge im Körper gibt (auch die Menstruation ist ein Reinigungsvorgang im weiblichen Körper). Teilweise ergänzen sie sich, teilweise haben sie auch übergreifende Wirkungen auf den Geist und die Seele.

Achtung: Einige Öle dürfen nicht von Schwangeren und Epileptikern verwendet werden:

- Epileptiker sollten folgende Öle meiden: Basilikum, Fenchel (süß), Kampfer, Rosmarin, Salbei, Thymian (rot und weiß), Ysop, Zeder.
- Schwangere sollten folgende Öle meiden (sie beeinflussen das Schwangerschaftsgeschehen oder können vorzeitige Wehen auslösen): Basilikum, Kampfer, Koriander, Majoran, Muskatellersalbei, Muskatnuß, Myrrhe, Oregano, Rosmarin, Salbei, Sandelholz, Santolin, Thymian (rot und weiß), Wacholder, Wiesenkönigin, Ysop, Zeder.

Die therapeutische Wirkung ätherischer Öle

Ätherische Öle machen eine Pflanze unverwechselbar. In der Natur ist für ihre Bildung und die Freisetzung der Düfte die starke Wirkung der Sonnenwärme notwendig. Die Mehrzahl der Pflanzen, die ätherische Öle bilden und freisetzen, wächst in warmen, lichtdurchfluteten Regionen, was bereits ihre Verwandtschaft zum Licht verdeutlicht.

Ätherische Öle können ganz entscheidend das Aussehen, den Alterungsprozeß, die Gefühle und das Befinden des Menschen beeinflussen, sie sind ein vortreffliches Mittel, Körper, Seele und Geist in Harmonie zu bringen und damit Wohlbefinden, Schönheit und Gesundheit zu erlangen. Sie sind sowohl Schwingung als auch subtile Substanz. Im Duftstoff selbst ist eine vitale, wachstumsfördernde Energie enthalten, die unmittelbar an die schöpferische Kraft des Lebens rührt.

Über die Sinnestätigkeit des Riechens verinnerlichen wir die feinstoffliche Qualität der Aromen und erlangen über die reine Wahrnehmung hinaus eine therapeutische Wirkung. Die Tendenz der ätherischen Öle, sich zu verflüchtigen, zeigt eine Analogie zum geistigen Wesen des Menschen. So kann durch verschiedenste Anwendungsarten ätherischer Öle auch eine Wirkung in der Form erreicht werden, daß das allen äußeren Erscheinungen zugrundeliegende Geistprinzip zur Entfaltung kommt.

Neben der Verwendung als Badezusätze und in Duftlampen werden ätherische Öle auch zur Hautmassage benutzt oder innerlich angewendet. Ich rate jedoch dringend davon ab, ohne Konsultation eines erfahrenen Aromatherapeuten die Essenzen innerlich einzunehmen!

Achten Sie beim Kauf von ätherischen Ölen unbedingt auf ihre Reinheit (siehe Wichtige Adressen im Anhang). Da die Essenzen oft nur unter sehr großem Aufwand gewonnen werden können, sind die Preise entsprechend hoch. Es gibt schonende und weniger schonende, dafür mehr Ertrag liefernde Gewinnungsverfahren. Außerdem ist der Anbau der Pflanzen wichtig. Außer Wildsammlungen, die natürlich bei großem Bedarf auch zur Ausrottung der Pflanzen führen können, gibt es konventionelle und biologische Anbaumethoden.

Wenn Sie sich näher mit dem Thema Aromatherapie befassen wollen, so finden Sie im Anhang Angaben zu weiterführender Literatur.

Richtige Atmung

Der Atem ist unser wichtigstes ›Lebens-Mittel‹. Mit dem ersten Atemzug des Neugeborenen beginnt das Leben, und mit dem letzten Atemzug des Sterbenden endet das Leben hier auf Erden. Wir können ohne Wasser und Nahrung einige Tage überleben, doch ohne zu atmen, würden wir bereits nach fünf bis maximal fünfzehn Minuten sterben.

Im Atmen macht sich das Wesen des Lebens, das Rhythmus ist, ganz besonders bemerkbar: Atmen ist Geben und Nehmen, ist lebenswichtiger Austausch zwischen Innen und Außen. Auf der körperlichen Ebene geht es beim Atmen vor allem um den Sauerstoffaustausch. Unser Leben ist völlig vom Sauerstoff abhängig. Ohne Sauerstoff gibt es keine Stoffwechsel- und Verbrennungsvorgänge. Der Mensch hätte ohne Sauerstoff keine Energie. Bei vielen Menschen ist der Atemapparat infolge oberflächlicher Atmung verkümmert, das heißt, der Brustkorb ist versteift, die Atemmuskulatur nicht richtig ausgebildet. Als Folge davon steht dem Stoffwechsel nicht genug Sauerstoff zur Verfügung, und die Nahrungsstoffe können nicht vollständig zu leicht ausscheidbaren Stoffwechselendprodukten, zu Wasser und Kohlendioxid, dem Gas, das wir bei jedem Ausatmen abatmen, abgebaut werden. Die restlose Ausscheidung der Stoffwechselendprodukte ist jedoch genauso wichtig wie die Aufnahme von genügend Sauerstoff. Das Blut wird durch nicht ausgeatmete Kohlensäure dickflüssiger und verstopft die kleinen Blutgefäße. Außerdem stört überschüssige Kohlensäure das Säure-Basen-Gleichgewicht des gesamten Organismus in Richtung Übersäuerung. Die Ausatmung ist also genauso wichtig wie die Einatmung.

Schon unsere Sprache zeigt, wie der körperliche Vorgang des Atmens auch mit dem seelisch-geistigen Leben verbunden ist. Denken Sie nur an Aussprüche wie ›Mir stockt der Atem‹, ›Du nimmst mir die Luft zum Atmen‹, ›Halt mal die Luft an‹, ›Einen langen Atem haben‹ oder ›Dampf ablassen‹. Es ist eine alte Weisheit, daß richtiges Atmen uns seelisch ausgleicht, unsere Hirnzellen besser durchblutet und unser Bewußtsein erweitern hilft.

Auf die Atemtechnik kommt es an

Wir haben im wesentlichen drei ›Atemräume‹. Den oberen Atemraum können wir durch die Brustbein- oder Schlüsselbeinatmung mit Luft füllen, den mittleren durch Rückenatmung und Flankenatmung, den unteren durch die Bauchatmung. Wenn diese Atmungsphasen wellenartig ineinander übergehen, spricht man von Vollatmung.

Das Zwerchfell, das die Brust- und Bauchorgane voneinander trennt, ist unser wichtigster Atemmuskel. Beim richtigen Atmen wölbt das Zwerchfell den Bauch beim Einatmen nach vorn und läßt ihn beim Ausatmen wieder einfallen. Durch diese Bewegung werden die Brust- und Bauchorgane massiert und in ihren Funktionen angeregt, das Lungengewebe wird gestärkt.

Vollatmung will geübt sein

Um zu erleben, wie sich die Vollatmung auswirkt, sollten Sie regelmäßig folgende Übung durchführen:

Legen Sie sich bequem auf den Rücken. Öffnen Sie alle einengenden Kleidungsstücke, nehmen Sie schweren Schmuck, Haarspangen und auch Ihre Uhr ab. Sorgen Sie dafür, daß Ihnen warm genug ist und daß Sie nicht gestört werden. Die Arme ruhen seitlich neben dem Körper, die Beine liegen entspannt nebeneinander, die Füße sind nicht gekreuzt. Falls Sie Probleme mit der Wirbelsäule haben, legen Sie eine Rolle unter Ihre Knie.

Beobachten Sie nun 3 bis 5 Minuten lang, wie Sie atmen, ohne Ihren Atem bewußt zu verändern.

Anschließend legen Sie beide Hände unterhalb des Bauchnabels auf Ihren Unterbauch. Sie werden merken, wie der Atem vermehrt in den Bauchraum zu fließen scheint, so daß sich Ihr Bauch beim Einatmen vorwölbt und beim Ausatmen senkt. Bleiben Sie 3 bis 5 Minuten lang in dieser Position.

Nun legen Sie beide Hände so auf das Sonnengeflecht (Solarplexus) etwa oberhalb der Leber in der Magengegend, daß die Handballen die Flanken berühren und die Fingerspitzen zueinander zeigen. Der Atem fließt in den mittleren Atemraum, der Brustkorb weitet sich beim Einatmen. Die Vorstellung, in den mittleren Rücken zu atmen, unterstützt diesen Vorgang.

Nach weiteren 3 bis 5 Minuten legen Sie ihre Hände so auf die Brust, daß die Handballen ungefähr in Höhe der Brustwarzen sind, die Daumen weisen nach außen, und die Fingerspitzen berühren sich etwa in der Schlüsselbeingrube. Der Atem fließt nun in den Brustraum, der sich dabei hebt und senkt.

Wenn Sie die gesamte Übung achtsam durchgeführt haben, wiederholen Sie die Abfolge noch dreimal.

Wichtig ist, diese Übung immer zur gleichen Tageszeit auszuführen. Nach einer Woche regelmäßigen Übens können Sie am achten Tag nach dem ersten Durchgang versuchen, beim Einatmen den Atem vom Bauch über den Solarplexus in die Brust fließen zu lassen und in umgekehrter Reihenfolge wieder auszuatmen. Stellen Sie sich dabei vor, den Atem durch Bauch und Becken ausströmen zu lassen. Richtig durchgeführt, entsteht so eine Atemwelle, die Sie mit Sauerstoff und frischer Energie versorgt.

Nach einigen Wochen der Übung werden Sie zur natürlichen Vollatmung gelangen. Dann sollten Sie zusätzlich auf den richtigen Atemrhythmus achten: kräftige Einatmung mit doppelt so langer Ausatmung und Atempause. Wenn Sie dazu noch Töne von sich geben, verstärkt sich die Wirkung. Die Konsonanten A, E, I, O und U lassen bestimmte Körperregionen anregend vibrieren: A den Herzbereich, E die Halsgegend, I den Kopfraum, O die Lebergegend, U den unteren Bauchraum.

Wir können über richtiges Atmen unsere Verdauungs- und Ausscheidungsorgane aktivieren, das Blut, die Lungen und andere Organe von Giftstoffen reinigen, den Stoffwechsel und die Zellatmung anregen, die Sauerstoffaufnahme steigern und die Ausscheidung von Kohlendioxid fördern sowie Übergewicht abbauen.

Therapeutische Atemschulung

Atemschulung ist körperlich-seelischer Ausgleich und darüber hinaus Therapie bei Zuständen seelischer Verkrampfung und Disharmonie, bei Streßsymptomen, bei akuten und chronischen Beschwerden der Atmungsorgane und Atemfehlformen, bei Erkrankungen des Herz-Kreislauf-Systems und des Magen-Darm-Trakts, bei Übersäuerung und auch bei Sprachstörungen. Atemschulung als vorbeugende Maßnahme kann vielen Menschen auch über die dadurch erfolgende Entgiftung zur Erhaltung der Gesundheit und zu Ausgeglichenheit verhelfen. Lesen Sie dazu bitte die Ausführungen zur Atemtherapie in Kapitel 4, Seelische Reinigung.

Eine einfache Übung zur Vertiefung Ihres Atems sollten Sie jeden Morgen nach dem Aufstehen durchführen. Sie reinigt die Lungen, führt Ihnen viel Sauerstoff zu und macht Sie wach und fit für den Tag:

Stellen Sie sich an ein geöffnetes Fenster. Die Füße stehen parallel etwa in Schulterbreite nebeneinander, die Knie sind leicht gebeugt, damit die Energie fließen kann. Ihr Schwerpunkt sollte in der Körpermitte knapp unterhalb des Bauchnabels liegen, die Wirbelsäule vom Steißbein bis zum Scheitel eine Linie bilden.

Halten Sie nun eine Hand mit der Handfläche nach unten auf Höhe Ihres Mundes etwa einen halben Meter vom Kopf entfernt vor sich, und stellen Sie sich vor, auf Ihrem Handrücken liege eine Feder. Atmen Sie tief ein, und pusten Sie diese imaginäre Feder mit einem langen gleichmäßigen Ausatmen von Ihrer Hand, bis keine Luft mehr in Ihren Lungen ist.

Wiederholen Sie diese Übung fünfmal. Die Einatmung erfolgt jedesmal automatisch und tief.

Guter Schlaf

Gesunder Schlaf fördert die Reinigungsvorgänge des Körpers. Erquickender und reinigender Schlaf ist nur möglich, wenn wir neben der Beschaffenheit des Bettes, dem Material der Bettwäsche und der Nachtbekleidung auch das Erdmagnetfeld als natürliche Lebensumwelt beachten. Es ist ein biologischer Ordnungsfaktor, der zur Stimulation und Steuerung von Stoffwechselprozessen notwendig ist.

Störzonen am Schlafplatz

Anomalien im Erdmagnetfeld können zu Erkrankungen führen. Deshalb sollte besonders der Schlafplatz, an dem wir etwa ein Drittel unseres Lebens verbringen, frei von Störzonen sein. Diese lassen sich heutzutage mit physikalischen Meßgeräten, sogenannten Geo-Magnetometern, leicht orten. Über die Umweltinstitute, die es in jeder größeren Stadt gibt, können solche Messungen durchgeführt werden (siehe auch Wichtige Adressen im Anhang, oder schlagen Sie unter dem Stichwort ›Baubiologie‹ im Alternativen Branchenbuch und in den Gelben Seiten nach).

An Stellen erdmagnetischer Anomalien wird oft auch eine erhöhte radioaktive Strahlung gemessen. Störzonen können heute meßtechnisch unterschieden werden in [5]tektonische Brüche, Verwerfungen, Spalten oder unterirdische Wasserführungen sowie Kreuzung verschiedener Störfelder. In einer deutschen Universitätsklinik entdeckten Ärzte einen wichtigen Zusammenhang zwischen Hormonhaushalt und Störzonen des Erdmagnetfelds. Die Folge sind vegetative Fehlfunktionen, u. a. gestörte Ausscheidungsvorgänge des Organismus.

Wir können heute durch unterschiedlichste Methoden unseren Schlafplatz entstören oder störende Einflüsse abschirmen. Ein Beispiel hierfür: Dr. Körbler aus Wien fand heraus, daß jede energetische Information durch ein balkengleiches Kreuz aufgehoben oder gelöscht wird. Er entwickelte ein spezielles Bettuch, auf das nach einem bestimmten Schema diese balkengleichen Kreuze aufgebracht werden. Dadurch läßt sich nachweislich jede Form von Störenergie, die im Schlafbereich auf den Organismus einwirkt, eliminieren. (Näheres darüber ist vor einigen Jahren in der Zeitschrift ›Raum & Zeit‹, Ehlers-Verlag, Dietramszell, erschienen.)

Die richtige Bettwäsche

Darüber hinaus spielt die Bettwäsche eine entscheidende Rolle. So können verschiedene Fasern wie Baumwolle, Wolle, Seide und Kunstfasern die unterschiedlichsten Wirkungen auf den Körper und seine Entgiftungsfunktionen haben. Kunstfasern behindern die Hautatmung und Schweißabgabe genauso wie Naturfasern mit Kunstharz- und Chemieausrüstungen.

Voraussetzung für einen erholsamen Schlaf ist neben seiner Tiefe und Entspannung eine intensive Hautatmung. Außerdem sollte die Bettwäsche wie das Fell eines Tieres eine Schutzhülle bilden, die Schlacken, Abgase und Abstrahlungen ›vernichtet‹ und abschirmt. Diese Eigenschaften besitzt in erster Linie Wolle und besonders Kamelwolle. Um die günstigen Eigenschaften voll zu nutzen, ist es empfehlenswert, daß Unterbett und Oberbett aus Kamelhaar bestehen, und dann nackt in diesen Hüllen zu schlafen.

Als ich davon das erste Mal hörte, kam es mir ziemlich unhygienisch vor. Mittlerweile schlafe ich seit Jahren in einem Kamelhaarbett. Die Wolle regeneriert sich an der Luft und Sonne und reinigt sich über einen langen Zeitraum von selbst. Die UV-Strahlen des Sonnenlichts töten Keime zuverlässig

[5] Tektonik befaßt sich mit dem Bau der Erdkruste und ihren inneren Bewegungen.

ab. Ein so gelüftetes Bett riecht herrlich frisch und wärmt hervorragend, ohne einen Hitzestau zu verursachen. Verunreinigungen lassen sich leicht ausbürsten; und von Zeit zu Zeit lasse ich das Bettzeug in einer Spezial-Wollwäscherei waschen.

Nachweislich werden durch die direkte Berührung mit Wolle das ganze [6]Mesenchym, die nach innen schützenden, innersekretorischen Funktionen der Haut und das neurovegetative Nervensystem aktiviert. Nichtwollene Betten fixieren die Ausdünstungen. Diese werden dann durch die Haut rückresorbiert.

Die Belebungseffekte der Kamelwolle liegen doppelt so hoch wie die der Schafwolle. Durch die Kräuselung des naturbelassenen Wollhaares und durch die natürliche Bewegung während des Schlafs erfolgt ein ständiger Austausch mit der Außenluft. Das Bettklima wird kontinuierlich reguliert und die richtige Körpertemperatur bewahrt. Wolle kann, verglichen mit anderen Naturfasern, überdurchschnittlich viel Feuchtigkeit aufnehmen (bis zum Zweifachen des Eigengewichts), ohne sich klamm und feucht anzufühlen. Verdunstende Feuchtigkeit wird absorbiert und an die Außenluft abgegeben.

Das soll nun nicht heißen, daß jeder Mensch unbedingt in Kamelhaarwolle schlafen muß. Auch ich weiß das Gefühl zu schätzen, sich in einem mit Leinen frisch bezogenen Bett zur Ruhe zu begeben – besonders im Sommer. Dennoch werden gerade Menschen, die leicht frieren oder viel schwitzen, ein Kamelhaarbett nicht mehr missen wollen, wenn sie es einmal ausprobiert haben. Auch unterstützt der permanente, einer leichten Massage gleichkommende Effekt des etwas rauhen Kamelhaares die Entgiftungsfunktionen. Darüber hinaus bildet ein solches Unter- und Oberbett ein besonders günstiges Energiefeld zum Schlafen.

Richtige Kleidung

Was für die Bettwäsche beim Thema Schlaf gilt, gilt natürlich auch für die Kleidung als unserer zweiten Haut. Die Hautoberfläche eines erwachsenen Menschen umfaßt etwa 1,5 Quadratmeter. Sie ist verantwortlich für viele biologische Vorgänge: Die Körpertemperatur wird reguliert, Stoffwechselabbauprodukte werden durch Schweißabsonderung nach außen transportiert, die Sauerstoffaufnahme durch die Porenatmung unterstützt. Kleidung sollte die Haut in ihren Funktionen natürlich nicht behindern.

[6] Embryonales Bindegewebe, das ein von Interzellulärflüssigkeit ausgefülltes Schwammgewebe bildet und das Muttergewebe aller Formen von Stütz- und Bindegewebe, Muskulatur, Gefäßauskleidungen und Blutzellen ist.

Bei den Naturfasern sind Eiweißfasern und Kohlenhydratfasern zu unterscheiden. Wolle und Seide sind Eiweißfasern. Sie ähneln in ihrer biologischen Zusammensetzung der Haut, geben Feuchtigkeit nach außen ab und garantieren somit eine angenehme, trockene Wärme, wobei Seide mehr isolierend und Wolle mehr erwärmend wirkt. Als zweite Haut sind diese beiden Fasern auch deshalb so gut geeignet, weil sie Entgiftungsvorgänge unterstützen und in naturbelassener Form keine belastenden Rückstände an die Haut abgeben sowie die Rückresorption von ausgeschiedenen Stoffen verhindern. Baumwolle als Unterwäsche kann nicht soviel Feuchtigkeit aufnehmen und eignet sich deshalb für Menschen, die leicht schwitzen, nicht so gut.

Für Socken gilt im Grunde das gleiche. Die Füße gehören zu den Körperstellen, die den meisten Schweiß absondern. Am saugfähigsten sind Socken aus Wolle, empfehlenswert ist aber auch eine Mischung von Wolle und Baumwolle, die Strümpfe und Socken, die ja stark strapaziert werden, haltbarer macht.

Unsere Kleidung sollte aus unterschiedlichen Schichten bestehen, um eine elektrostatische Aufladung zu vermeiden. Wir sind in unserem Alltag ohnehin mit elektromagnetischen Einflüssen belastet. Naturbelassene Kleidung reduziert diese Belastung.

Richtiges Schuhwerk

Auch die Füße wollen atmen und geben Giftstoffe über den Fußschweiß ab. Daher ist es einleuchtend, daß unser Schuhwerk genauso wie unsere Kleidung atmungsaktiv sein sollte. Im Sommer ist es ratsam, möglichst offene Sandalen zu tragen, damit Luft an die Füße kommt. Das Beste, was wir unseren Füßen gönnen können, ist barfuß im Sand zu laufen. Überhaupt sollten alle, die nicht unter kalten Füßen leiden, so oft wie möglich barfuß gehen.

Durch natürlich hergestelltes und verarbeitetes Schuhwerk ist gewährleistet, daß die Füße optimal geschützt und vor Bodenkälte isoliert sind. Nun gibt es eine Reihe von Herstellern für Naturschuhwerk, die Sohlen aus reinem Rohkautschuk herstellen und lösungsmittelfreien Kleber verwenden. Darüber hinaus wird auch darauf geachtet, beim Gerbvorgang die Gewässer nicht zu belasten, weshalb das Schuhleder zwölf Monate lang auf rein pflanzlicher Basis mit Eichenrindenlauge gegerbt wird. Leider sehen die meisten dieser Naturschuhe – zumindest für meinen Geschmack – ziemlich scheußlich aus. Ich würde mir wünschen, daß auch Naturschuhe nicht gleich von weitem als ›Öko-Schuhe‹ zu erkennen sind.

Saubere Luft

Die Atmungsorgane versorgen unseren Körper mit lebensnotwendigem Sauerstoff, der aus der Luft in den Blutkreislauf aufgenommen wird. Zu diesem Zweck wird unsere Atemluft in ein feines Röhrensystem mit unzähligen, baumähnlichen Verästelungen – die Bronchien – geleitet, um von dort an etwa 500 Millionen Lungenbläschen mit einer Gesamtfläche von nahezu 100 Quadratmeter abgegeben zu werden. Diese sorgen dafür, daß das Blut den Sauerstoff aus der Luft aufnehmen und dieser alle Bereiche unseres Körpers, jede Zelle, erreichen kann. Für einen optimalen Sauerstoffaustausch ist es überaus wichtig, daß die Funktion der Bronchien nicht durch Fremdkörper, wie zum Beispiel Staubpartikel, Rauchbegleitstoffe oder schädliche Gase (Auto- und Industrieabgase) behindert wird. Deshalb besitzen unsere Atemwege einen hervorragenden natürlichen Reinigungsmechanismus. Sie sind mit einer Schleimhaut sowie einer Vielzahl von Flimmerhärchen ausgestattet, die dafür sorgen, daß die mit der Atemluft eindringenden Partikel automatisch wieder nach außen befördert werden. Zahlreiche Schleimdrüsen unterstützen die Flimmerhärchen bei dieser Aufgabe, indem sie das gesamte Atemsystem ständig befeuchten.

Unsere Atemluft ist besonders in Städten oder Industrieregionen mit schädlichen Abgasen und Stoffen aus Industrieemissionen oder in landwirtschaftlich genutzten Gebieten mit Spritzmitteln belastet. Die Luft in unseren Wohnungen und Büroräumen ist oft extrem trocken; Betonbauweise, moderne, dichte Fenster und Zentralheizungen tragen dazu bei. Büromaschinen wie Fotokopierer und Computer verwandeln durch ihre Abstrahlung die Räume in ein krankmachendes Umfeld, da sich in der Raumluft kaum noch negativ geladene Sauerstoffionen befinden.

Positiv: Negativ geladene Sauerstoffionen

Die negativ geladenen Sauerstoffionen sind jedoch für eine stabile Gesundheit von großer Bedeutung. Sie werden auch Vitamine der Luft genannt. Wo die höchsten Konzentrationen an negativ geladenen Sauerstoffionen vorkommen, fühlen wir uns am wohlsten. Sie wirken sich überaus positiv auf das Epithelgewebe des Atemtrakts aus, das mit den Flimmerhärchen überzogen ist, und fördern hier Entgiftungsvorgänge. Die Widerstandskraft gegen Krankheiten steigt.

Deshalb ist es wichtig, darauf zu achten, daß der Sauerstoffanteil in der Raumluft möglichst viel negativ geladene Sauerstoffionen enthält. Das ist zu erreichen über Luftionisatoren, Zimmerbrunnen und Verdampfungs- bzw.

Verdunstungsgeräte sowie – das beweisen neueste Forschungen – durch Zimmerpflanzen.

Zimmerpflanzen als Luftfilter

Pflanzen neutralisieren Umweltgifte aus der Atemluft. Durch kleine Spaltöffnungen in den Blättern tauschen sie schadstoffhaltige Luft gegen reine Luft aus. Sie lagern die Gifte in den Wurzeln ab oder verwandeln sie in Nährstoffe. Ein Versuch der NASA hat bewiesen, daß Zigarettenrauch, Benzol, Trichlorethylen und Formaldehyd, die in einen luftdichten, durch Pflanzen begrünten Raum geblasen wurden, nach vierundzwanzig Stunden verschwunden waren. Die Schadstoffe kommen in manchen Haushaltsreinigern und Lösungsmitteln vor, dünsten aus Kunststoffen, Lacken, Spanplatten, Kosmetika, Papier und brennenden Zigaretten aus.

Besonders geeignet sind Pflanzen wie Gerbera, Ficus benjamina (Birkenfeige), Wasserlilien, Efeu und Drachenbaum. Die Efeutute ›vertilgt‹ sogar Nikotin. In der freien Natur hat besonders der Ginkgo-biloba-Baum vergleichbare Eigenschaften.

Luftbäder

Darüber hinaus sollten wir uns möglichst oft in der freien Natur dort aufhalten, wo die Luft mit negativ geladenen Sauerstoffionen gesättigt ist: in der Nähe von Wasserfällen, im Laubwald und im Bereich von Gewässern. Durch Einatmung von negativ ionisiertem Sauerstoff erhöht sich nachweislich die Pufferkapazität, das heißt die Kompensationsbereitschaft des Blutes gegenüber anfallenden Stoffwechselprodukten (Säuren). Dies ist von großer Bedeutung, da unser Säure-Basen-Haushalt sehr oft aus dem Gleichgewicht gerät – der Organismus vieler Menschen ist übersäuert.

Luftbäder an geeigneten Orten gehören deshalb zu den vorbeugenden Reinigungsmaßnahmen. Setzen Sie Ihren Körper immer wieder ohne Bekleidung der frischen Luft aus. Das belebt, fördert die Hautatmung und entschlackt. Besonders ein Aufenthalt an der Nordsee ist gesundheitsförderlich und stoffwechselaktivierend, da die Luft viele Stoffe aus dem Meer enthält und ›jodgeladen‹ ist. Jod aktiviert die Verbrennung.

Sonnenlicht

Die Menschen der Antike wußten um die Bedeutung des Lichts: Sie beteten es an und schufen sich die Götter des Lichts und der Dunkelheit.

Ohne das Licht der Sonne gäbe es kein Leben auf der Erde. Fast alle Pflanzen wachsen dem Licht entgegen. Das Licht setzt sich zusammen aus verschiedenen Spektralbereichen, UVA- und UVB-Anteilen, aus Infrarotlicht und dem sichtbaren Licht. Die Bildung von Vitamin D_3 ist nur durch den UVB-Anteil des Sonnenlichts möglich. Durch Vitamin D_3 ist der Körper in der Lage, aus der Nahrung das lebensnotwendige Kalzium aufzunehmen. Es sorgt für die Stabilität der Knochen, ist wichtig für die Zellteilung, Muskelarbeit, Signalübertragung der Nervenbahnen und den Kohlenhydratstoffwechsel. UVB-Strahlung bewirkt außerdem die Reduzierung von Giftstoffen im Körper, indem wasserlösliche Metalle in weniger belastende Formen umgewandelt und ausgeschieden werden können. Regelmäßige Besonnung der Haut baut die sogenannte Lichtschwiele auf, die die Haut vor UV-Strahlen und Zellschäden schützt.

Im Zusammenhang mit dem Thema Reinigung ist die Tatsache, daß Sonneneinwirkung den Zellstoffwechsel aktiviert, besonders bedeutsam. Das Gewebe wird besser mit Sauerstoff versorgt, was wiederum die Ausscheidung von Stoffwechselrückständen begünstigt und Hautunreinheiten entgegenwirkt.

Ein Mangel an Sonnenlicht führt nicht nur zu nervösen Störungen und Depressionen, sondern mindert auch die Leistungskraft des Organismus und fördert die Anfälligkeit gegenüber Infektionen. Der Lebensfluß wird gelähmt. Eine ausreichende Besonnung hingegen verbessert das Elektrokardiogramm (EKG), der Blutdruck sinkt, die Ruheherzfrequenz wird niedriger. Energie, Ausdauer und Muskelkraft steigen, der Sauerstofftransport wird verbessert, die Lust auf sexuelle Liebe erhöht sich. Regelmäßige Besonnung führt außerdem zur Verbesserung der Reaktionsfähigkeit des Energiegewinnungssystems in den Zellen. Voraussetzung für diese Positivwirkungen auf den Körper ist jedoch, daß das Sonnenlicht *alle* natürlichen Spektralbereiche umfaßt. Nur das gewährt Sicherheit, daß der Körper mit der Strahlungsmenge heilsam umgehen kann und der Hautreparaturmechanismus wirksam wird. Bei künstlicher Besonnung sollten aus diesem Grund Weißlicht-Solarien bevorzugt werden, die alle Spektralbereiche des Sonnenlichts umfassen.

Denken Sie aber daran, daß auch für die Sonne gilt: Die Dosis macht das Gift! Wiederholte Sonnenbrände sind ernstzunehmende gesundheitliche Belastungen und erhöhen das Risiko, an Hautkrebs zu erkranken.

Farben

Das sichtbare Licht besteht, wenn wir es durch ein Prisma betrachten, aus den Farben des Regenbogens. Schon im Altertum wurde mit Farben geheilt, indem man Kranke in farbige Lappen wickelte oder die Zimmerwände der Krankenzimmer mit verschiedenen Farben bestrich.

Die Qualität der Farben – das wissen wir heute – unterscheidet sich sehr. So haben chemische Farben eine ganz andere Strahlung als aus Natursubstanzen gewonnene Farben. Dies ist am veränderten Hautwiderstand und der veränderten Leitfähigkeit der Haut meßbar. Die menschliche Haut kann, wie das Auge, Farben voneinander unterscheiden, denn jede Farbe hat eine andere Wellenlänge, die nachweislich bis zu zwei Zentimeter tief in die Haut eindringen und dort biochemische Prozesse auslösen kann. Dadurch wird, je nach Farbe, der gesamte Stoffwechsel angeregt, und Energieblockaden können gelöst werden. Die Wirkungsskala reicht von Beruhigungseffekten bis hin zur Zellregeneration und erstreckt sich sogar auf die inneren Organe. Wissenschaftler vermuten, daß dies durch Impulse der Haut an das vegetative Nervensystem und von dort an die inneren Organe geschieht. Leitet man farbiges Licht direkt in Akupunkturpunkte, wie zum Beispiel bei der Farbpunktur nach Mandel, so werden die Impulse über die Meridiane (Energiebahnen), die in enger Wechselwirkung mit den Organen stehen, an diese weitergeleitet.

Wir können heute über direkte Bestrahlung durch farbiges Licht, das in den verschiedensten Lichtmaschinen erzeugt wird, die Reinigung des Körpers beeinflussen. Anzeigen der Hersteller solcher Farblichtgeräte finden Sie zum Beispiel in Gesundheitsmagazinen. Auch esoterische Versandhäuser bieten diese Geräte an. Und mittlerweile gibt es sogar Farbbänder und Farbbrillen, die leicht und gefahrlos angewendet werden können, um sich mit den entsprechenden Energien der jeweiligen Wellenlängen des Farblichts ›aufzuladen‹.

Den Farben werden folgende Wirkungen zugeordnet:

- Rot ist die Farbe der Kraft, Energie und Lebensfreude und eignet sich gut gegen Müdigkeit und Unlust. Rot trägt außerdem zur Entschlackung der Haut bei.
- Orange unterstützt die physische und geistige Kraft und reguliert die Stoffwechselvorgänge.
- Gelb verhilft zu geistiger Wachheit und Klarheit, eignet sich gut beim Lernen, da es konzentrationsfördernd wirkt, und gibt Wärme.
- Grün harmonisiert alle körperlichen Vorgänge und trägt zur Entspannung bei.

- Blau kühlt und ist die Farbe der Ruhe.
- Violett läßt Fett schmelzen und ist die Farbe der Kommunikation und Spiritualität.

Die Kraft der Edelsteine

Auch Mineralien unterliegen den Gesetzen des Werdens und Vergehens. Edelsteine, Halbedelsteine und Kristalle sind die reinsten Mineralien und begleiten die Menschheit seit Urbeginn. Ihnen wurden seit Menschengedenken Heil- und Schutzwirkungen zugeschrieben. Heute können wir ihre Schwingungen mit Meßgeräten bestimmen. Auch die Einflüsse auf unseren Organismus durch verschiedene Anwendungen der Steine sind meßbar. Frei von schädlichen Nebenwirkungen, haben sie vor allem einen Vorbeugungseffekt gegen viele Krankheiten. Das endokrine System, das die innere Sekretion der Drüsen steuert, und das vegetative Nervensystem werden durch die Schwingungen der Edelsteine ebenso beeinflußt wie unsere Energiebahnen, die aus der chinesischen Akupunktur bekannten Meridiane.

Hinzu kommt die Lichtqualität der Edelsteine. Dieses Licht ist Energie und kann durch die Kirlian-Fotografie (siehe Seite 128) sogar sichtbar gemacht werden. Licht und die Farbschwingungen der Edelsteine dringen in Wellen unterschiedlicher Frequenz in den Körper ein und werden über sensible Nervenfaserzentren, die sogenannten Chakren, ins Körperinnere weitergeleitet. Edelsteine und Kristalle wirken also zum einen über die Farben des Lichts und zum anderen über ihre Schwingungsenergien. Sie bestehen zu einem großen Teil aus Mineralien und Spurenelementen, die sich auch in unserem Organismus als Baustoffe befinden oder die Funktion von Reglerstoffen haben. Diese beeinflussen Wachstum, Wasserhaushalt, hormonelle und enzymatische Steuerungen, das Säure- und Basengleichgewicht und die Steuerung des Nervensystems. Es gibt lebensnotwendige, funktionsunterstützende und funktionsfördernde Mineralien und Spurenelemente.

Edelsteine können zum Beispiel durch Auflegen auf die Haut oder in Form von Edelsteinelixieren und Edelsteinpulvern entgiftende und reinigende Wirkungen entfalten:

- Edelsteinelixiere können Sie selbst herstellen, indem Sie den von Ihnen ausgewählten Stein mindestens einen Tag in einem staatlichen, stillen Mineralwasser unberührt, möglichst unter Einwirkung von Sonnenlicht, ziehen lassen. Von diesem Elixier trinken Sie dann morgens und abends vor dem Essen etwa 0,3 Liter.

- Edelsteinpulver können Sie mit ätherischen Ölen und Emulgatoren (zum Beispiel Sahne, Honig, Meersalz) vermischen und Wannenbädern zusetzen oder mit Heilwasser zu einer Paste für Masken und Wickel anrühren.

Wichtig ist, sich bei der Anwendung von Edelsteinen genau über ihre Wirkungen zu informieren und auch darüber, wie sie gepflegt, gereinigt und wieder aufgeladen werden können. Einige reinigt man am besten unter fließendem Wasser, andere in Schalen von kleinen Edelstein-Trommelsteinen. Manche sollten dem Sonnenlicht ausgesetzt werden, um sie wieder aufzuladen, andere dem Mondlicht; wieder andere sollen über Nacht in einer Gruppe von Bergkristallen stehen. Im Anhang finden Sie weiterführende Literatur dazu.

Reinigungswirkungen einiger Edelsteine

Zur Lösung von Energieblockaden und zur Reinigung von Blutgefäßen

- Bergkristall, bestehend aus reinem Siliziumoxid und Sauerstoff, hat sehr reinigende Eigenschaften für die Blut- und Herzkranzgefäße. In Verbindung mit rotem Jaspis und Magnesit regt Bergkristall den Fettstoffwechsel an.

Zur Entschlackung des Organismus

- Rheinkiesel, auch Flint- oder Feuerstein genannt, entgiftet besonders über die Nieren und das Blut.
- Saphir, ein Aluminiumoxid, das durch eine Vielzahl von metallischen Ablagerungen entstanden ist, aktiviert die Verdauung. Regelmäßig getrunkenes Saphirwasser soll die Entschlackung und Entgiftung anregen.
- Grüne Jade, eine Natrium-Aluminium-Verbindung mit Einflüssen von Chrom, kann über Leber und Nieren Giftstoffe ausscheiden helfen.
- Hämatit, ein magnetisches Eisenoxid, hat als Hämatit-Wasser, morgens auf nüchternen Magen getrunken, eine anregende Wirkung auf das Lymphsystem, das ja sozusagen auch das Abwassersystem des Körpers ist. Außerdem wirkt Hämatit ›entstrahlend‹ auf unseren Organismus und unser Umfeld. Es reinigt von Erd- und Wasserstrahlen.
- Malachit, ein Kupferkarbonat, entschlackt als Malachit-Wasser oder -Tee getrunken die Gefäße und Organe von Rückständen und angestauten Energien. Die Sauerstoffaufnahme wird verbessert und gleichzeitig die Abatmung von Kohlendioxid gefördert. Auch das Lymphsystem wird aktiviert. Wegen seiner stark entgiftenden Eigenschaften wird der Malachit als Krebsvorsorgestein geschätzt.

- Rauchquarz, ein dunkler Bergkristall, der seine Farbe durch große Hitze und starke Gammastrahlen erhielt, bewahrt vor übermäßigen Fettablagerungen. Seine entgiftende Wirkung entfaltet sich in der Unterstützung der Nieren, indem er ausscheidungspflichtige Stoffe besser aus dem Blut herauszufiltern hilft.
- Rodochrosit, auch Manganspat genannt, ist ein Mangankarbonat. Der Mangangehalt aktiviert Enzyme und hat eine kräftige Wirkung auf die Ausscheidungsorgane des Körpers.
- Tigereisen ist eine Mischung aus Tigerauge und Eisen in Verbindung mit Quarz. Es kräftigt Lunge, Leber und Nieren und reguliert den Wasser- und Salzhaushalt. Durch seine blutreinigende Wirkung erleichtert es die Entschlackung der Organe von Stoffwechselrückständen. Tigereisen aktiviert außerdem den Kohlenhydratstoffwechsel und kann dadurch Übergewicht vorbeugen oder es sogar abbauen.
- Landschaftsjaspis wird wegen seiner landschaftsbilderähnlichen Manganeinschlüsse so genannt. Er gehört in die Familie der Quarze. Landschaftsjaspis reinigt die Haut und hält in Verbindung mit rotem Jaspis Strahlenbelastungen fern.
- Onyx ist ein schwarzer Achat und gehört zur Quarzgruppe. Er fördert die natürliche Funktion der Haut und hat eine stark reinigende Wirkung auf das Blut.
- Howlith ist ein Kalzium-Magnesium-Mineral und hat eine stark entwässernde Wirkung.
- Aventurin-Sonnenstein gehört ebenfalls in die Familie der Quarze und weist eingelagerte Hämatit- und Glimmerblättchen auf. Er wirkt stark verdauungsfördernd.
- Vesuvian, eine mineralstoffreiche Verbindung aus Kalzium, Magnesium und Eisen, ist einer der ersten Steine, die durch Menschen zu Pulver vermahlen wurden. Er hat als Tee oder Badezusatz sehr entschlackende und reinigende Wirkungen und hilft Umweltgifte metallischen Ursprungs aus dem Organismus auszuspülen, indem er sie bindet und den Ausscheidungsorganen zuführt.
- Karneol, ein Quarz mit Anreicherungen von Eisen, hat eine Verbindung zum Blut. Er aktiviert den Kreislauf und hilft das Blut zu reinigen, indem er die Funktionen der Milz unterstützt.
- Gelber Fluorit, auch Flußspat genannt, aktiviert ebenfalls die Milz in ihren blutreinigenden Eigenschaften. Außerdem unterstützt er die Nieren und beugt so Ödemen, Wasserablagerung im Gewebe, vor.
- Rosenquarz besitzt kleinste Einlagerungen von Eisen-Rutil-Nadeln und bewirkt, daß das Herz besser mit Sauerstoff versorgt und der Stoffwechsel angeregt werden. Er aktiviert den Kreislauf und reinigt über die An-

regung von Nieren, Leber und Knochenmark das Blut. Rosenquarz schützt besonders gut vor elektromagnetischen Computerstrahlen. Am besten hängen Sie sich einen großen Donut (eine Rosenquarzscheibe mit einem Loch in der Mitte) auf Herzhöhe um den Hals.

Dies sind nur einige Beispiele von Edelsteinen mit reinigender Wirkung, die einen ersten Anstoß geben wollen, sich intensiver mit Edelsteinen und Kristallen zu befassen. Ein weiterer wichtiger Aspekt ist die Beeinflussung der geistigen Gesundheit und des emotionalen Wohlbefindens durch die energetischen Schwingungen der Steine. Voraussetzung für eine Wirkung von Edelsteinen ist jedoch, daß es sich um echte Steine handelt. Woran Sie diese erkennen und wo sie zu kaufen sind, können Sie ebenfalls in der angegebenen weiterführenden Literatur nachschlagen.

Gesunde und typgerechte Ernährung

Nahrungsmittel sind für unseren Körper, was die Gedanken für unseren Geist sind. Alle Lebensvorgänge beruhen auf Energie, und für alles, was wir tun, brauchen wir Energie. Deshalb müssen wir essen. In vielen Fällen essen Menschen heutzutage jedoch so, daß sie zur Verdauung ihrer Nahrung mehr Energie benötigen, als diese ihnen gibt. Wenn Sie sich mit den verschiedenen Ernährungsformen beschäftigen, werden Sie wohl erst einmal verunsichert sein, denn jede Ernährungsrichtung hält die eigenen Richtlinien für die einzig wahren. Doch Menschen sind nun einmal sehr unterschiedlich: in ihrer Konstitution, ihren Lebensgewohnheiten, ihren geistigen oder körperlichen Belastungen und in ihrem individuellen Verdauungstypus.

Sind Sie Ernährungstyp A oder B?

Aufgrund dieser Unterschiede wurden Klassifizierungsschemata aufgestellt, die ich hier nicht alle aufführen kann. Eine sehr einleuchtende und von jedem Leser gut nachvollziehbare Einteilung ist die von Prof. Lampert (ehemaliger Lehrstuhlinhaber für physikalische Therapie an der Universität Frankfurt). Er ordnet die Menschen in A- und B-Typen ein:

Der A-Typ ist ein langsam reagierender Mensch, dessen Stoffwechsel träger ist als der des B-Typs. Der A-Typ neigt eher zur Speicherung als zur Ausscheidung, ist introvertierter als der B-Typ und insgesamt weniger temperamentvoll. Der A-Typ hat oft Verdauungsschwierigkeiten mit rohen Nahrungsmitteln und neigt zu Übersäuerung.

Der B-Typ ist auch als schlechter ›Futterverwerter‹ bekannt. Er nimmt schneller ab als der A-Typ, neigt weniger zu Übergewicht und verträgt Rohkost und Obst viel besser. Das Energieniveau des B-Typs ist höher, er leidet oft eher unter einem Energiestau und nicht – wie der A-Typ – unter einem Energiedefizit (energetisch sehr ›leere‹ Menschen erkennt man leicht an ihrer Blässe, einem übermäßigen Wärmebedürfnis und an häufigen Rückenschmerzen).

Man kann nach dieser Einteilung auch von Kälte-(A) bzw. Wärmemenschen (B) sprechen. A braucht viel Wärme, Ruhe und muß sich zur Bewegung meist aufraffen, wohingegen B eher das Bedürfnis nach Kühle hat und einen eigenen Bewegungsdrang besitzt (siehe auch Seite 174 ff.).

Auch wenn sich natürlich kein Mensch vollkommen in dieses oder in ein anderes Schema pressen läßt, kann es doch eine große Hilfe sein, seine naturbestimmten Anlagen zu erkennen. Aus meiner Beobachtung gehören dem A-Typ eher die Temperamente Melancholiker und Phlegmatiker an, während dem B-Typ die Sanguiniker und Choleriker zuzuordnen sind (siehe auch Seite 170 ff.).

Auch in bezug auf die Nahrungsmittel ist die Unterscheidung in A- und B-Typen wichtig. Für den A-Typ sind gedünstetes Gemüse, Bananen und Trockenfrüchte ideal, wohingegen der B-Typ viel Obst und Rohkost zu sich nehmen sollte.

Bewußt essen

Grundsätzlich sollte jeder, der sich in seinem Lebensfluß in irgendeiner Weise gelähmt fühlt, einmal über seine Ernährung nachdenken. Die meisten von uns essen zu reichhaltig, zuviel Vermischtes und zuwenig wasserhaltige, also frische Nahrungsmittel. Hinzu kommt, daß heute aufgrund von Zeitmangel häufig Fertigprodukte auf den Tisch kommen, die mit Nahrungsmittelzusatzstoffen versetzt sind. Teilweise sind diese Stoffe nachweislich krankheitserregend. In jedem Fall muß sich der Organismus mit ihnen auseinandersetzen und sie wieder ausscheiden. Dieses Ausscheidungsvermögen ist bei jedem Menschen unterschiedlich ausgeprägt, so wie auch das Scheide- und Bindevermögen im Stoffwechsel nicht bei jedem Menschen gleich ist.

Alles, was Sie an Nahrung zu sich nehmen, muß vom Körper zunächst durch höchst komplizierte Vorgänge in seine kleinsten Bestandteile aufgespalten werden: in Einfachzucker, Aminosäuren, die ein wichtiger Baustein der Eiweißkörper sind, Glyzerin und Fettsäuren. Diese Nährstoffe werden der Verdauung zugeführt oder zur späteren Verwendung in umgewandelter Form in Depots gespeichert. Die Nahrungsstoffe werden dann im Stoffwechsel zu den energielosen Endprodukten Kohlendioxid und Wasser verbrannt. Die dabei entstehenden, nicht verwertbaren Stoffe und Giftstoffe werden im gesunden und nicht überlasteten Stoffwechsel ausgeschieden. Auf diesem Weg wird aus Nahrungsbestandteilen körpereigenes ›Material‹.

Je mehr wir bei der Zusammenstellung unserer Nahrung darauf achten, Kohlenhydrate und Eiweiße nicht zu mischen, auf Soßen und andere Würzmittel zu verzichten und uns nicht mit einem Durcheinander von Lebensmitteln vollzustopfen, desto leichter hat es der Organismus mit den Scheide-, Binde- und Ausscheidungsvorgängen. Beobachten Sie einmal, nach welchem Essen Sie sich fit und leistungsfähig fühlen und nach welchen Mahlzeiten Sie eher müde und energielos sind. Für viele Menschen ist Trennkost die ideale Ernährungsform, für andere die Vollwerternährung und für wieder andere eine Nahrung, die überwiegend aus Rohkost besteht. Auch die anthroposophische Ernährungslehre kann Ihnen viele Hinweise geben.

Fernöstliche Ernährungslehren (siehe Seite 68 ff.) haben heute einen großen Stellenwert und sind sehr in Mode gekommen. Sicherlich können sie entgiftend, das Energieniveau hebend und gesunderhaltend wirken. Ich selbst habe jedoch festgestellt, daß diese Ernährungsformen für den westlichen Menschen aufgrund von Klima, Gewohnheiten und Lebensstil nur sehr schwer über einen längeren Zeitraum durchführbar sind.

Gesunde Nahrung ist naturbelassene Nahrung

Eure Nahrung soll euer Heilmittel sein.

Hippokrates

Für welche Ernährungsform Sie sich auch entscheiden, achten Sie stets darauf, möglichst organisch gewachsene, frische und unbehandelte Lebensmittel zu sich zu nehmen. Vermeiden Sie Fertigprodukte, oder kaufen Sie diese zumindest im Naturkostladen oder Reformhaus. Studieren Sie die Zutatenliste gründlich, und achten Sie auf die Hinweise ›Frei von Konservierungsmitteln‹ oder ›Frei von Nahrungsmittelzusatzstoffen‹.

Bei Nahrungsmittelzusatzstoffen werden natürliche, naturidentische und synthetische Zusatzstoffe unterschieden. Sie können nur mit Klassennamen, wie zum Beispiel Aromastoff, oder mit Klassennamen und Verkehrsbezeichnung, wie zum Beispiel Antioxidationsmittel, Farbstoff, Trennmittel, Zuckeraustauschstoff, oder mit sogenannten E-Nummern gekennzeichnet sein. Per Gesetz können Stoffe zugelassen werden, wenn der technologische Nutzen wesentlich höher erscheint als das gesundheitliche Risiko. Jedoch ist das Gesundheitsrisiko nur schwer einzuschätzen, da es in der Regel die Häufung mehrerer Schadstoffe ist, die ein Krankheitsgeschehen auslöst.

Zusatzstoffe können krank machen

›Verdächtige‹ Zusatzstoffe stehen im Verdacht, Funktionsstörungen im Organismus auszulösen. Dazu gehören Verdauungsstörungen, Hauterkrankungen, Allergien, Gefäßerkrankungen, Empfindlichkeitsstörungen der Nerven, Mundfäule und andere. Bei einigen Zusatzstoffen besteht sogar der Verdacht, daß sie krebserregend sind.

Die Lebensmittelindustrie kann auf manche Zusatzstoffe nicht verzichten. So kann beispielsweise Margarine nicht ohne Emulgatoren und Brot kaum ohne Backhilfsmittel hergestellt werden. Zusatzstoffe werden – wie ihr Name schon sagt – den Lebensmitteln zusätzlich zugefügt. Daneben gelangen aber auch Schadstoffe über Luft, Boden oder Wasser in die Lebensmittel, und sie enthalten Rückstände aus Pflanzenschutz, Tierarzneimitteln und Haltbarkeitsmaßnahmen.

Zwar ist die Angabe von Zusatzstoffen auf den Verpackungen vorgeschrieben, bei Getränken mit mehr als 1,2 Volumenprozent Alkohol gilt jedoch eine Ausnahmeregelung. Für Wein, Bier und Spirituosen gibt es keine Deklarationspflicht. Auf den Etiketten wird nicht erwähnt, was sich als Zusatzmittel in den Flaschen befindet. Das gleiche gilt für fertige Backmischungen, die die Bäcker geliefert bekommen. Sie stecken voller Zusatzstoffe, die das Aufgehen des Teigs beschleunigen oder dem Brot einen bestimmten Duft und die gewünschte Konsistenz verleihen. Hinter dem gesund klingenden Namen Mehrkorn- oder Saftkornbrot verbirgt sich deshalb häufig ein Produkt, das mit einem Brot, das aus Wasser, frisch gemahlenem Getreide, Salz und Hefe bzw. Sauerteig besteht, kaum mehr etwas zu tun hat.

In den letzten Jahren ist erfreulicherweise zu beobachten, daß es immer mehr Lebensmittel ohne Zusatz- und Konservierungsstoffe zu kaufen gibt. Eine Gegenbewegung ist allerdings auch zu verzeichnen, und das sind die EU-Gesetze hinsichtlich der Reinheit von Nahrungsmitteln sowie die Gentechnik und die Gammabestrahlung zur Haltbarmachung.

Im Grunde ist es kaum zu vermeiden, daß wir über die Ernährung immer wieder mit Stoffen, die den Organismus belasten, in Berührung kommen. Die Industrie ist erfinderisch, und es geht in erster Linie um Umsatz und Gewinn. Die Achtsamkeit der Verbraucher ist deshalb von größter Bedeutung. In Reformhäusern, bei den Verbraucherzentralen und über Bioläden erhalten Sie entsprechende Listen mit den genauen Bezeichnungen und E-Nummern von Nahrungsmittelzusatzstoffen. Wenn Sie außerdem regelmäßig fasten und ab und zu einen Safttag oder Reistag einlegen, beugen Sie Ablagerungen und Vergiftungserscheinungen vor und unterstützen die Reinigungsvorgänge des Organismus.

Säure-Basen-Gleichgewicht

Ein weiterer wichtiger Aspekt der Ernährung ist das Säure-Basen-Gleichgewicht des Organismus. Ein übersäuerter Stoffwechsel führt zur Entmineralisierung des Körpers, zu Ablagerungen in den Gefäßsystemen und zu Immunitätsverlust. Es entstehen eingedickte Gewebsflüssigkeiten, Darm- und Stoffwechselgifte. Damit geht die Verschlackung und Unterversorgung der Zellen einher, was Krankheiten und vorzeitige Alterung zur Folge hat. Übersäuerung hat auch Mitschuld an Allergien und sogenannten Autoimmunkrankheiten, bei denen körpereigenes Gewebe angegriffen wird, sowie an unreiner Haut und Pilzbefall, insbesondere mit dem Candida-albicans-Pilz. Zwar benötigt der Organismus ein Mindestmaß an Säuren für die Verbrennung und Energiegewinnung, durch die normale Zivilisationskost ist er in der Regel jedoch übersäuert. Der Verzehr von zuviel tierischem Eiweiß, raffiniertem Zucker (auch in Kuchen und Keksen, Fruchtjoghurt und Limonaden etc.), Marmeladen, Getreideerzeugnissen usw. ist für diese Übersäuerung verantwortlich. Ein großer Prozentsatz der Erwachsenen kann zudem Kuhmilch nicht verdauen, ihnen fehlt das dazu notwendige Labferment. Da diese sogenannte Laktose-Intoleranz zu einer Störung der Kohlenhydratabsorption führt, stimmt das für eine gesunde Ernährung wichtige Verhältnis zwischen Eiweiß, Fett und Kohlenhydraten nicht.

Achten Sie darauf, möglichst viele basenbildende Nahrungsmittel zu sich zu nehmen. Das sind in erster Linie frisches Obst, Gemüse, Salat, Sojaprodukte, Keimlinge und Sprossen. Eigelb, Rind-, Kalb- und Schweinefleisch, Teigwaren, Paranüsse und Linsen sind besonders säurebildend. Weiße Bohnen dagegen sind Basenbildner. Die meisten Getreidesorten wirken ebenfalls säurebildend, eine der wenigen Ausnahmen ist Hirse. Dies sind nur einige Beispiele, doch im Buchhandel gibt es entsprechende Tabellen. Am vorteilhaftesten ist es, wenn die Nahrung zu 80 Prozent aus basenbildenden und zu 20 Prozent aus säurebildenden Nahrungsmitteln besteht.

Nahrungsmittel zur Entgiftung des Körpers

Wenn Sie Ihren Körper von Zeit zu Zeit ohne großen Aufwand entgiften wollen, so können Sie dies mit folgenden Nahrungsmitteln tun, die Sie einige Tage lang ausschließlich zu sich nehmen:

- Alle Gemüse, gedämpft, mit oder ohne Zitrone, Butter oder Olivenöl.
- Alle Obstsorten oder Obstsalate aus frischen Früchten sowie püriertes Obst.

- Frische Obstsäfte aus Ananas, Äpfeln (süß), Erdbeeren, Honigmelonen, Kirschen, Mandarinen, Pampelmusen, Wassermelonen, Weintrauben.
- Frische Gemüsesäfte aus Karotten, Sellerie mit Äpfeln, Sommergemüse und Tomaten, Tomaten und Sellerie.

Kuren aus der Natur

Die Natur macht uns nichts vor, deshalb sollten wir von ihr lernen.

Es gibt eine Vielzahl von Ernährungskuren, die im weitesten Sinn zur Reinigung des Körpers beitragen. Es geht bei diesen Kuren um Entfettung, Entschlackung und Entwässerung sowie den Abbau von Eiweißüberschüssen. Ich möchte mich hier auf die Heilkraft unserer Nahrung beschränken, denn alles, was wir brauchen, wächst in der Natur.

Apfelkur

Schon bei unseren germanischen Vorfahren waren drei Sorten von Wildäpfeln heimisch. In zahllosen Kreuzungen mit südeuropäischen, asiatischen und überseeischen Früchten wurden im Laufe der Zeit etwa 600 Apfelsorten gezüchtet. Naturbelassene Äpfel enthalten je nach Sorte mehr oder weniger Natrium, Kalium, Kalzium, Magnesium, Phosphor, Kieselsäure und Aluminium. Die Vitamine A, B_1, B_2, C, Nikotinsäure, B_6 und E gehören ebenso zu den Inhaltsstoffen wie Fruchtsäuren und das Pektin. Pektin hat die Fähigkeit, große Mengen Wasser an sich zu binden und Giftstoffe zu neutralisieren. Außerdem enthalten Äpfel, wenn man die Kerne und das Gehäuse mitißt, Amygdalin, das die Leber entgiftet und reinigt. Eine Apfelkur von mehreren Tagen, bei der täglich zwei bis drei Pfund Äpfel verzehrt werden, wirkt wie ein saugfähiger Schwamm. Die wasserbindenden Aufquellungen in Verbindung mit Fruchtsäuren, Gerbsäuren und Mineralstoffen saugen Wasser und giftige Darmprodukte gleichsam auf. Diese werden durch eine schnelle Darmpassage aus dem Körper entfernt. Der Gerbstoffanteil wirkt zusammenziehend und entzündungshemmend. Schon zwei Äpfel täglich beugen Verkalkung und Herzinfarkt vor und enthalten soviel Pektin, wie nötig ist, um den Cholesterin-Spiegel des Blutes zu senken. Der niedrige Kochsalzgehalt des Apfels kann unterstützend bei einer Entfettungskur genützt werden.

Pampelmusenkur

Die Pampelmuse wirkt durch ihren hohen Zitronensäuregehalt antiseptisch auf die Verdauungs- und Harnwege. Gleichzeitig verdünnt sie das Blut und begünstigt die Ausscheidung giftiger Säuren, vor allem der Harnsäure, und anderer Giftstoffe, die von Bakterien produziert werden. Sie hat eine allgemein stoffwechselaktivierende Wirkung, entstaut die Leber und läßt die Gallensäfte besser fließen. Die Pampelmuse spielt deshalb eine große Rolle bei der diätetischen Behandlung von Übergewicht.

Ananaskur

Die Ananas unterscheidet sich von allen anderen Früchten dadurch, daß sie in ihrem Saft ein Ferment enthält, das die Fähigkeit hat, Eiweiß aufzuspalten. Die Eiweißverdauung wird dadurch in Gang gesetzt und unterstützt, so daß die Eiweißverwertung des Organismus erleichtert wird. Diese Eigenschaft besitzt allerdings nur frische Ananas, und jedes Erhitzen zerstört die Wirkung. Eine Scheibe frische Ananas vor jeder Mahlzeit gegessen, verbessert die Verdauungskraft des Magens erheblich.

Bananenkur

Die Banane läßt sich, gemessen an ihrem Gehalt an Nährstoffen, mit der Topinambur (Süßkartoffel) und Kartoffel vergleichen. In reifem Zustand enthält sie jedoch nur noch Frucht- und Traubenzucker und keine Stärke mehr. Als ausschließliche Bananenkur dient die Banane zur Entwässerung. Sie weist außerdem einen großen Basenüberschuß auf und verhindert und heilt Übersäuerungen der Gewebe.

Pfirsich-/Aprikosenkur

Beide Früchte eignen sich vorzüglich als Rohkost, denn sie unterstützen und erleichtern die Verdauungsarbeit sehr wirksam. Sie helfen, Ablagerungen im Zwischengewebe zu vermindern, entlasten Leber- und Gallenwege, regen einen trägen Darm an und führen durch ihren hohen Kaliumgehalt zu einer guten Entwässerung. Obsttage zur Reinigung sollten deshalb ein bis eineinhalb Kilo rohe Pfirsiche oder Aprikosen enthalten.

Brokkolikur

Dieses Gemüse ist dem Blumenkohl sehr ähnlich, hat aber einen wesentlich höheren Nähr- und Wirkstoffgehalt. Vor allem das Verhältnis zwischen hohem Kalium- und niedrigem Natriumgehalt führt zu guter Entwässerung.

Und täglich grünes Gemüse

Grüne Salate und Gemüse sind wegen ihres Gehalts an Blattgrün (Chlorophyll) für eine gesunde Ernährung unentbehrlich. Chlorophyll ist von entscheidender Bedeutung für die Zahl der roten Blutkörperchen, die Herzleistung, die Darmfunktion und den gesamten Stoffwechsel. Es steigert die Nerven- und Muskelleistungen und fördert das Wachstum menschlichen Gewebes, also die Erneuerung und Belebung unserer Zellen. Der rote Blutfarbstoff und der grüne Blattfarbstoff der Pflanze stimmen in vielem überein. Der rote Blutfarbstoff ist Träger und Überträger des Sauerstoffs im menschlichen Organismus, während der grüne Blattfarbstoff aus Kohlendioxid und Wasser unter Einwirkung des Sonnenlichts Zucker und Stärke aufbauen kann (Photosynthese) und damit die Grundlage für die menschliche Ernährung schafft.

Fernöstliche Ernährungslehren

Für die Chinesen bedeutet Essen Leben und Nahrung Medizin.

Im Fernen Osten gibt es die verschiedensten Ernährungslehren, die teilweise von religiösen Weltanschauungen geprägt sind. Im Hinduismus, einer heutigen Form der indischen Religion, werden der religiöse Aspekt der Reinigung und der des ›gereinigten‹ Essens betont.

Ayurveda

Die Ayurvedische Ernährungslehre, die vor 3000 Jahren in Indien ihren Anfang nahm und mit Aufkommen des Buddhismus um 600 v. Chr. ihre Blütezeit erlebte, ist heute auch in unserem Kulturkreis ein Begriff. Ayurveda ist in erster Linie eine Geisteshaltung, der die Überzeugung zugrunde liegt, daß der Kosmos und die Natur, in der und mit der der Mensch lebt, die Rahmenbedingungen für jegliche mineralische, pflanzliche, tierische und menschliche Existenz bilden. Alles steht durch gemeinsame Herkunft in einer immerwährenden Wechselbeziehung zueinander. Die Menschen werden im Ayurveda in drei verschiedene Konstitutionstypen, Doshas genannt, eingeordnet. Diese und die vier Grundtriebe des Menschen gilt es in Einklang zu bringen sowie die sieben Gewebe, die im Ayurveda unterschieden werden, zu ernähren. Im Gegensatz zur westlichen Auffassung, daß der Mensch möglichst viel Rohkost essen sollte, wird die Meinung vertreten, daß Gekochtes dem Körper bereits einen Teil seiner Verdauungsarbeit abnimmt, während Rohes ihn oft überfordert.

Eine ayurvedische Entschlackungskur dauert drei Tage, in denen jede halbe Stunde ein paar Schlucke heißes Wasser getrunken werden – nur soviel wie jeder mag. Dieses Wasser muß fünf Minuten lang kochen und wird dann in Thermoskannen den ganzen Tag heiß gehalten. Am Morgen wird auf nüchternen Magen ein Glas dieses heißen Wassers getrunken, und zum Frühstück gibt es nur einen heißen Matetee, mit etwas Sahne und Rohrzucker gesüßt. Das Mittagessen besteht aus einer leichtverdaulichen Gemüsemahlzeit, und am Abend gibt es wieder nur Kräutertee oder bei allzu großem Hunger eine leichte Gemüse- oder Reissuppe. Nach 19.30 Uhr wird nichts mehr gegessen. Hungergefühle zwischen den Mahlzeiten werden mit Schlucken des heißen Wassers besiegt. Während der ganzen Kur werden Fettes, Saures, Rohes, Müsli, Fleisch, Gebratenes, Überbackenes, Süßigkeiten und Milchprodukte gemieden. Die Reinigungs- und Entgiftungswirkung kann wesentlich durch die Einnahme von Aloe-vera-Saft unterstützt werden. Diese Heilpflanze regeneriert die Zellen, stärkt den Stoffwechsel, das Bindegewebe und die Haut und reguliert die Darmtätigkeit.

Yin-Yang-Ernährungslehre

In der chinesischen Ernährungslehre ist es ebenfalls wichtig, den Körper von Zeit zu Zeit zu reinigen. Aus dem Taoismus, einer chinesischen Lehre vom Urgrund allen Seins, die auf Laotse (geb. 604 v. Chr.) zurückgeht, stammt die Yin-Yang-Ernährungslehre. Diese basiert auf der Fünf-Elemente-Diätetik – Erde, Metall, Wasser, Holz und Feuer – und ist stets auf einen Ausgleich zwischen Yin und Yang auch durch die Ernährung bedacht. Nach der chinesischen Philosophie bezeichnet Yin die dunkle weibliche Urkraft, das empfangende Prinzip, während Yang für die lichte männliche Urkraft, das schöpferische Prinzip, steht.

Die Kuren dauern zwölf Tage; das ist ein Zehntel der Zeit, die das Blut zu seiner Erneuerung benötigt. Und die Zusammenhänge zwischen einer Ernährungsumstellung und der Qualität des Blutes sind für die Chinesen von besonderer Bedeutung. Es wird empfohlen, vor einer Ernährungsumstellung den Körper durch eine Getreidekur zu reinigen. Getreide wird im Frühjahr gesät, reift im Sommer heran, wird im Herbst geerntet und über den Winter gelagert, durchläuft also den gesamten Jahreszyklus, bevor es verzehrt wird. Damit vereinigt es das Yin und Yang von Erde und Sonne, von Sommer und Winter und trägt große Lebenskraft in sich.

Die Chinesen kennen eine Frühlingskur, auch Holzkur genannt, weil das Element Holz dem Frühling zugeordnet wird, und eine Herbstkur, auch Metallkur genannt, da das Element Metall für den Herbst steht.

Bei der strengsten Form der Frühlingskur wird zwölf Tage lang morgens, mittags und abends nur gekochter Weizen, Grünkern oder Dinkel gegessen und dazu stets das gleiche Getränk getrunken. Dieses sollte ein harntreibender und stoffwechselanregender Kräutertee sein, der den Weizen bei seiner Entgiftungsfunktion unterstützt. Ausschlaggebend für die Wahl der Teesorte ist, welches Organ die meiste Unterstützung seiner Funktion braucht.

Für die Herbstkur wird Reis oder Gerste genommen. Reis – er sollte ungeschält sein – wirkt entwässernd. Er wird mit einigen Tropfen Öl, um wichtige Aminosäuren zu ergänzen und Kleben zu verhindern, in knapp der zweifachen Menge Wasser gekocht. So wird das Wasser vollständig aufgenommen, und wichtige Mineralien werden nicht ausgeschwemmt. Wer leicht friert, kann das Energieniveau durch Mitkochen einer frischen Ingwerwurzel heben. Auch können verschiedene Gemüse und Heilkräuter mitgekocht werden.

Trinkkuren

Entsäuerungstee

Unter Pflanzenheilkunde (siehe Seite 96 ff.) finden Sie diverse Heilpflanzen, aus denen Sie Kräutertees zur Entgiftung herstellen können. Eine ebenso einfache und gut selbst durchzuführende Maßnahme, die den Körper nachhaltig entsäuert, ist eine Trinkkur mit Entsäuerungstee, die mindestens zwölf Tage, besser vier Monate dauern sollte. Für jeweils eine Woche benötigen Sie 250 g Fenchelsamen, 100 g Anis, 50 g Süßholz und 50 g Kümmel. Bereiten Sie täglich 2 Liter Tee zu, indem Sie 4 Eßlöffel dieser Mischung mit kochendem Wasser überbrühen, 10 Minuten ziehen lassen und dann abseihen. Füllen Sie diesen Tee in eine Wärmekanne, und trinken Sie ihn über den Tag verteilt.

Um die Harnsäureausscheidung anzuregen, eignet sich auch sehr gut Grüner Hafertee oder Indischer Nierentee aus dem Reformhaus.

Mineralwasser

Eine Trinkkur mit speziellen Mineralwässern, die entschlackend wirken, sollte je nach Stoffwechsellage mindestens drei Tage, besser zwölf Tage dauern. Bei Krankheiten kann eine solche Trinkkur nach Rücksprache mit dem Arzt oder Heilpraktiker auch sehr viel länger angebracht sein. Es werden 3 bis 6 Gläser Wasser über den Tag verteilt getrunken – in jedem Fall ein Glas jeweils vor den Mahlzeiten und das erste Glas morgens auf nüchternen Magen. Trinken Sie aber generell ausreichend – mindestens zwei Liter Flüssigkeit am Tag.

Molke

Molke ist wegen ihres hohen Gehalts an Vitaminen, Mineralstoffen und Aminosäuren ein hervorragendes Diätetikum, das sich zur Unterstützung von Fastenkuren (siehe Seite 74 ff.) eignet. Molke fördert den Fettstoffwechsel und wirkt dadurch Fettleibigkeit (Adipositas) und arteriosklerotischen Gefäßveränderungen entgegen. Ihr hoher Anteil an Milchzucker (Laktose) regt die Darmperistaltik, durch die der Darminhalt weitertransportiert wird, an und wirkt so abführend. Das darin enthaltene rechtsdrehende Milchsäure-Laktat fördert die Bildung von Glykogen, eines energiereichen Kohlenhydrats, wodurch wiederum die Zellatmung und damit die Entschlackung des Gewebes verbessert wird. Der geringe Anteil an Natrium, den die Molke besitzt, bringt einen Entwässerungseffekt mit sich. Trinkmolke ist darüber hinaus ein gutes Mittel zur Regulierung des Säure-Basen-Haushalts.

Beachten Sie, daß im Fall der Molke ausnahmsweise das pulverisierte Produkt wesentlich mehr Inhaltsstoffe enthält als frische Molke. Natürlich ist es ratsam, Molke aus biologisch erzeugter Milch zu trinken. Besonders geeignet ist das Demeter-Süß-Trinkmolke-Pulver.

Apfelessig

Schon Hippokrates und Hildegard von Bingen priesen die Heil- und Reinigungskraft des Apfelessigs. Sowohl die Verdauung als auch der Stoffwechsel werden durch Apfelessig aktiviert. Zur Unterstützung einer Entschlackungs- oder Fastenkur eignet sich Apfelessig besonders gut.

Durch die hohe Zufuhr von Kalium wird Natrium zur Ausscheidung gebracht, wovon in der heutigen Ernährung oft zuviel enthalten ist. Auch bei

Anspannungen dringt Natrium in die Zellen ein, und Kalium, das unser Körper zur Regeneration der Zellen braucht, wird abgegeben. Durch erhöhte Kaliumzufuhr wird dieser Effekt wieder ausgeglichen und die Vitalisierung der Lebensfunktionen begünstigt.

Alle Ausscheidungsorgane werden durch Apfelessig in ihren Funktionen angeregt. Diese Wirkung erstreckt sich bis in die kleinsten Blutgefäße und führt rasch auch zu einer Regulierung des Blutdrucks. Außerdem senkt das Pektin des Apfels den schädlichen Anteil des Cholesterins im Blut und macht das Blut fließfähiger. Die Abwehrkräfte des Körpers werden gesteigert, die Bildung von Darmgiften wird behindert, und viele eindringende Krankheitserreger werden unschädlich gemacht.

Man gibt 2 Teelöffel Apfelessig auf ein Glas abgekochtes lauwarmes Wasser, süßt nach Belieben mit 1 Teelöffel gutem Honig und trinkt die Mischung morgens auf nüchternen Magen. Wichtig ist, naturbelassenen Gäressig zu verwenden, der nicht gefiltert, nicht überhitzt und nicht pasteurisiert wurde. Nur dann ist der Apfelessig reich an aktiven organischen Wirkstoffen wie Enzymen, essentiellen Aminosäuren, Vitaminen, Mineralstoffen, Spurenelementen und dem Pektin des Apfels als Ballaststoff. Diese Inhaltsstoffe unterstützen die Entgiftungsprozesse des Organismus und tragen dazu bei, ein gesundes Säure-Basen-Gleichgewicht aufrechtzuerhalten.

Apfelessig führt dem Körper aber nicht nur wertvolle Stoffe zu, sondern fördert gleichzeitig seine Fähigkeit, die lebensnotwendigen Substanzen aus der Nahrung zu verwerten. So wird beispielsweise die Kalziumaufnahme unterstützt.

Kwaß

Da Essigsäure im Körper nur als aktivierte Essigsäure vorhanden ist, können manche Menschen die Essigsäure des Apfelessigs nicht so leicht abbauen. Für sie empfehle ich zur inneren Reinigung Kwaß, der auch als Brottrunk verkauft wird. Dabei handelt es sich um ein altes russisches Volksgetränk, das durch milchsaure Vergärung von Brot gewonnen wird. Kwaß enthält keinen Alkohol, die darin enthaltenen Säuren sind überwiegend Milchsäuren, die sich im Körper leichter abbauen lassen als Essigsäuren.

Schon Herodot, ein griechischer Geschichtsschreiber, der um 450 v. Chr. lebte, berichtet über ein ähnliches Getränk der alten Ägypter. Auch in den Suren des Korans und aus Klosterregeln des 16. Jahrhunderts geht hervor, daß Kwaß zur körperlichen Reinigung und Gesunderhaltung eingesetzt wurde.

Geregelte Verdauung

Alles, was wir zu uns nehmen, muß möglichst schnell verstoffwechselt und der ›Abfall‹ dann rasch ausgeschieden werden, damit es nicht zu einer den Organismus belastenden Gärung und Fäulnis kommt. Bei falscher Nahrungskombination verbrauchen wir viel zuviel Energie für die Verdauung. Diese Energie fehlt uns dann u. a. für den Abtransport der Schlacken. Der Lebensfluß wird gelähmt. Ein Grundsatz ist, möglichst kleine Portionen zu essen und diese gut zu kauen; denn die Verdauung beginnt im Mund.

Wer achtsam mit sich umgeht, wird merken, welche Nahrungsmittel er gut und ohne Probleme wie Blähungen, Durchfall oder Verstopfung verdaut. Ständige Verdauungsstörungen weisen unter Umständen auch auf eine aus dem Gleichgewicht geratene Darmflora hin. In diesem Fall sollten Sie sich mit einem naturheilkundlich orientierten Arzt oder einem Heilpraktiker Ihres Vertrauens in Verbindung setzen.

Wenn es um die Verdauung geht, sind wir automatisch beim Thema Reinigung, denn Verdauung führt zu Ausscheidung. Alle Ausscheidungsvorgänge stellen einen aktiven Prozeß des Körpers dar. Das lateinische Wort für Ausscheidung – ›Exkretion‹ – kommt von ›excrescere‹, was ›heraus-, hervor-, in die Höhe wachsen‹ heißt. Der Ausscheidungsvorgang ist also etwas, das über den Körper hinauswächst und ihn unwiderruflich verläßt. In diesem Sinne zählen neben Stuhl und Urin auch Kohlendioxid (Ausatmung), Schweiß, Talg, Samenflüssigkeit, Menstruationsblut, Tränen, Muttermilch, Nägel, Haare und Hautabschilferungen zu den Ausscheidungsprodukten.

Die Ausscheidungsprozesse anregen

Geregelte Verdauung heißt, dafür Sorge zu tragen, mindestens einmal, besser zwei- bis dreimal täglich weichen, aber geformten Stuhlgang zu haben. Wer Probleme mit der täglichen Verdauung hat, sollte sich mehr bewegen, häufiger Gemüse essen und viel trinken. Auch sollte man darauf achten, daß die Nahrung einen großen Anteil an Ballaststoffen enthält. Das sind unverdauliche Nahrungsbestandteile, die im Verdauungstrakt aufquellen und für einen leichten und schnellen Transport des Darminhalts und damit für geregelten Stuhlgang sorgen. Die Verdauung kann außerdem durch Vollwertprodukte und durch den Genuß von rohem, milchsauer vergorenem Sauerkraut angeregt werden. Die Ballaststoffe des Sauerkrauts und die Milchsäure fördern auch eine gesunde Darmflora. Um die Ausscheidung über Nieren und Blase zu gewährleisten, sollten Sie täglich zwischen eineinhalb und drei Litern Flüssigkeit zu sich nehmen, am besten in Form von stillem Mineralwasser oder Kräutertees (siehe auch Seite 97).

Damit die Entschlackung auch über die Haut und Atmung geschehen kann, ist es wichtig, jeden Tag einmal kräftig ins Schwitzen und dabei außer Atem zu kommen. Während des Ausatmens atmen Sie Kohlendioxid ab, das wirkt einer Übersäuerung des Organismus entgegen. Verstärktes, tiefes Atmen versorgt Ihre Zellen mit Sauerstoff.

Und noch etwas ist in diesem Zusammenhang wichtig: Die meisten Reduktionsdiäten führen zur Wasserausscheidung und zum Abbau von Eiweiß, nicht von Fett. Dies hat eine Studie der New Yorker Rockefeller Universität ergeben. Die toxischen Einlagerungen hingegen befinden sich im Fettgewebe und im [7]Mesenchym. Es ist deshalb unbedingt erforderlich, eine Entschlackungs- und Entgiftungskur mit einem Bewegungsprogramm zu kombinieren, um die Ausleitungs- und Erneuerungsprozesse zu unterstützen und in richtige Bahnen zu lenken.

Durch Fehlernährung, zuwenig Bewegung und flaches Atmen, Umweltbelastungen und Streß kann sich der Körper häufig nicht von der Vielzahl an Toxinen über die normalen Ausscheidungswege befreien. Deshalb ist es sinnvoll, regelmäßige Ausscheidungskuren wie das Fasten durchführen.

Fasten

Fasten als bewußter Nahrungsverzicht ist leichter und wirksamer als jede Diät. Fasten ist eine Reiztherapie und die gründlichste aller Ausscheidungskuren. Der Körper befreit sich von dem, was ihm schadet, und zehrt auf, was für ihn am wenigsten wichtig ist. Fasten ruft den ›inneren Arzt‹ auf den Plan und löst Stauungen und Blockaden auf allen Ebenen. Dadurch werden neue Kräfte freigesetzt. Außerdem ist Fasten eine Methode der Umstimmung des Organismus, die das Zusammenspiel der Organe und des Drüsensystems (Endokrinum) neu ordnen kann. Durch die im Fasten stattfindende Sensibilisierung wird der Organismus auch für homöopathische Arzneien empfänglicher und überdies auf psychotherapeutische Tiefenlösungen vorbereitet.

Doktor Buchinger, ein berühmter Fastenarzt, hebt hervor, daß gerade Fasten eine ›Totalmobilmachung‹ der Abwehrkräfte auslöst. In diesem Sinn ist methodisches Fasten imstande, schwere chronische Krankheiten zur Besse-

[7] Embryonales Bindegewebe, das ein von Interzellulärflüssigkeit ausgefülltes Schwammgewebe bildet und das Muttergewebe aller Formen von Stütz- und Bindegewebe, Muskulatur, Gefäßauskleidungen und Blutzellen ist.

rung und Heilung zu führen. Es kann davon ausgegangen werden, daß dies auch für Vorstadien von Krebserkrankungen (Präkanzerosen) gilt, die sich später zu Krebs entwickeln. Damit ist Fasten die beste Waffe gegen Siechtum und frühen Verfall. Obwohl Fasten selbstverständlich den ganzen Menschen – Körper, Seele und Geist – beeinflußt, konzentriere ich mich im wesentlichen auf die körperliche Ebene.

Das Wichtigste zum Fasten

Gesunde Menschen sollten ein- bis zweimal im Jahr eine Fastenperiode von sieben bis zehn Tagen durchführen. Ich selbst faste seit vierundzwanzig Jahren zweimal pro Jahr zehn bis zwölf Tage. Besonders kann ich das Hildegard-Fasten (siehe Seite 76) empfehlen, das sich meines Erachtens für jeden eignet, der sich bewußt zum Fasten entscheidet.

Wenn Sie das erste Mal allein – ohne Anleitung – fasten wollen, sollten Sie sich über Literatur gründlich informieren (siehe auch Weiterführende Literatur im Anhang). Ich kann Ihnen hier nur einen kurzen Überblick über die Vorgehensweise beim Fasten geben:

- Wenn sichergestellt ist, daß Sie völlig gesund sind und keine Medikamente einnehmen müssen, planen Sie mindestens 7 Fastentage ein, an denen Sie nichts essen dürfen. Entlasten Sie Ihren Stoffwechsel 2 bis 3 Tage vorher, indem Sie kein tierisches Eiweiß mehr essen, also keine Milchprodukte, keinen Käse, kein Fleisch und keinen Fisch. Die letzte Mahlzeit vor der Fastenperiode sollte ein Apfel sein.
- Besorgen Sie sich aus der Apotheke einen Irrigator (Einlaufgerät), ein Abführmittel (entweder Bittersalz, Glaubersalz, Rizinusöl oder Purgierkekse), ferner Blasen- und Nierentee (für den ersten Fastentag), Leber- und Gallentee (für den zweiten Fastentag) und – je nachdem, worauf Sie Ihren Schwerpunkt beim Fasten legen wollen – andere entschlackende Kräutertees sowie stilles Mineralwasser.
- Für das Hildegard-Fasten (siehe Seite 76) brauchen Sie Fencheltee, Herzwein, Dinkel und Galgant (Gewürz zur Anregung des Gallenflusses und um den Magen-Darm-Trakt zu entkrampfen).
- Für den täglichen Leberwickel (feuchtwarme Auflage auf die Lebergegend; täglich 20 Minuten im Liegen) brauchen Sie eine Wärmflasche und zwei kleine Gästehandtücher.
- Stellen Sie sich darauf ein, daß Sie während des Fastens *nichts* essen und auch *nichts* probieren dürfen. Das würde den Fastenprozeß sofort unterbrechen, Hunger auslösen und die Stoffwechselumstellung verhindern.

- Um beim Fasten die Ausscheidung von Schwermetallen zu erleichtern, empfiehlt es sich, Mineralstoffe und Spurenelemente einzunehmen. Kalzium, Magnesium, Zink oder Selen eignen sich dafür besonders gut. Diese sollten am besten organisch gebunden und im richtigen Verhältnis zueinander sein. (Bezug u. a. über ›Natur Vital‹, Adresse siehe Anhang).

Ablauf der Fastenkur

- Am ersten Fastentag wird der Darm einmal ganz entleert, und zwar durch Rizinusöl, Bittersalz, Glaubersalz oder Purgierkekse (Ingwerkekse).
- Bedenken Sie, daß Sie bei jeder Fastenmethode möglichst täglich, mindestens aber alle zwei Tage einen Einlauf mit dem Irrigator machen müssen, um den Enddarm zu reinigen und sich vor Rückvergiftungen zu schützen.
- Außerdem müssen Sie täglich 2,5 bis 3 Liter Flüssigkeit und 2 Teelöffel Honig zu sich nehmen, damit die gelösten Säuren und Giftstoffe ausgeschieden werden können. Diese Flüssigkeit darf kein Kaffee, Schwarztee oder Alkohol sein.
- Beim *Fasten nach Dr. Buchinger* können Sie jeden Tag bis zu einem Viertel Liter Saft ohne feste Bestandteile, ohne Zucker und ohne Salz trinken. Zusätzlich bereiten Sie sich täglich eine Gemüsebrühe zu, wofür Sie verschiedenste Gemüse auskochen und dann abseihen. Von dieser Brühe trinken Sie 1 bis 2 Tassen täglich. Säfte und Brühe versorgen Sie mit Vitaminen, Mineralstoffen und Spurenelementen.
- Beim *Hildegard-Fasten* kochen Sie in dieser Gemüsebrühe zusätzlich Dinkel, der natürlich auch abgesiebt werden muß, und würzen die Fastensuppe mit Galgant. Obstsäfte dagegen werden gemieden. Morgens vor dem Aufstehen nehmen Sie einen Schluck Herzwein.

Fastenbrechen

Mit einem Apfel wurde das Fasten begonnen, mit einem Apfel sollte das Fasten gebrochen werden. Die Aufbauwoche nach der Fastenperiode bringt erst die eigentliche ›Ernte‹ der Fastenzeit. Auf keinen Fall dürfen Sie sofort wieder zur Normalkost übergehen! Nur wenn Sie den Nahrungsaufbau richtig gestalten, bleibt die durch das Fasten erreichte Stoffwechselumstimmung erhalten und der Gewinn an Gesundheit spürbar.

Es gibt verschiedene Möglichkeiten des Nahrungsaufbaus nach dem Fasten. Sie können beispielsweise einen oder mehrere Tage nur Obst essen, dann zu gedünstetem Gemüse übergehen, am dritten Tag etwas Knäckebrot,

Quark und Salat dazunehmen und so Ihren Speiseplan langsam zu einer gesunden, lebendigen Vollwertkost ausbauen. Wichtig ist die Reihenfolge des Aufbaus: zuerst Kohlenhydrate, dann Eiweiß, zuletzt Fett. Die ersten Mahlzeiten müssen auf jeden Fall leicht abführend sein und sollten so gut wie keine Energie zum Verdauen benötigen. Kauen Sie jeden Bissen sehr gut, denn wie schon gesagt: Verdauung beginnt im Mund!

Wie wirkt Fasten?

Dem jahrelangen Konsum entwerteter Nahrung folgt eine Degeneration der Körperzellen, die ihre Aufgaben und spezifischen Funktionen dann nicht mehr erfüllen können. Dies führt zu chronischen Krankheiten, vor allem den sogenannten Zivilisationskrankheiten. Wenn sich eine Krankheit manifestiert, stellt sich in gewissem Sinn schon das Erschöpftsein der Reserven und Abwehrkräfte dar, da immer ein verborgenes Kranksein vorausgegangen ist. Das vorbeugende Fasten greift hier im Vorfeld ein, indem es die Verdauungsorgane entlastet und Depots von Stoffwechselrückständen abbaut. Die Darmflora – auch als Wiege des Immunsystems bezeichnet – kann sich regenerieren und eine naturgemäße, vollwertige Nahrung für den Organismus dann wieder aufgeschlossen werden. Es kommt nicht nur zu einer Entlastung des Darmtrakts, sondern des gesamten Organismus, der Transportfunktion des Blutes und der Druckverhältnisse im Körper. Blutdruck wie Augeninnendruck sinken, das Herz wird geschont und die Gelenke durch Gewichtsreduktion ebenfalls. Die natürlichen Funktionen des Verdauungsapparats werden reaktiviert.

Fasten führt darüber hinaus zu größerer Widerstandskraft und Unempfindlichkeit gegenüber Umwelt- und Nahrungsbelastungen. Niemand kann sich heute ungünstigen klimatischen Bedingungen, Umweltgiften und krankmachenden Lebensgewohnheiten völlig entziehen. Auch spielen erblich bedingte Anlagen eine gewisse Rolle bei Krankheitsdispositionen. Dennoch können Sie die Auswirkungen dieser Einflüsse durch Fasten erheblich mildern, so daß Ihr Organismus bis ins hohe Alter gesund und leistungsfähig bleiben kann.

Fasten ist neben gesunder Ernährung, Bewegung und einer ausgeglichenen Lebensweise die beste Art der Gesundheitsvorsorge und körperlichen Reinigung, da im Fasten eine gründliche Selbstreinigung aller Organsysteme geschieht. Nicht zuletzt erzielen Übergewichtige auf einfache Art ihr Wohlfühlgewicht.

Ölsaugen

1993 erschien in der Zeitschrift ›Naturarzt‹ ein Artikel über die Entgiftung des Körpers durch Ölsaugen. Heute ist diese Methode zur Reinigung des Körpers von Fremdstoffen über die Mund- und Zungenschleimhaut weit verbreitet und anerkannt. Dazu wird ein Eßlöffel reines kaltgepreßtes Pflanzenöl aus erster Pressung, am besten Sonnenblumenöl, etwa 10 bis 20 Minuten lang durch die Zahnzwischenräume hin und her gesaugt. Wenn das Öl zu einer dünnen, schaumigen Flüssigkeit geworden ist, spuckt man es aus, am besten in die Toilette. Durch das Ölsaugen sollen sich fettlösliche Schadstoffe, die im Blut kreisen, lösen.

Am besten wird das Ölsaugen morgens gleich nach dem Aufstehen praktiziert, wenn der Magen noch leer ist. Vermutlich spielen bei diesem Prozeß die Lymphaktivierung und die damit verbundene Entgiftung und Entsäuerung sowie der zusätzliche Speichelfluß eine große Rolle. Auch die Thymusdrüse wird durch die Saugbewegungen aktiviert; sie treibt den Stoffwechsel an. Besonders entgiftend soll das Ölsaugen im Bereich der Atemwege, der Ohren und bei Bronchitis wirken. Patienten berichten außerdem, daß Ekzeme sehr schnell zum Verschwinden gebracht und Erfolge bei Parodontose und Zahnfleischbluten erzielt wurden. Auch die Belastung des Organismus durch Schwermetalle wird durch regelmäßiges Ölsaugen vermindert. Wichtig ist, sich anschließend die Zähne zu putzen, damit auch die im Mundraum verbliebenen Reste ausgespült werden.

Blut- und Säfte-Reinigung nach Dr. Erich Rauch

Bei der Blut- und Säfte-Reinigung handelt es sich um eine sehr milde Ableitungskur, die gut zwei bis drei Wochen lang zu Hause durchgeführt werden kann. Morgens wird auf nüchternen Magen ein gestrichener Teelöffel Bittersalz auf einem Viertel Liter handwarmem Wasser getrunken. Über den Tag verteilt trinkt man zwei Liter dünnen Kräutertee mit etwas Honig und Zitronensaft. Durch diese ›Berieselung‹ der Verdauungswege und das Durchspülen des Körpers wird eine milde Blut-, aber auch eine Darmreinigung eingeleitet.

Sie können in dieser Zeit Ihre gewohnte Ernährung beibehalten, sollten allerdings Zucker, größere Mengen Rohkost und Bohnenkaffee meiden. Wichtig ist, jeden Bissen 30- bis 40mal gründlich zu kauen und gut einzuspeicheln. Die Abendmahlzeit sollte während der Dauer der Blut- und Säfte-Kur jedoch spärlich ausfallen, unter Umständen auch nur aus zwei Tassen Kräutertee bestehen.

Vor dem Mittagessen und auch abends wird eine feuchte Wärmeauflage auf den Leib gemacht, ähnlich wie der Leberwickel beim Fasten (siehe Seite 75). Das ist als Entspannungspause für den Magen- und Darmkanal wichtig.

Regelmäßige Bewegung

Unser Bewegungsapparat besteht aus Knochen, Gelenken und Muskeln, die miteinander durch Sehnen und Bänder verbunden sind. Die Muskulatur ermöglicht die Bewegung und Fortbewegung des Menschen. Jede Art von Tätigkeit ist das Ergebnis eines Zusammenspiels vieler Muskeln unseres Körpers. Schon ein einziger Schritt setzt 200 Muskeln in Bewegung. Um ein Bein zu heben, brauchen wir 40 Muskeln. Einige Muskeln benutzen wir im Alltag so gut wie gar nicht – ihre Existenz wird uns erst bei einem Muskelkater richtig bewußt.

Die Knochen sind lebendige, atmende, poröse Strukturen und werden von feinsten Blutgefäßen durchzogen. Im roten Knochenmark werden in jeder Sekunde etwa drei Millionen roter Blutkörperchen gebildet, genauso viele baut der Körper in derselben Zeit ab. Auch der Knochen als lebendes Gewebe befindet sich in einem ständigen Auf-, Ab- und Umbau. Leben und Sterben finden im menschlichen Körper immer parallel zueinander statt.

Bewegung als ›Versorgungswerk‹ des Körpers

Je mehr wir uns bewegen, um so kräftiger und widerstandsfähiger werden unsere Knochen und Muskeln, und je weniger wir uns bewegen, desto unbeweglicher und unlebendiger werden wir. Der Lebensfluß wird gelähmt. Jeder Teil unseres Körpers bedarf regelmäßiger Bewegung, um gesund und damit ›rein‹ in der Bedeutung ›frei von Ablagerungen‹ zu sein. Sobald ein Körperteil in Bewegung gesetzt wird, wird er gekräftigt und belebt, da ihm mehr Blut, Nährstoffe und Energie zugeführt werden. Zugleich wird die Herzleistung durch Bewegung gesteigert, und damit kommt es zu einer Versorgung aller Gewebe und Bereiche des Körpers mit Blut, Sauerstoff und vitalen Nährstoffen.

Das Herz befördert in jeder Minute fast fünf Liter Blut durch die Adern zu jeder Zelle des Körpers – bei einer durchschnittlichen Lebenserwartung also fast 220 Millionen Liter. Daraus ist ersichtlich, daß der größte Vorteil regelmäßiger Bewegung darin liegt, das Herz zu stärken und leistungsfähiger zu machen. Ein kräftiges Herz kann trotz langsameren Schlagens mit jedem Schlag ein größeres Blutvolumen durch die Arterien befördern als ein schwaches Herz.

Jedes effektive Bewegungsprogramm sollte auf drei Fitneßsäulen basieren: Herz und Kreislauf sollen trainiert werden, die Muskeln aufgebaut und die Elastizität der Sehnen und Bänder gestärkt werden. Mit zunehmendem Alter werden Sehnen und Bänder schlechter versorgt. Unter dem Einfluß mangelnder Bewegung werden wir daher spürbar steifer und unbeweglicher.

Bewegung entgiftet

Wer seine Pulsfrequenz durch Bewegung mindestens eine halbe Stunde am Tag verdoppelt, reichert sein Blut mit Sauerstoff an und scheidet durch Schwitzen eine große Menge Giftstoffe aus. Machen Sie sich zudem bewußt, daß unsere Lymphe – die man auch als Abwassersystem des Körpers bezeichnen kann – in erster Linie durch die Bewegung unserer Muskeln, die sogenannte Muskelpumpe, fließen kann. Wir haben etwa dreimal soviel Lymphflüssigkeit wie Blut im Körper, jedoch keine spezielle Pumpe, die diese Flüssigkeit zirkulieren läßt. Außerdem wird die Lymphe auch durch tiefes Durchatmen bewegt. Ein gut arbeitendes Lymphsystem sorgt für den Abtransport der Schlacken und Gifte, die im Stoffwechsel entstehen.

Bewegung hält fit

Für jeden Menschen gibt es geeignete Übungen, die seiner Konstitution, seinem Alter und seinen Vorlieben entsprechen. Bewegung sollte immer auch Spaß machen, dann ist sie viel wirksamer, als wenn man sich dazu zwingen muß. Entscheidend ist, daß durch ein regelmäßiges Training sowohl Herz, Kreislauf und Muskeln gestärkt als auch Sehnen und Bänder gedehnt werden.

Schwimmen ist mit Sicherheit ein Bewegungstraining für den ganzen Körper, das diesen Anforderungen gerecht wird und dabei die Gelenke schont. Wer regelmäßig zwei- bis dreimal pro Woche 1000 Meter schwimmt und dies sehr bewußt tut, das heißt, sich dabei in seiner Bewegung und Streckung wahrnimmt und verschiedene Schwimmstile abwechselnd praktiziert, schafft eine gute Grundlage, um im Lebensfluß zu bleiben.

Auch Radfahren, flottes Gehen, Laufen, Seilspringen, Ballspiele, Gymnastik, Wassergymnastik, Stretching oder Tanzen sind ideal für die körperliche Fitneß. Für welche Bewegungsart Sie sich aber auch immer entscheiden, einen wichtigen Punkt sollten Sie stets beachten: Bewegungstraining zu einer Zeit, in der der Magen mit der Verdauung schwerer Speisen beschäftigt ist, würde den Organismus zu sehr belasten und ihm schaden statt nützen. Weder das Bewegungstraining noch die Verdauung könnten richtig ablaufen. Erschöpfung wäre die Folge. Nur Obst- und Gemüsesäfte bedürfen fast keiner Verdauungsenergie.

Spezielle Reinigungsübungen mit Rebounding und Yoga

Zwei Möglichkeiten eines Bewegungstrainings, die Ihnen vielleicht noch neu sind, die aber die Reinigungsprozesse des Körpers auf sehr effektive Weise unterstützen – nämlich Rebounding und Yoga –, möchte ich Ihnen im folgenden näher vorstellen.

Rebounding

Rebounding ist nichts anderes als Springen auf einem Minitrampolin. Es zählt zu den sogenannten aeroben Aktivitäten, bei denen Sauerstoff im ganzen Körper verbraucht und verteilt wird. Durch das Springen auf dem Trampolin wird das gesamte Nerven- und Muskelsystem angeregt, indem drei Kräfte kombiniert werden: Die Schwerkraft der Erdanziehung, die Beschleunigung und die Verlangsamung.

Beim Rebounding addiert sich beim Auftreffen des Springers auf der Sprungmatte die Kraft der Erdanziehung mit der Kraft der Verlangsamung. Dadurch wird jede Zelle aufgrund des erhöhten Drucks ein wenig zusammengepreßt, um sich beim Zurückfedern des Körpers wieder auszudehnen. Der Austausch von Zellflüssigkeit wird beschleunigt, jede Zelle sozusagen massiert. Für einen kurzen Moment – wenn sich die Bewegung in der Luft von der Aufwärtsbewegung wieder in die Abwärtsbewegung umkehrt – wird der Körper gewichtslos. In diesem Zustand entspannen sich alle Muskeln, und die Zellen dehnen sich aus.

Beim Trampolinspringen, dem ein gleichmäßiger Rhythmus zugrunde liegt, werden die Gelenke nicht belastet, die Knie geschont; und dennoch ist die aerobe Wirkung die gleiche wie beim Joggen: Der gesamte Zellstoffwechsel wird angeregt und gleichzeitig die Muskelspannung ausgeglichen. Regelmäßiges Rebounding befreit von schlechten Energien, fördert die Vollatmung (siehe Seite 48 f.), durch den Bewegungsrhythmus atmet man automatisch tiefer, Blutdruck und Cholesterinspiegel werden gesenkt. Das Blut zirkuliert besser, wodurch Krampfadern vorgebeugt wird. Außerdem werden die endokrinen Drüsen angeregt, was eine Verbesserung der Verdauungsvorgänge mit sich bringt.

Achten Sie beim Kauf eines Minitrampolins auf gute Qualität. Die Sprungfedern sollten teils mit und teils gegen den Uhrzeigersinn gedreht sein. Das erzeugt beim Springen ein Energiefeld, das mit dem Magnetfeld der Erde in Einklang ist und die statische Elektrizität im Körper abbaut. Die Folgen sind größere Konzentrationsfähigkeit, ein hohes Energieniveau und innere Ruhe. Außerdem sollte die Sprungmatte hochelastisch sein, damit an Knien, Knöcheln und Hüftgelenken keine Spannungen hervorgerufen werden; andernfalls bilden sich in den Zellen schneller Giftstoffe, als sie das Lymphsystem abtransportieren kann.

Geeignete Reboundingübungen

Durch die folgenden vier Übungen können Sie einzelne Organsysteme harmonisieren und zur Ausscheidung anregen. Achten Sie beim leichten Auf- und Abfedern bei allen diesen Übungen darauf, daß die Füße in ständigem Kontakt mit der Sprungmatte bleiben. Atmen Sie bewußt durch die Nase ein und durch den Mund aus.

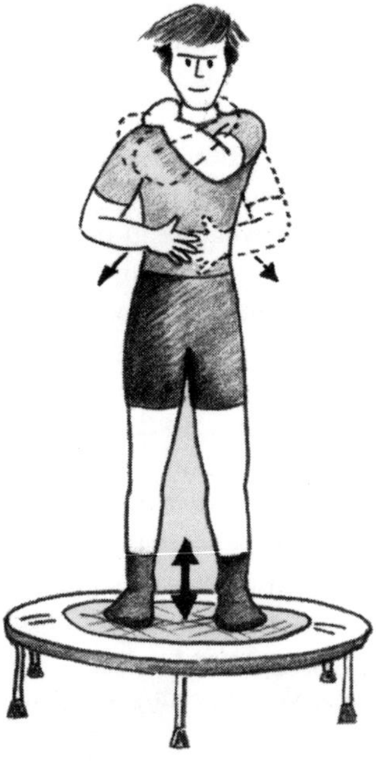

Gallenblase-Leber/Milz-Bauchspeicheldrüse
Berühren Sie mit der linken Hand die rechte Schulter. Mit der rechten Hand streichen Sie den Leber- und Gallenblasenbereich aus. Nach jeder Ausstreichung schütteln Sie Ihre Hand aus. Federn Sie in dieser Körperhaltung 1 Minute lang leicht auf und ab.

Danach Seitenwechsel. Streichen Sie mit der linken Hand den Milz- und Bauchspeicheldrüsenbereich 1 Minute lang aus.

Diese Übung bewirkt eine Harmonisierung der Funktionen der genannten Organe.

Ileozökalklappe
(Als Ileozökalklappe werden die Schleimhautfalten an der Einmündung des Dickdarms in den Dünndarm bezeichnet.)

Berühren Sie mit den Fingerspitzen beider Hände die Areale links und rechts am Bauch unterhalb der Nabellinie. Federn Sie in dieser Körperhaltung 1 Minute lang leicht auf und ab. Danach leichtes Auf- und Abfedern, indem Sie gleichzeitig beide Schultern reiben. Anschließend reiben Sie Ihren Nacken bei gleichzeitigem leichtem Auf- und Abfedern.

Diese Übungen korrigieren Fehlfunktionen der Ileozökalklappe, harmonisieren Dick- und Dünndarmfunktionen, regen die Darmperistaltik an und fördern den Abbau von Giftstoffen.

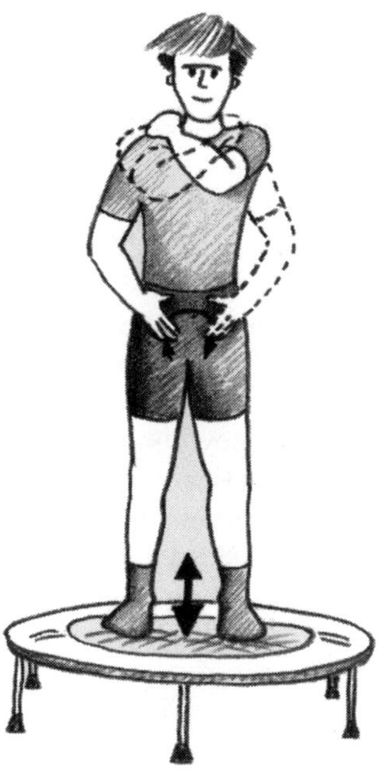

Dickdarm
Berühren Sie mit der linken Hand die rechte Schulter. Federn Sie 1 Minute lang leicht auf und ab. Gleichzeitig streichen Sie mit der rechten Hand über die Bereiche des aufsteigenden und des querliegenden Dickdarms. Danach berühren Sie mit der rechten Hand die linke Schulter und streichen mit der linken Hand ebenfalls 1 Minute lang über den Bereich des absteigenden Dickdarms.

Diese Übung fördert die Ausscheidung des Dickdarms.

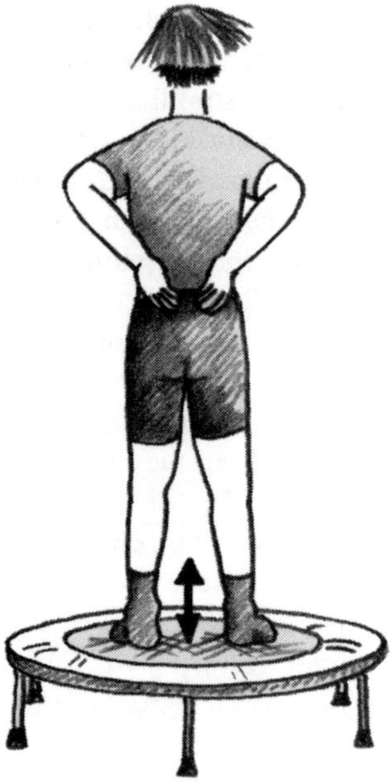

Nieren

Berühren Sie mit den Händen die Nierengegend. Federn Sie in dieser Körperhaltung 2 Minuten lang leicht auf und ab.

Diese Übung harmonisiert die Nierenfunktion und fördert die Wasserausscheidung.

Yoga

Yoga ist ein System körperlichen und geistigen Trainings, das ursprünglich aus Indien stammt. Bei uns sind vor allem die verschiedenen Stellungen des [8]Hatha Yoga bekannt. Neben den einzelnen Bewegungen kommt der Atmung eine ganz besondere Rolle zu. Nach der Philosophie des Yoga verkörpert der Atem die Lebenskraft des Menschen.

Die Körperhaltungen beim Yoga helfen, alle wesentlichen Funktionen des Organismus zu verbessern. Der größte Teil unserer Nahrung wird für die Ernährung der Muskelzellen und deren Neubildung benötigt. Zwei Drittel unserer Körperwärme werden durch Muskeltätigkeit erzeugt. Um leistungsstark und funktionstüchtig zu bleiben, müssen die Muskeln bewegt werden. Durch Yogahaltungen werden alle Muskeln geübt, indem sie angespannt und intensiv gedehnt werden. Auch Sehnen, Bänder und Gelenkkapseln bleiben durch die Dehnungen beweglich, gesund und frei von Ablagerun-

[8] ›Ha-tha‹ ist ein Wort aus dem Sanskrit; übersetzt heißt es Sonne und Mond und meint die Vereinigung polarer Energieströme. Yoga kommt von dem Sanskritwort ›Yu‹, das übersetzt anjochen, anschirren heißt.

gen. Die unwillkürliche, das heißt unserem Willen nicht unterliegende Muskulatur, wie zum Beispiel die des Herzens, der Arterien und des Verdauungstrakts, wird durch Yoga ebenfalls besser durchblutet, so daß die Organe in ihren gesunden Funktionen angeregt werden. Die Funktionstüchtigkeit eines gesunden Organs ist ja in hohem Maß auch vom Zustand der darüber- oder darunterliegenden Muskeln abhängig. Besonders die Entgiftungsorgane des Körpers werden durch Yoga in ihren Funktionen angeregt, und Stoffwechselschlacken können besser ausgeschwemmt werden.

Geeignete Yogaübungen

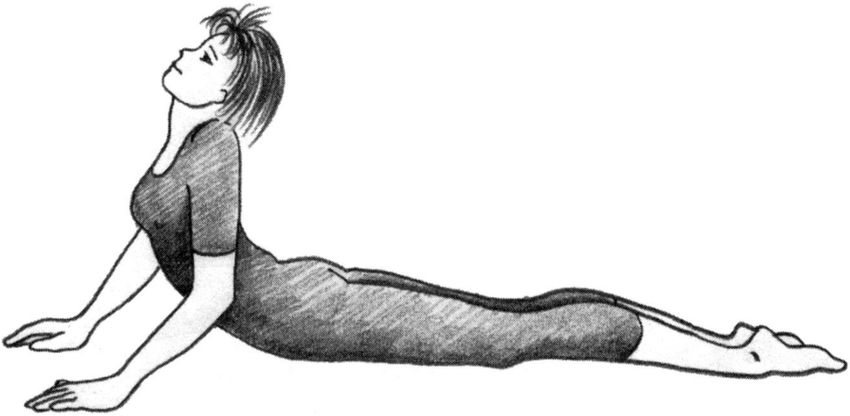

Kobra

Legen Sie sich flach auf den Bauch. Die Beine sind gestreckt, die Füße bleiben zusammen. Die Arme sind angewinkelt, wobei die Ellbogen nahe am Körper und die Handflächen neben den Schultern sein sollen. Die Stirn ruht am Boden.

Heben Sie nun mit dem Einatmen langsam den Kopf und dann den Oberkörper, bis sie möglichst weit nach oben schauen. Der Unterleib bleibt dabei am Boden liegen, und die Ellbogen werden nicht durchgedrückt. Bleiben Sie nur einige Sekunden lang in dieser Stellung, und gehen Sie dann mit dem Ausatmen in die Ausgangsstellung zurück. Wiederholen Sie diese Übung vier bis sechsmal hintereinander.

Die Kobra fördert die Durchblutung aller Bauch- und Unterleibsorgane.

Drehsitz

Setzen Sie sich mit ausgestreckten Beinen hin, winkeln Sie das rechte Bein an, und stellen Sie den Fuß an die Außenseite des linken Knies.

Drehen Sie nun mit dem Ausatmen den Oberkörper nach rechts, fassen Sie mit der linken Hand das linke Bein in der Nähe des Knöchels, die rechte Hand liegt hinter dem Körper am Boden. Drehen Sie sich bei jedem Ausatmen ein Stück weiter nach rechts.

Die Übung dann auch nach der anderen Seite wiederholen.

Der Drehsitz führt zu verstärkter Durchblutung von Leber, Gallenblase, Niere, Magen und Milz und fördert die Verdauung.

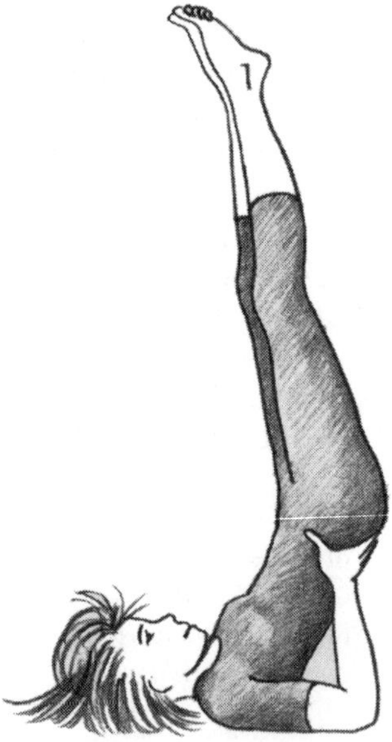

Schulterstand

Legen Sie sich auf den Rücken, und heben Sie mit dem Einatmen die Beine. Beim Ausatmen heben Sie die Hüften mit den Händen an und strecken die Beine nach oben. Das Gewicht ruht auf Armen, Schultern und Ellbogen. Halten Sie diese Stellung bei normaler Atmung 1 bis 2 Minuten lang. Dann lassen Sie die Arme sinken und rollen mit dem Einatmen langsam aus dem Schulterstand ab.

Der Schulterstand regt die innersekretorischen Drüsen an und belebt die inneren Organe.

Wasseranwendungen

Das Phänomen Wasser

Wasser ist allein mit den Mitteln der Naturwissenschaften nicht erklärbar. Es ist der Ursprung zweier Welten, der Welt der Stoffe und der Welt der Kräfte. ›Ist das Wasser krank, verursacht es Krankheit bei allem, was mit ihm in Berührung kommt‹, sagte der Geophysiker Hacheney.

Der Mensch besteht zu etwa 60 Prozent aus Wasser, das sich im Blut, in der Lymphe, in den Zellen und im Zwischenzellgewebe befindet. Das Wasser kreist unentwegt in unserem Körper. Wir nehmen Wasser über die Atmung und Nahrung auf und geben Wasser über die Verdauung, den Urin, den Schweiß, über Speichel, Tränen und Schleimabsonderungen, über die Muttermilch, das Ejakulat und die Monatsblutung wieder ab. Wasser hat Eigenschaften, die in einzigartiger Weise dazu geeignet sind, Kräfte aufzunehmen, zu übertragen und zu vermitteln, es kann Stoffe lösen und mit sich fortschwemmen.

Meerwasserbehandlungen

Alles Leben kommt aus dem Meer.

Dem Meerwasser kommt in diesem Zusammenhang eine besondere Bedeutung zu. Meerwasser entspricht in seiner Zusammensetzung in großen Teilen dem Blutserum. Aus der Meeresheilkunde ist bekannt, daß sowohl das Meeresklima, besonders an der Nordsee, wie auch die Meerwasserbehandlungen eine stark stimulierende Wirkung auf den gesamten Organismus darstellen. Der Kreislauf, die Atmung, die Funktionen der Haut und der Organe mit innerer Sekretion werden nachhaltig stimuliert.

Durch ein kaltes Meerwasserbad steigt der Energiestoffwechsel um sechs bis sieben Prozent. Bei einer Wassertemperatur von 15 °C wird die Wärmeproduktion um das Fünffache angeheizt. Warme Meerwasserbäder haben einen enormen Effekt auf die Hautdurchblutung und wirken stark reinigend auf alle Organe. Da warme Meerwasserbäder den Kreislauf jedoch sehr belasten, ist anschließend unbedingt Bettruhe erforderlich.

Die direkte Wirkung der in der Seeluft enthaltenen Meerwassersprühteilchen reinigt die Nasennebenhöhlen. Ein Bad in der Brandung wirkt sich hier besonders günstig aus, aber auch Nasenspülungen durch kalte Nasenduschen mit gereinigtem Meerwasser haben einen sehr reinigenden Effekt.

Bei Meerwassertrinkkuren erweist sich der hohe Magnesiumgehalt als besonders heilend und entgiftungsfördernd. Außerdem hat Meerwasser eine bakterizide, also bakterientötende Wirkung. Eiter und Schleim verflüssigen sich durch Meerwasser, die Abwehrkräfte werden auf breiter Front aktiviert.

Wer regelmäßig einige Tage am Meer verbringen kann, sollte diese Reinigungskraft nützen und täglich ein Bad im Meer nehmen. Voraussetzung ist natürlich, daß das Wasser nicht verschmutzt ist, weil es sonst mehr schaden als nützen würde.

Entschlackungsbad

Unser größtes Ausscheidungsorgan ist die Haut. Sie besitzt Bestandteile aller drei Keimblätter, aus denen sich der Embryo entwickelt: des äußeren Keimblatts (Ektoderm), aus dem die Oberhaut mit allen Hautdrüsen und Hautanhangsgebilden (Hornhaut, Haare, Nägel) entsteht, des inneren Keimblatts (Endoderm), aus dem sich u. a. die Deckgewebe der Verdauungs- und Atmungsorgane bilden, und des mittleren Keimblatts (Mesoderm), aus dem die Unterhaut hervorgeht.

Für die Anwendung zu Hause gibt es ein besonders stark entschlackendes Bad, das den Stoffwechsel reinigt und die Giftstoffausscheidung über die Haut aktiviert. Dieses Bad sollte jedoch niemals ohne Aufsicht durchgeführt werden, da anfänglich leichte Kreislaufschwächen nicht auszuschließen sind.

Geben Sie 3 kg Meersalz – normales Stein- oder Kochsalz ist auch geeignet – in die Badewanne, und füllen Sie diese mit 26 °C warmem Wasser. Setzen Sie sich in die Wanne, und lassen Sie heißes Wasser zulaufen, bis 42 °C erreicht sind. Während des etwa 20minütigen Bades sollte das Wasser diese Temperatur behalten. Atmen Sie tief, aber ruhig durch. Anschließend trocknen Sie sich nicht ab, sondern legen sich in ein vorgewärmtes Tuch gehüllt ins Bett und ruhen etwa 30 Minuten unter der Decke. Sie werden dabei kräftig ins Schwitzen kommen. Dann trocknen Sie sich ab, ohne sich nochmals zu waschen oder zu duschen, und kleiden sich wieder an. Verlassen Sie den Raum erst, wenn Sie sich nicht mehr erhitzt fühlen. Trinken Sie dann einen warmen oder heißen Tee mit kreislaufstärkenden Komponenten, und/oder nehmen Sie heiße Brühe zu sich.

Dieses Bad sollten Sie über einen Zeitraum von vier Wochen zwei- bis dreimal pro Woche durchführen.

Medizinische Badezusätze

Nachstehend finden Sie einige Präparate für Vollbäder, welche die Entschlackung und Entgiftung des Organismus unterstützen; die Bäder werden zweimal in der Woche genommen. Diese Aufzählung erhebt keinen Anspruch auf Vollständigkeit oder Ausschließlichkeit. Es gibt heute eine Vielzahl von Firmen, die wirksame naturbelassene Präparate zur Gesundheitsvorsorge und Heilung herstellen. Ich habe mich für anthroposophische Mittel entschieden (Firmenadressen siehe Wichtige Adressen im Anhang), weil bereits bei der Herstellung dieser Heilmittel das differenzierte Zusammenwirken der Bildeprinzipien von Körper, Seele und Geist berücksichtigt wird. So wirken diese Heilmittel harmonisierend auf die Auf- und Abbaukräfte im Körper, die durch das rhythmische System, das Herz-Kreislauf-System und die Atmung, in ihren beiden Polen ausgeglichen werden.

- Zur Anregung der Nierentätigkeit, bei Stoffwechselstörungen mit Neigung zu Ablagerungen und Steinbildung sowie bei entzündlichen Erkrankungen von Haut, Schleimhaut und Bindegewebe dem Vollbad 4 Eßlöffel Equisetum-Essenz (Schachtelhalm) oder 2 Eßlöffel Kalium-sulfuratum-Badezusatz zugeben.
- Bei Neigung zu Verstopfung hat sich Oxalis-Essenz (Sauerklee) als Badezusatz bewährt, bei schlecht durchbluteter Haut Resina-laricis-Bademilch (Lärchenharz) und zur allgemeinen Entgiftung und Anregung der Nierentätigkeit Urtica-Essenz (aus oberirdischen Teilen der kleinen Brennessel).
- Zur Anregung des Stoffwechsels der Haut und des venösen Kreislaufs ist das Kastanienbad zu empfehlen, bei Störungen der Durchblutung und der Ernährung von Körpergewebe sowie zur allgemeinen Kreislaufanregung und Vitalisierung die Rosmarinbademilch, die durch ihre tonisierenden Eigenschaften auch entschlackend und entgiftend wirkt.

Kneipp-Therapie

Um gesund zu bleiben, muß sich der Mensch bewegen, schwitzen und soll das Wasser in seiner mildesten Form gebrauchen.

Sebastian Kneipp

Pfarrer Kneipp lebte Ende des vorigen Jahrhunderts im Allgäu und hat sich selbst, nachdem ihn alle Ärzte aufgegeben hatten, durch eine Kaltwassertherapie von Tuberkulose geheilt. Danach hat er die wirksamsten Methoden der Naturheilkunde erprobt, verfeinert, abgesichert und zu einem ganzheitlichen Programm ausgebaut. Es besteht aus fünf Wirkprinzipien: Wasserheilkunde (Hydrotherapie), Pflanzenheilkunde (Phytotherapie), Ernährungstherapie, Bewegungstherapie und Ordnungstherapie (das Leib-Seele-Wechselspiel).

Insbesondere verdanken wir Pfarrer Kneipp seine Studien über die Kaltwassertherapie. Kneipp hat damit altes Wissen über die Bedeutung der Wasserreize auf den Organismus neu genutzt und verfeinert. Mit seinem ersten Werk ›Meine Wasserkur‹ wollte er die Menschen zur Selbsthilfe anleiten. Später entstanden berühmte Kneipp-Kurhäuser, die auch heute noch Teil angesehener Kurkliniken sind. Anerkannte Ärzte gingen bei Kneipp ›in die Lehre‹, unter ihnen Dr. Baumgarten, der anfing, die Kneipp-Therapie wissenschaftlich zu systematisieren und schulmedizinisch abzusichern.

Wie wirkt die Kneipp-Therapie?

Ende des vorigen Jahrhunderts hatte die Medizin noch eine humoral-pathologische Sichtweise. Das heißt, man nahm an, daß Gesundheit und Krankheit letztlich vom Zustand der Körpersäfte und deren Verhältnis zueinander abhingen. Folglich wurde versucht, alles zu ›verdünnen‹, zu entgiften und zu entschlacken. Kneipp selbst entdeckte, daß dabei der kleinste Reiz, der die gewünschte Wirkung erzielt, der beste ist. Er leitete damit die wissenschaftlich dosierte Anwendung des Wassers auf unser größtes Organ, die Haut, ein und entwickelte über 130 verschiedene Wasseranwendungen. Diese reichen von Wassertreten über Waschungen, Güsse, Bäder und Dämpfe bis zu Wickeln und stellen allesamt ein Training für die Gefäße dar, die dadurch elastisch bleiben. Darüber hinaus wirken die Anwendungen über die Kälte- und Wärmefühler der Haut auf die autonomen Nervenzentren, wo die Steuerungsvorgänge für eine konstante Körperinnentemperatur von ungefähr 36,5 °C ablaufen.

Entwicklungsgeschichtlich war der Mensch immer wechselnden Wärme- und Kältereizen ausgesetzt. Heute jedoch werden die Anforderungen an unsere automatische Temperaturregulation zunehmend geringer. Wir leben in geheizten, oft klimatisierten Räumen. Uns fehlt der ›Trainingsreiz‹ für die Gefäße. Die Folge sind u.a. Infektanfälligkeit, Organstörungen, Arteriosklerose und Bluthochdruck. Die Kneippsche Therapie setzt hier mit kalten, warmen oder wechselnd temperierten Wasserreizen an und erreicht dabei eine dreifache Wirkung:

- Der Wasserreiz wirkt zunächst direkt auf die in der Haut liegenden kleinsten Blutgefäße, die Kapillaren. Diese ziehen sich bei kalten Reizen zusammen, bei warmen dehnen sie sich wieder aus, um vermehrt Blut zuzuführen. In Bereichen mit vermehrter Blutzufuhr können Anlagerungen schneller abgetragen werden bzw. bilden sich erst gar nicht.
- Jedes Hautsegment besitzt mit ihm korrespondierende Organe (Headsche

Zonen), die über Nervenbahnen im Rückenmark ›kurzgeschlossen‹ sind. So führt ein Wasserreiz gleichzeitig zu einer Mehrdurchblutung und damit einer besseren Versorgung der zugehörigen inneren Organe.
- Ein anderer komplizierter Reiz-Reaktions-Mechanismus läuft über das zentrale Nervensystem im Gehirn ab. Ein Test beweist, daß ein Kaltreiz den ganzen Organismus zu einer Reaktion veranlassen kann. Wird bei einer Versuchsperson der rechte Unterarm in ein kaltes Armbad getaucht, so verändert sich auch die Temperatur am linken kleinen Finger, der nicht mit dem Wasser in Berührung kam.

Hydrotherapie beeinflußt also zunächst die Regulationsvorgänge des Herz-Kreislauf-Systems positiv, indem sie den Kreislauf anregt und damit für eine bessere Durchblutung der Haut und aller Organe sorgt. Krankmachende Stoffe können so schneller ›verarbeitet‹ und ausgeschieden werden. Gleichzeitig werden die Abwehrzellen stimuliert und mit dem Blutkreislauf schneller dorthin befördert, wo sie gebraucht werden.

Eine Studie von Prof. Stickel und Prof. Mutzhas (München, 1990) beweist, daß sich ergänzende und sich gegenseitig steigernde Naturheilverfahren zu besonders guten Ergebnissen in bezug auf die Reaktion des Immunsystems führen. Diese Studie zeigt zum Beispiel eine signifikante Änderung der Immunlage durch gleichzeitige Hydrotherapie und Lichttherapie mit UVA-Strahlen. Insbesondere der Anstieg des Immunglobulins IgA, das die Anhaftung von Viren und Bakterien auf der Haut verhindert, ist bemerkenswert. Durch eine prophylaktische, also vorbeugende Anwendung von Licht- und Wasserreizen kann eine anhaltende Abwehrbereitschaft des Körpers gegen Erkrankungen erreicht werden.

Kneipp-Anwendungen zu Hause: Was tun, was lassen?

Wenn Sie zu Hause Kneipp- Anwendungen durchführen, sollten Sie folgendes beachten:

- Kleine Reize muntern auf, mittlere Reize trainieren und kräftigen, zu starke Reize schaden.
- Niemals kaltes Wasser auf einem kalten Körperteil anwenden.
- Vor und nach der Anwendung für kräftige Erwärmung sorgen (Bettwärme oder Bewegung).
- Eine halbe bis eine Stunde Abstand zu den Mahlzeiten halten.
- Keine Anwendung unmittelbar vor oder nach dem Schwimmen durchführen.

- Nach einer Anwendung sollten Sie sich immer wohl fühlen.
- Bei Unwohlsein oder unerwarteten Reaktionen sollten Sie den Arzt oder Heilpraktiker zu Rate ziehen.

Waschungen

Waschungen können am Oberkörper, Unterkörper oder am ganzen Körper vorgenommen werden. Sie stellen eine relativ milde Maßnahme der Hydrotherapie dar, sind jedoch, wenn sie regelmäßig angewandt werden, durchaus wirksam. Sie werden in der Regel kalt durchgeführt und verursachen zunächst ein Zusammenziehen der äußeren Blutgefäße, dem eine Mehrdurchblutung und ein spürbares Wärmegefühl folgen.

Man nimmt dazu ein entsprechend großes Waschtuch, das einen Wasserfilm auf der Haut hinterläßt, der nicht abgetrocknet wird. Dem Wasser können ätherische Öle oder Obstessig zugegeben werden. Obstessig verstärkt die Verdunstung und wirkt sich positiv auf den Säureschutzmantel der Haut aus.

Es wird zwischen der Morgen- und der Abendanwendung unterschieden. Morgens führt eine Oberkörper- oder Ganzkörperwaschung zur Kreislaufanregung, abends ist eine Unterkörperwaschung eine hervorragende Einschlafhilfe.

Bei der Oberkörperwaschung beginnt man am rechten Handrücken, geht außen am Arm bis hoch zur Schulter und fährt dann auf der Innenseite des Arms hinunter zur Handfläche. Es folgt in gleicher Weise der linke Arm. Danach werden Brust, Bauch und Rücken abgewaschen, wobei das Tuch mehrmals gut angefeuchtet und ausgedrückt wird.

Bei der Unterkörperwaschung beginnt man außen am rechten Fuß, fährt über die Außenseite des rechten Beins hoch zur Hüfte und geht dann auf der Innenseite des Beins zurück zum Fuß. Es folgt in gleicher Weise das linke Bein. Zuletzt wird das Gesäß kalt abgewaschen.

Nach der Anwendung sollten Sie sich morgens bewegen und abends ins Bett gehen. In beiden Fällen aber vorher nicht abtrocknen!

Armbad

Ein warmes Armbad (38 °C) spricht intensiv die Organe des Oberkörpers an. Ein Zusatz von Pflanzenauszügen in Form von natürlichen Badezusätzen oder emulgierten ätherischen Ölen wirkt gleichzeitig über die Atemwege. Das warme Armbad sollte 8 bis 10 Minuten dauern. Die Arme werden im

Waschbecken oder in einer kleinen Wanne bis über die Ellenbogen ins Wasser getaucht. Besonders kräftige Reize bewirkt ein Wechselbad zwischen warm und kalt, wobei der warme Anteil etwa 5 Minuten und der kalte 10 bis 15 Sekunden dauern sollte.

Fußbad

Da die Fußsohlen in direkter reflektorischer Verbindung mit den Schleimhäuten des Hals-Nasen-Rachen-Bereichs stehen, sind Menschen mit chronisch kalten Füßen besonders infektanfällig. Ein warmes Fußbad dauert 10 bis 15 Minuten bei einer Temperatur von 36 bis 40 °C. Das Wasser sollte bis unter die Kniekehlen reichen. Für ein Fußbad benötigen Sie eine Fußbadewanne, damit das Wasser hoch genug eingefüllt werden kann und die Füße bequem nebeneinanderstehen können. Wie schon beim Armbad gilt auch hier: Wechselbäder wirken stärker. Am Schluß kann ein kalter Knieguß folgen. Für Wechselbäder benötigen Sie zwei Wannen, um die Füße – oder beim Armbad die Arme – direkt von warm nach kalt und umgekehrt eintauchen zu können. Bei Wechselbädern wird immer mit warmem Wasser begonnen und mit kaltem geendet.

Güsse

Ein hervorragendes Abhärtungstraining sind kalte Güsse und Wechselgüsse, die stets mit warmem Wasser beginnen und mit kaltem enden. Besonders die Venen werden dabei kräftig trainiert und Krampfadern verhindert. Besorgen Sie sich für die Güsse einen 3/4-Zoll-Schlauch von 150 cm Länge, den Sie mit einer Weiche an den Wasserhahn anschließen. Duschköpfe eignen sich nicht für Güsse, da mit ihnen kein weicher Wasserfilm auf die Haut gebracht werden kann.

Der Wasserstrahl sollte bei Güssen aus einer Entfernung von 10 bis 15 cm schräg von oben auf die Haut fallen. Auch bei Güssen unterscheidet man Vollgüsse und Teilgüsse.

Für einen *Knieguß* wird zuerst der linke, dann der rechte Unterschenkel vom Knie abwärts auf allen Seiten 1 bis 2 Minuten lang begossen. Beim *Schenkelguß* werden linker und rechter Oberschenkel von der Schenkelbeuge abwärts jeweils 1 bis 2 Minuten lang auf allen Seiten begossen. Beim *Bauchguß* wird der Schenkelguß erweitert, indem man beim Wechsel von der linken zur rechten Schenkelbeuge den Wasserstrahl im Uhrzeigersinn kreisförmig um den Nabel führt.

Sauna

Regelmäßige schweißtreibende Saunagänge sind eine optimale Maßnahme, um den Körper zu reinigen. Mit dem Schweiß werden Giftstoffe ausgeschieden, und es erfolgt eine starke Durchblutung des ganzen Körpers und damit auch aller inneren Organe. Durch die nachfolgende Abkühlung werden die Gefäße trainiert. Außerdem härten Saunabesuche ab und beugen Infekten vor, weil das Immunsystem gestärkt wird.

Es gibt verschiedene Arten, den Körper ins Schwitzen zu bringen. Die Bio-Sauna mit einer Temperatur von 50 bis 65 °C ist eine milde Form des Saunierens. Die finnische Sauna ist mit Temperaturen bis zu 100 °C sehr viel heißer, was bedeutet, daß Sie schneller und stärker schwitzen, aber auch Ihren Kreislauf mehr belasten. Die türkische Dampfsauna empfinde ich selbst als die angenehmste Form, da durch den Wasserdampf gleichzeitig die Haut gut durchfeuchtet wird.

Sauna: Was tun, was lassen?

- Gehen Sie nicht öfter als zweimal pro Woche in die Sauna. Zu kurz aufeinanderfolgende Saunabesuche entmineralisieren den Körper.
- Wer unter hohem oder sehr niedrigem Blutdruck leidet, sollte nicht in die Sauna gehen, da die hohen Temperaturen bzw. der Wechsel zwischen warm und kalt Herz und Kreislauf stark belasten.
- Während der Schwangerschaft und in den ersten Tagen der Menstruation sollte auf das Saunabaden verzichtet werden.
- Die letzte größere Mahlzeit vor der Sauna sollte mindestens drei Stunden zurückliegen.
- Empfehlenswert sind drei Saunagänge von jeweils 10 bis 15 Minuten Dauer. Wer das erste Mal in eine Sauna geht, sollte mit einem etwa fünfminütigen Saunagang beginnen und die Dauer langsam steigern.
- Bei Anzeichen von Schwäche, Schwindel und Unwohlsein sollten Sie die Sauna sofort verlassen und sich eine Zeitlang hinlegen.
- Auf jeden Saunagang folgt eine kalte Dusche oder ein kaltes Tauchbad. Um den Kreislauf zusätzlich anzuregen, kann man sich mit einem Luffa-Schwamm oder einer Körperbürste abreiben.
- Ein Luftbad im Anschluß an die Sauna verstärkt die wohltuende Wirkung und hat am Tag außerdem den Effekt einer Lichttherapie.

Medikamente und Präparate, die körperliche Reinigungsvorgänge einleiten und unterstützen

Neben den genannten Maßnahmen zur Selbstanwendung gibt es eine Vielzahl von Präparaten, um den Körper zu entgiften und zu entschlacken. Einige davon können ebenfalls in Selbstregie angewendet werden, für andere bedarf es eines Therapeuten. Ich möchte hier nur solche Mittel nennen, mit denen ich in meiner Praxis gute Erfahrungen gemacht habe.

Schüßler-Mineralsalze

Eine wesentliche Voraussetzung für die Gesundheit ist die Ausgewogenheit der Mineralstoffe im Körper. Anorganische Mineralsalze wie zum Beispiel Kochsalz, Eisenphosphat, Kalziumphosphat und Kalziumfluorid bedingen Bau- und Lebensfähigkeit des Organismus. Sie können dazu beitragen, ein Ungleichgewicht oder einen Mangel an diesen Mineralstoffen auszugleichen. Der Oldenburger Homöopath Wilhelm Schüßler entwickelte in den 70er Jahren des 19. Jahrhunderts diese Therapie mit biochemischen Salzen, die nach ihm benannt wurde.

Es werden – je nach Wirkung und Anwendungsgebiet – insgesamt zwölf homöopathisch aufbereitete Funktionsmittel in den [9]Potenzen 3, 6 und 12 sowie zwölf Ergänzungsmittel in Form von Tabletten verwendet. Homöopathisch dosiert, kann der Körper die ihm fehlenden Mineralsalze leicht aufnehmen, und es kann eine tiefgreifende umstimmende Wirkung erzielt werden. Die Schüßler-Mineralsalze tragen neben ihrer jeweiligen Bezeichnung auch eine Nummer.

[9] Potenz bezeichnet den Grad der Verdünnung in der Homöopathie.

Schüßler-Salze zur Reinigung und Entgiftung des Organismus

- Zur Förderung der Ausscheidungs- und der Entgiftungsvorgänge der Schleimhäute: Nr. 6, Kalium sulfuricum (Kaliumsulfat).
- Zur Lösung krampfhafter Verstopfung: Nr. 7, Magnesium phosphoricum (Magnesiumphosphat).
- Zur Aufrechterhaltung des Säure-Basen-Gleichgewichts und als Gegenwirkung bei chronischer Verstopfung: Nr. 8, Natrium chloratum (Natrium muraticum, Natriumchlorid, Kochsalz).
- Zur Anregung der Stoffwechselausscheidungen bei Neigung zu Entzündungsbereitschaft, Rheuma und Akne: Nr. 9, Natrium phosphoricum (Natriumphosphat).
- Zur Förderung des Abbaustoffwechsels und Anregung der Ausscheidungsvorgänge über Leber und Galle: Nr. 10, Natrium sulfuricum (Natriumsulfat, Glaubersalz).

Die Schüßler-Salze bekommt man rezeptfrei in der Apotheke (Deutsche Homöopathische Union, Karlsruhe); sie sind frei von Nebenwirkungen. Man nimmt 3- bis 6mal täglich 1 bis 2 Tabletten eine halbe Stunde vor oder aber eine Stunde nach den Mahlzeiten ein und läßt diese langsam im Mund zergehen.

Pflanzenheilkunde

Mit der Pflanzenheilkunde oder Phytotherapie haben wir ein hervorragendes Mittel zur Verfügung, den Körper gründlich zu reinigen. Besonders Frühjahrskuren erfreuen sich großer Beliebtheit. So wie man bei den ersten Sonnenstrahlen im Frühling den Drang verspürt, Haus oder Wohnung gründlich zu entstauben, zu entrümpeln und durchzulüften, so wird bei entsprechender Schulung der Eigenwahrnehmung auch das Bedürfnis geweckt werden, den Körper von ›Ballast‹ zu befreien: von Zwischen- und Endprodukten des Stoffwechsels, Giften, die aufgenommen wurden, sich im Körper gebildet haben oder nach durchgemachten Infektionen zurückgeblieben sind und sich in Speichern mit langsamem Stoffwechsel, zum Beispiel Fettdepots, angesammelt haben.

Wichtige Heilpflanzen zur Entschlackung verschiedener Organsysteme

Die Haut ist unser größtes Ausscheidungsorgan; über den Schweiß werden viele Giftstoffe abgesondert. Falsche Lebensweise und Ernährung, Genußgifte, Bewegungsmangel und Streß verhindern diesen natürlichen Prozeß bei vielen Menschen. Mit den Heilkräften von Pflanzen können wir dazu beitragen, die Ausscheidungsfunktionen des Körpers in Gang zu bringen:

- Holunder- und Lindenblüten sind schweißtreibende Pflanzen.
- Birkenblätter fördern die Ausscheidung über die Niere.
- Löwenzahn entwickelt schon in der Natur eine ungeheure Kraft. Die Pflanze wächst selbst durch asphaltierte Straßen und überwuchert so manchen Garten, wenn man ihr nicht mit dem Stechmesser zu Leibe rückt. Die reinigende Wirkung des Löwenzahns wird durch die Förderung der Verdauungsfunktionen erreicht. Er verbessert die Gallenproduktion und die Qualität der Galle – des Sekrets der Leber, das sich in der Gallenblase sammelt – und hat insgesamt stoffwechselfördernde Eigenschaften.
- Die Artischocke wirkt ebenfalls über Leber und Galle ausscheidungs- und verdauungsfördernd sowie fettabbauend.
- Eine besonders blutreinigende und gleichzeitig blutbildende Heilpflanze ist die Brennessel. Sie wirkt stuhlgangfördernd, schleimausscheidend und wasserentziehend. Junge Brennesseln können wie Blattspinat zubereitet werden.
- Auch der Bärlauch oder Wilde Knoblauch, der in humusreichen feuchten Wiesen, unter Gebüschen und in Laub- und Gebirgswäldern wächst, eignet sich besonders für Entschlackungskuren im Frühjahr und zur Entgiftung der Haut. Bärlauch sollte jedoch frisch verwendet werden. Da ich in München wohne, pflücke ich ihn im zeitigen Frühjahr im Englischen Garten und bereite köstliche Suppen daraus oder belege Butter- oder Käsebrote damit. Bärlauch hilft auch bei Verstopfung, wenn sie auf Verkrampfung oder Erschlaffung des Darms beruht. Er wirkt Arterienverkalkung und Atembeschwerden entgegen und fördert die Ausscheidung über Niere und Blase. Außerdem unterstützt frischer Bärlauch die Quecksilberausleitung. Neben der Verwendung der frischen kleingeschnittenen Blätter kann man auch Bärlauchgeist oder -wein zubereiten.

Diese Pflanzen können in Form von Salat, Gemüse, frischem Preßsaft, Urtinkturen, Säften, Tees und Aufgüssen verabreicht werden. Man kann auch Fußbäder damit bereiten. Teilweise ist der Pflanzenextrakt auch in Kapselform erhältlich.

Bei vielen Herstellern von Naturheilmitteln gibt es ebenfalls eine Reihe von Pflanzenpräparaten, die für Umschläge, Spülungen und Bäder oder in Öl gelöst für Massagen verwendet werden können, um die Entschlackung und Entgiftung zu unterstützen oder einzuleiten. Ich selbst bevorzuge, wie schon gesagt, Heilmittelkompositionen anthroposophisch orientierter Hersteller (siehe Wichtige Adressen im Anhang). Bei der Zubereitung der Heilmittel werden Stoffe aus dem Mineralreich, dem Pflanzenreich und dem Tierreich verwendet. Wesentliches Element aller primären Herstellungsprozesse ist die ihnen zugrundeliegende rhythmische Ordnung; denn in allen Lebensvorgängen treten rhythmisch gegliederte Prozesse in Erscheinung. Für die Indikationen ergeben sich drei Teilaussagen: die ursächlich vorliegende Störung in der Wechselwirkung von Körper, Seele und Geist, die dadurch bedingten krankhaften Prozesse, gefolgt von speziellen Indikationen.

Spagyrik

Die Spagyrik, die sich damit befaßt, aus Pflanzen, Mineralien und Metallen hochaktive Heilmittel herzustellen, hat eine lange Tradition und erreichte unter dem deutschen Arzt und Naturforscher Paracelsus (1493–1541) ihren Höhepunkt. Der Name Spagyrik setzt sich aus den griechischen Wörtern ›spao‹, trennen, und ›ageiro‹, vereinen, zusammen.

Bei allen modernen spagyrischen Herstellungsverfahren werden mit Hilfe bestimmter Labortechniken die Ausgangssubstanzen veredelt und dadurch in hochwertige Arzneimittel verwandelt. Die in den Ausgangssubstanzen enthaltenen Stoffe sind für den Spagyriker nur die ›ausführenden Handwerkszeuge‹, entscheidend ist die heilende Kraft, die hinter allem steht. Diese spürt er auf, indem er die stoffliche Substanz betrachtet und ihre drei Wesenszüge, den materiellen, also stofflichen, den geistigen und den zwischen diesen beiden vermittelnden, sozusagen seelischen Wesenszug als elementare Merkmale der Schöpfung in seine Erkenntnis einbezieht. Auf diese Weise will der Spagyriker die Lebensenergie, hinter der die Heilkraft steckt, entdecken, um sie in der spagyrischen Essenz zu konservieren und zu Heilzwecken einzusetzen.

Bei der Herstellung von kräuterspagyrischen Essenzen wird die Pflanze zunächst vergoren, dann destilliert und der Destillationsrückstand verascht. Nach dem spagyrischen Denkmodell sind dadurch alle drei Lebensprinzipien losgelöst und aufgeschlossen. Danach wird das flüssige Produkt mit dem festen Veraschungsrückstand gemischt. Die darin enthaltenen Stoffe lösen sich weitgehend in der Flüssigkeit auf. Die unlöslichen Rückstände werden ausgefiltert.

Eine Reihe von spagyrischen Kräuteressenzen, die es in der Regel rezeptfrei in der Apotheke gibt, können zur Entgiftung eingesetzt werden, andere wirken der Darmträgheit entgegen. Es kann vorkommen, daß der Körper durch die Behandlung mit diesen Essenzen förmlich seine Schleusen öffnet und alles Krankmachende ›austreibt‹. Dabei kann es zu starken Reaktionen kommen. Bei chronischen Leiden sollten Sie deshalb nicht versuchen, sich selbst mit spagyrischen Essenzen zu behandeln, sondern einen Arzt oder Heilpraktiker konsultieren.

Darmsanierungsverfahren

Von verschiedenen Herstellern werden Darmreinigungs- und -sanierungskuren angeboten. Da der Darm die Wiege unseres Immunsystems ist, scheint es mir sinnvoll, dieses Thema anzusprechen. Natürlich besteht die Gefahr, daß das natürliche Reinigungsbedürfnis zum Reinigungswahn wird. Andererseits sind wir täglich mit Schadstoffen konfrontiert, die sich im Körper summieren und oftmals aufgrund falscher Ernährung und Bewegungsmangel nicht ausreichend ausgeschieden werden können. Bei vielen Menschen ist zudem der Verdauungstrakt durch jahrelange Fehlernährung, Antibiotika- oder Kortisoneinnahme geschwächt und die Darmflora gravierend gestört.

Alle diese Faktoren können dazu führen, daß die Darminnenwände mit Schichten von zähen ›Schlacken‹ überzogen sind. Die Fähigkeit des Darms, lebenswichtige Nährstoffe aufzunehmen, ist reduziert, die Enzym- und Vitaminproduktion kann nicht mehr ausreichend vonstatten gehen. Mit der Zeit kommt es zu einer Unterversorgung aller Zellen des Körpers. Es bildet sich ein Nährboden für Fäulnisbakterien und Parasiten, und über die Darmwände gelangen giftige Stoffwechselprodukte in den Blutkreislauf. Leber und Nieren können geschädigt werden, die Selbstvergiftung des Körpers nimmt ihren Lauf. Schon Paracelsus hat erkannt: ›Der Tod sitzt im Darm.‹

Darmsanierung nach Gray

Robert Gray, der 1975 das Food for Health Institut in San Francisco gründete, hat eine Darmsanierung für die Selbstbehandlung entwickelt (Bezugsadresse siehe Wichtige Adressen im Anhang). Durch diese Kräuterkur, die das Wachstum der positiven Laktobakterien im Darm fördert, wird der Darm von jahrzehntelangen Ablagerungen befreit. Die Darmsanierung nach Gray dauert drei Monate, kann allerdings durch zusätzliche Maßnahmen wie Diäten oder Fasten beschleunigt werden.

Die Kur besteht aus einer Kräutermischung, die eine sanfte Reinigung des Darms und der Lymphe bewirkt, aus einem Massebildner und einer Laktobakterien-Nahrung in Pulverform. Patienten, die diese Darmsanierung durchgeführt haben, berichten, daß es während der Kur zu ungeheuren Ausscheidungsmengen kommt.

Darmentgiftungskomplex

Auch von der Firma ›Natur Vital‹ (siehe Wichtige Adressen im Anhang) gibt es einen Darmreinigungskomplex. Dieser ist in Kapselform erhältlich und besteht aus achtzehn Kräutern, pflanzlichen Faserstoffen und Darmbakterien. Es kommt dadurch zu einer gründlichen Reinigung des Darms, Darmträgheit und Verstopfung wird entgegengewirkt und die Resorption von Nährstoffen verbessert.

Eine Entgiftungskur besteht aus Vitaminen, Mineralien und Aminosäuren. Sie unterstützt den Körper darin, mit den Auswirkungen der vielseitigen Umweltbelastungen besser fertig zu werden. Ergänzt durch Acidophilusbakterien wird die Erhaltung des sauren pH-Werts im Dickdarm unterstützt und ein übermäßiges Wachstum von eindringenden Krankheitserregern verhindert.

Ein komplettes entgiftendes und die Darmflora aufbauendes Darmpflegeprogramm basiert auf fünf Komponenten:

- Bewässerung der Zellen mit Aloe-Vera-Saft.
- Ablösung der Ablagerungen an den Darmwänden mit dem Darmreinigungskomplex.
- Ummantelung der Giftstoffe mit Flohsamenschalen.
- Anregung der Darmperistaltik mit Leinsamen.
- Aufbau der Darmflora mit Bifidus-Bakterien.

Medikamentöse Reinigungskuren

Darüber hinaus existieren zahlreiche medikamentöse Reinigungskuren. Ich möchte hier nur zwei erwähnen, mit denen ich in meiner Praxis sehr gute Erfahrungen gemacht habe.

Entgiftungskur

Bei der Entgiftungskur von ›Phönix‹ (siehe Wichtige Adressen im Anhang) handelt es sich um eine biologische Therapie zur Ausleitung von Stoffwechselschlacken und Schadstoffen. Gleichzeitig werden Therapieblockaden gelöst. Die Kur besteht aus drei Präparaten in Tropfenform, die jeweils im Wechsel drei Tage hintereinander eingenommen werden. Ein Präparat unterstützt speziell die Leber in ihrer Entgiftungsfunktion, das zweite die Nieren, und das dritte fördert ganz allgemein die Entgiftungsfunktionen des Organismus, besonders aber über die Haut.

Tibetische Reinigungskur

›PADMA 28‹ ist ein tibetisches Heilmittel, das aus zwanzig verschiedenen Pflanzen, Kampfer und Kalziumsulfat besteht und in der Schweiz hergestellt wird, wo es auch rezeptfrei in Apotheken erhältlich ist. In Deutschland ist PADMA 28 verordnungspflichtig. Die Kombination mehrerer Bestandteile macht die Wirkung dieses Medikaments aus. Es dient als Informationsträger und gibt dem Körper vielfältige, sanfte Impulse, welche die Entgiftung einleiten. PADMA 28 ist bei Durchblutungsstörungen verschiedenster Ursachen angezeigt. Die Wirkstoffe lassen sich in drei Gruppen einteilen:

- Gerbstoffe, die entzündungshemmend und antioxidativ wirken.
- Flavonoide (Pflanzenstoffe, die früher zu den Vitaminen gezählt wurden), die Immunfunktionen unterstützen und Entzündungen hemmen.
- Ätherische Öle.

Aus den Informationen, die Pflanzenstoffe in sich tragen, kann der erkrankte, überlastete oder geschädigte Organismus die notwendigen Steuerimpulse auswählen. Ziel der Behandlung mit PADMA 28 ist es, disharmonische Zustände im Körper wieder zu harmonisieren. Dazu muß man wissen, daß für die tibetische Medizin Gesundheit und Krankheit immer eine Frage der Steuerung von Gleichgewichten im Körperhaushalt ist. Es wird die ›Harmonie im Organismus der Natur‹ angeschaut und zu ergründen versucht. Uraltes Erfahrungswissen und systematisch trainierte Sinne vermitteln den tibetischen Medizinern eine tiefe Einsicht in diese Zusammenhänge. Diese wird mit den Ergebnissen der Untersuchung eines Patienten in eine therapeutisch wegweisende Beziehung gebracht.

Ich habe bei meinen Patienten sehr gute Erfahrungen mit PADMA 28 gemacht und kann die Einnahme des Mittels zur regelmäßigen Prophylaxe in Abständen von einem halben Jahr all jenen empfehlen, die ihr Immunsystem stärken und Durchblutungsstörungen vorbeugen wollen.

Vitamin C

Vitamin C muß im Stoffwechsel jederzeit als wichtiges Element der Entgiftungsfunktionen verfügbar sein. Unsere Umwelt ist heute durch Schwermetalle aus der Industrie, vor allem mit Cadmium, Quecksilber und Blei belastet. Offensichtlich ist Vitamin C in der Lage, mit diesen Umweltgiften eine Verbindung einzugehen, die sie unschädlich macht und ihre Ausscheidung erlaubt. Ähnliches gilt für die Weichmacher von Kunststoffen (PCB) und für Nitrosamine.

Deshalb ist es wichtig, Vitamin C in organisch gebundener Form zu sich zu nehmen. Reich an Vitamin C sind zum Beispiel die Acerolakirsche und Sanddorn. Es ist allerdings fraglich, ob allein über Nahrungsmittel eine ausreichende Menge aufgenommen werden kann. Vor allem Raucher, Menschen, die am Bildschirm arbeiten, sich in Betonbauten aufhalten und wenig Bewegung haben, und Klinikpersonal, das von zahlreichen Krankheitserregern umgeben ist, sollten täglich ein Vitamin-C-Präparat einnehmen.

Glukuronsäure

Zuletzt möchte ich als Entgiftungsmedikament noch Glukuronsäure empfehlen. Sie kommt u. a. im Gummi arabicum vor und wird in der Leber von Warmblütern gebildet. Glukuronsäure vermag körperfremde Stoffe zu binden und wasserlöslich zu machen. Sie fördert die Ausscheidung der im Körper befindlichen Giftstoffe über den Harn. In der Apotheke ist Glukuronsäure in Tropfenform erhältlich. Sie kommt übrigens auch in relativ hoher Konzentration in Ziegenmilch vor.

Therapeutische Maßnahmen zur körperlichen Reinigung

Im folgenden sind einige wichtige Maßnahmen zur körperlichen Reinigung, Entgiftung und Entschlackung aufgeführt, die Sie nicht selbst praktizieren können. Wenden Sie sich an einen naturheilkundlich orientierten Arzt oder einen Heilpraktiker, wenn Sie Interesse an einer dieser Therapien haben. Auch über die therapeutischen Maßnahmen sollten Sie sich aber durch weiterführende Literatur gründlich informieren.

Schwermetallausleitung

Laut Weltgesundheitsorganisation WHO sind 60 bis 70 Prozent aller chronischen und akuten Erkrankungen auf Schwermetallvergiftungen zurückzuführen. Wir alle kommen täglich mit Schwermetallen in Kontakt, ohne direkt etwas davon zu merken. Der Körper nimmt Schwermetalle zum Beispiel durch industrielle Luftverschmutzung, veraltete Wasserleitungen oder Zigarettenrauch auf. Und in Zahnfüllungen aus Amalgam steckt eine Mischung verschiedener Metalle. Wenn sich Schwermetalle in Form von elektrisch geladenen Teilchen (Ionen) im Körper befinden, wird die Produktion von Freien Radikalen millionenfach beschleunigt. Diese äußerst reaktionsfähigen Substanzen können Gift- und Schadstoffen den Zugang zum Zellinneren öffnen und werden für viele chronische Krankheiten sowie auch für die Entstehung von Krebs verantwortlich gemacht.

Beim Heilpraktiker können Sie mit einem einfachen Test die Schwermetalle Zink, Blei, Kupfer, Cadmium und Quecksilber im Urin nachweisen lassen. Er wird Ihnen dann eine Tropfenlösung zum Einnehmen mitgeben, die Sie kurmäßig anwenden, um die Schadstoffe über die Nieren ohne Nebenwirkungen auszuleiten. Nach einer bestimmten Zeit ist der Erfolg der Ausleitung durch einen erneuten Test meßbar.

Übrigens tragen auch frisches Korianderkraut oder eine spagyrische Korianderessenz (Spagyrik siehe Seite 98 f.) zur Schwermetallausleitung aus dem gesamten Nervensystem und dem Gehirn bei.

Colon-Hydro-Therapie

Störungen im Verdauungstrakt hängen in erster Linie mit der Ernährung zusammen. In den meisten Fällen besteht eine Übersäuerungsproblematik. Bei jedem zweiten Patienten lassen sich die Probleme auf Funktionsstörungen des Dickdarms reduzieren. Stuhlreste, Kotsteine und Verkrustungen der Sekretionen von Bauchspeicheldrüse, Leber und Galle befinden sich in den Darmausbuchtungen (Divertikeln).

Bei der Colon-Hydro-Therapie oder Dickdarmspülung werden mittels eines in Amerika entwickelten Geräts diese Ablagerungen ausgespült. Der Patient liegt dabei bequem auf dem Rücken. In einem geschlossenen Kreislauf wird über ein kleines Darmrohr, das zuvor eingefettet in den After eingeführt wurde, Wasser in den Dickdarm gespült. Bei einigen Geräten wird dem Wasser medizinischer Sauerstoff beigegeben. Dadurch ist ein gezielter Heilreiz auf die Darmschleimhaut bei entzündlichen Prozessen und bakterieller Fehlbesiedlung möglich. Das geschlossene System verhindert üble Geruchsbildung. Die Kotreste werden direkt über den Abfluß fortgespült. Durch dieses Verfahren wird eine komplette Dickdarmspülung bis hin zur Mündung des Dünndarms in den Dickdarm (Ileozökalklappe; siehe auch Seite 83) erreicht.

Die Colon-Hydro-Therapie ist eine relativ sanfte Methode, die eine Ausleitungsmaßnahme von Ablagerungen, Giftstoffen und Stuhlresten darstellt. Verklebte Schleimhautfalten werden dabei genauso gelöst wie verhärtete Stuhlmassen und Schleimpartikel. Bei der Obduktion Verstorbener wurden Kotreste von mehreren Pfunden im Dickdarm festgestellt. Wenn Kotrückstände nicht durch regelmäßigen Stuhlgang ausgeschieden werden, begünstigen sie die Rückvergiftung durch ausscheidungspflichtige Toxine und belasten Leber, Nieren und andere Entgiftungssysteme des Organismus. Sichtbar werden diese Rückvergiftungen zum Beispiel an Ablagerungen in der Haut, spürbar durch vermehrte Gasbildung, die durch Störung der mikrobakteriellen Darmflora zu Fäulnis- und Gärungsprozessen und damit zu Blähungen führt.

Nicht nur zur Unterstützung von Fastenkuren ist die Colon-Hydro-Therapie geeignet – sie hat sich auch als ergänzende Entgiftungstherapie beim Drogen- und Alkoholentzug bewährt. Und da die Darmschleimhaut in der Embryonalentwicklung aus demselben äußeren Keimblatt, dem Ektoderm, entstanden ist, aus dem Haut und Gehirn hervorgegangen sind, läßt sich nachvollziehen, daß die Colon-Hydro-Therapie sich auch mit gutem Erfolg bei der Behandlung von Depressionen einsetzen läßt.

Ich halte die Dickdarmspülung für eine gute Möglichkeit, die Reinigungsprozesse des Körpers von Zeit zu Zeit zu unterstützen. An dieser Stelle aber meine Warnung vor einem Reinigungswahn! Schließlich ist der Dickdarm der Ort, wo sich ausscheidungspflichtige Stoffe sammeln dürfen und es daher nicht im üblichen Sinn ›rein‹ und ›sauber‹ zu sein braucht. Man sollte es deshalb mit der Häufigkeit dieser Anwendung nicht übertreiben.

Aus- und Ableitungsverfahren

Alle Aus- und Ableitungsverfahren bewirken, daß es zu einer allgemeinen Umstimmung des humoralen, also die Körperflüssigkeiten betreffenden Milieus kommt sowie zu einer Anfachung der Stoffwechselvorgänge, die eine Entgiftung des Organismus nach sich zieht. Während die moderne Schulmedizin Aus- und Ableitungen überwiegend als veraltet betrachtet, haben sie in der Naturheilkunde ihren festen Platz. Durch die intensive Erforschung des Lymphsystems und der körpereigenen Abwehrfunktionen gibt es heute Erkenntnisse, die im Einklang mit den Grundlagen der aus der Antike stammenden Sichtweise stehen.

Ableitungs- und Ausleitungsverfahren zielen nicht auf die Behandlung von Organteilfunktionen ab, sondern stellen für den Körper einen Reiz dar, der den ›inneren Arzt‹ auf den Plan ruft und deshalb sowohl vorbeugend als auch heilend eingesetzt werden kann. Ableitungen sind u. a. möglich über den Darm, die Niere sowie über die Nasenschleimhaut. Außerdem kann durch bestimmte Ableitungsverfahren der Eintritt der Menstruation beeinflußt und gefördert werden.

Ableitungen auf den Darm

Es ist bekannt, daß Störungen im Verdauungstrakt Symptome an entlegenen Organen verursachen können. Es gibt Heilpraktiker, die sich auf Ableitungen auf den Darm spezialisiert haben und diese auch mit Präparaten zum Einnehmen durchführen. Wichtig ist, daß die Mittel individuell auf den Patienten abgestimmt sind. Ohne eine darauf folgende entsprechende Ernährungsumstellung ist eine Ableitung auf den Darm außerdem sinnlos.

Aderlaß

Eine alte und beinahe in Vergessenheit geratene Ableitungsmethode, die heute von der Heilkunst wiederentdeckt wird, ist der Aderlaß. Dabei wird je nach Tages- und Jahreszeit sowie nach dem anatomischen Aufbau des

Körpers des Patienten, seinem Alter und seiner Dynamik überschüssiges Blut aus einer gestauten Vene entnommen. Es gibt kleine und große Blutentziehungen. Der kleine Aderlaß kommt vor allem bei chronischen Krankheiten – wiederholt – zur Anwendung. Dabei läßt der Behandler 50 bis 150 ccm Blut auslaufen. Bei einem großen Aderlaß kann die Blutmenge 200 bis 500 ccm betragen.

Das günstigste Lebensalter für einen Aderlaß ist die Zeit zwischen dem 45. und 60. Lebensjahr, wenn sich meist die ersten Stauungen bemerkbar machen und sich Ablagerungen bilden. Allgemein wirkt der Aderlaß blutreinigend und entgiftend, besonders angezeigt ist er bei Blutstauungen, zur Blutverdünnung, zur Stimulation des Immunsystems, bei Entzündungen, Schmerzen und Krampfneigung.

Schröpfen

Die medizinische Kunst des Schröpfens wurde schon im alten Indien, Ägypten und Griechenland praktiziert. Auch Hippokrates erwähnt diese Ausleitungsmethode positiv. Heute wird das Schröpfen in Verbindung mit bestimmten Reflexzonen, die in Beziehung zum behandelnden bzw. unterstützenden Organ stehen, angewendet. Man unterscheidet blutiges und unblutiges Schröpfen, das je nach Befund zum Einsatz kommt.

Bei beiden Verfahren entsteht in den Schröpfglocken, die am Rücken aufgesetzt werden, ein Unterdruck, der das Hautgewebe in die Schröpfglocke einsaugt und dort eine vermehrte Blutzufuhr verursacht. Beim trockenen Schröpfen entsteht ein kleiner Bluterguß (Hämatom). Beim blutigen Schröpfen werden vor Aufsetzen des Schröpfkopfs mit einem kleinen Apparat einige kleine Hautschnitte fast schmerzlos in den zu schröpfenden Bezirk gesetzt. Aus diesen tritt beim Schröpfvorgang das Blut in den Schröpfkopf aus, der so oft ersetzt wird, bis kein Blut mehr fließt.

Vor allem die Bezirke von Leber und Nieren werden mit Schröpfen behandelt. Das blutige Schröpfen führt zu einer merklichen Entlastung, wenn Stauungen vorliegen, wohingegen das unblutige Schröpfen energetisch leeren Bereichen Energie zuführt.

Lymphdrainage

Im Grunde hat der Körper drei Kreislaufsysteme: den Blutkreislauf, den Energiekreislauf und den Lymphkreislauf. Zum Lymphsystem gehören die Lymphgefäße, in denen die Lymphe fließt, sowie die lymphatischen Organe

Mandeln, Milz, Thymusdrüse und Lymphknoten. In zahlreichen Organen, zum Beispiel im Darm, in den Bronchien, den Brustdrüsen oder den Speicheldrüsen, befinden sich außerdem Lymphknötchen.

Das Lymphsystem ist das Drainagesystem des Körpers und zugleich Teil des Abwehrsystems. Eine Aufgabe ist die Aufnahme und der Transport von Wasser und großmolekularen Stoffen, die nicht sofort dem Blut beigemischt werden sollen oder können, sondern erst gefiltert werden müssen. Zu diesen sogenannten lymphpflichtigen Lasten zählen Eiweißmoleküle, aus der Nahrung aufgenommene Fette, engkettige Fettsäuren, rote Blutkörperchen (zum Beispiel bei Blutergüssen), Bakterien und Viren, Zelltrümmer, Schlackenstoffe, unbelebte Stoffe und Geschwulstzellen.

Die Abwehrfunktion wird von den B- und T-Lymphozyten übernommen, die in den lymphatischen Organen produziert werden. Der Lymphstrom ist sehr langsam. Pro Tag werden nur etwa zwei Liter Lymphe durch den Körper geschleust, aber etwa 7000 Liter Blut!

Die Lymphdrainage ist ein hervorragendes Mittel, um die Entgiftungsfunktionen des Körpers zu stimulieren und zu unterstützen. Sie hat eine entwässernde Wirkung über die Blutkapillaren und Lymphgefäße. Das gesamte Bindegewebe wird von Abfallprodukten, die dort eingelagert sind, befreit, was sich klärend auf die Haut auswirkt und außerdem zur Entstauung von Wasseransammlungen (Ödemen) führt. Dadurch wird Krampfadern vorgebeugt, Allergien, Akne und Ekzemen der Nährboden entzogen, die Abwehrkräfte werden gestärkt.

Die Lymphdrainage kann manuell durch eine spezielle Grifftechnik ausgeführt werden. Dabei handelt es sich um auspumpende, entleerende Kreisbewegungen mit wenig Druck über den Lymphbahnen und Lymphknoten, die in Richtung Schlüsselbeingrube zielen. Dort ist die ›Endstation‹ aller Lymphbahnen. Daneben gibt es apparative Lymphdrainage durch niederfrequente elektrische Ströme über Elektroden, die am Körper befestigt werden. Mechanisch wirkende Apparate führen über Luftkissen eine Pumpbewegung aus.

Nicht zur Anwendung kommen dürfen Lymphdrainagen bei:

- Krebserkrankungen, da Tumorzellen verschleppt werden könnten.
- Thrombosen, weil das Risiko einer Embolie besteht.
- Akuten Entzündungen durch Giftstoffe, Viren oder Bakterien, weil die Gefahr einer Blutvergiftung besteht.
- Herzödemen.

Massagen

Die Massage ist die älteste und selbstverständlichste aller Heilkünste. Sie ist lebendige Berührung, die es uns ermöglicht, unseren Körper wieder als Ganzes zu erleben und zu genießen. Massagen haben wie viele andere Methoden, die über den Körper ausgeführt werden, auch einen seelischen Effekt. Die Berührung und die rhythmischen Massagebewegungen lösen ein tiefes Entspannungsgefühl aus.

Auf der physiologischen Ebene kommt es durch die Massage in den Muskeln zu einer Erweiterung der Blutgefäße, was eine bessere Durchblutung auch der inneren Organe zur Folge hat. Der Rückstrom des sauerstoffarmen Blutes zum Herzen und in die Lunge wird beschleunigt, so daß es schnell wieder mit Sauerstoff angereichert in die Muskeln zurückfließen kann, um sie mit neuer Energie zu versorgen. Milchsäure, die Ermüdung der Muskeln verursacht, wird abtransportiert.

Massage als Berührung von Körper und Seele bedeutet immer auch Vertrauen, Loslassen, Annehmen und Angenommensein. Es können sich Verspannungen auf allen Ebenen lösen und blockierte Energien frei werden, was bei regelmäßiger Anwendung zu innerer Balance führt. Verborgenes kann sich über das Bewußtsein klären, die Nervenkraft wird gestärkt.

Aroma-Teilmassagen

Die körperlichen und seelischen Wirkungen einer Massage werden durch die individuelle Anwendung reiner ätherischer Pflanzenöle noch verstärkt, da diese die Entgiftungsprozesse im Körper anregen und fördern. Für Menschen, die nicht die Zeit haben, sich eine *Ganzheitliche Aroma-Massage* zu schenken, gibt es Aroma-Teilmassagen. Sie lösen immer wiederkehrende oder schon lange vorhandene körperliche Verspannungen und bauen in kürzester Zeit Streß, Hektik und Unruhe ab.

Die in naturreinen, kaltgepreßten Trägerölen gelösten ätherischen Öle durchdringen während der Massage optimal die Hautbarriere und treten über Lymphe und kleine Blutgefäße in den Blutkreislauf ein. Dies ermöglicht, verspannte Muskulatur zu lockern und zu entspannen, das Bindegewebe zu entschlacken und zu straffen, den Spannungszustand der Haut (Hautturgor) zu verbessern sowie die positiven Ladungen im elektrischen Potential der Oberhaut zu erhöhen. Über verschiedene Reflexzonen werden die Funktionen der inneren Organe angeregt und harmonisiert. Insgesamt kann durch die Ganzheitliche Aroma-Massage gestaute Energie wieder fließen und sich optimales Wohlbefinden einstellen.

Bauchmassage

Der Bauch ist der Sitz der menschlichen Lebenskraft. Aber auch viele Probleme ›schlagen uns auf den Magen‹, wir haben ›Wut im Bauch‹. Nervliche Belastungen äußern sich nicht selten in Magendrücken, Verstopfung oder Durchfall. Eine Bauchmassage unterstützt nicht nur die Verdauungsvorgänge des Körpers, sondern hilft auch, seelische Probleme ›zu verdauen‹. Außerdem regt sie den Stoffwechsel an, löst Blähungen und Verstopfung und befreit von Unwohlsein und Schmerzen im Bauch.

Beinmassage

Wer muß heute nicht mit beiden Beinen fest im Leben stehen? In den Beinen begegnen sich Luft- und Erdelement dadurch, daß wir sowohl ›einen Standpunkt‹ einnehmen als auch durch die Fortbewegung Fortschritt und Veränderung schaffen. Durch unausgewogene Lebensweise ist der Energiefluß in unseren Beinen häufig blockiert. Dies hat Kreuz- und Rückenschmerzen, Verspannungen im Kopfbereich und viele andere Unpäßlichkeiten zur Folge. Durch die Beinmassage können Sie erleben, wie es sich anfühlt, wieder ›Beinfreiheit‹ zu erlangen und dadurch Leichtigkeit und Standhaftigkeit zugleich. Gestaute Beine werden wieder frei, die Durchblutung verbessert sich, Ablagerungen, die sich in Form von Cellulite zeigen, wird vorgebeugt.

Fußmassage

Obwohl uns die Füße Tag für Tag tragen und uns sicheren Boden verleihen, behandeln wir sie häufig sehr nachlässig. Wir stecken sie in einengendes Schuhwerk, und Fußpflege ist nur ein Randkapitel der Körperhygiene. Eine Fußmassage ist für den ganzen Organismus belebend, sie entspannt Körper, Seele und Geist. Über die Füße und ihre Reflexzonen werden alle Organsysteme berührt und therapiert (siehe auch Seite 112 f.). Wichtige Ausscheidungsvorgänge können angeregt werden, die den Organismus in seiner Selbstreinigungstendenz unterstützen.

Da den Füßen das Unterhaut-Fettgewebe fehlt, dringen die ätherischen Öle durch die Fußmassage besonders schnell in den Lymph- und Blutkreislauf ein. Eine Fußmassage beginnt immer mit einem wohltuenden Fußbad, das bereits entgiftend und entschlackend wirkt und außerdem ein hervorragendes Anti-Streß-Mittel zur Einleitung der Fußmassage darstellt.

Nackenmassage

Diese Massage macht fit, lockert den gesamten Schulter- und Nackenbereich und lädt Sie mit neuer Energie auf. Der Nacken ist die Stelle an unserem Körper, wo wir Verspannungen spüren können, die sich durch ›Halsstarrigkeit‹ manifestieren, aber auch dadurch, daß wir für viele Dinge unseren ›Kopf hinhalten‹ müssen. In wie vielen Situationen möchte man nicht am liebsten den Kopf einziehen? Auch Stockungen im Nasen- und Nebenhöhlenbereich werden durch die Nackenmassage gelöst.

Armmassage

Mit Armen und Händen greifen wir tatkräftig zu, wir können mit ihnen geben und nehmen, wir können damit aber auch festhalten. Nicht loslassen wollen kann sich ebenso wie Handlungsunfähigkeit durch Verspannungen in Händen und Armen ausdrücken. Über die Armmassage werden die Energieströme der kurzen Meridiane (Energiebahnen im Körper) angeregt. Eine Armmassage kann körperliche Verkrampfungen lösen und von gedrückter Stimmung befreien. Da die Massage mit einem kalten Armbad beginnt, hat sie außerdem eine starke kreislaufanregende Wirkung.

Rückenmassage

Wir brauchen heutzutage im wahrsten Sinn des Wortes ›ein breites Kreuz‹, um all das tragen bzw. ertragen zu können, was das Leben uns zumutet. So ist es kein Wunder, daß der Rücken durch die uns aufgeladene Verantwortung, durch Angst und unterdrückte Gefühle, die wir nirgendwo abladen können, häufig verspannt ist. Auch angestaute Wut und Ärger lassen die Muskulatur besonders im Rückenbereich verkrampfen, ganz zu schweigen von der meist falschen Körperhaltung, mangelnden Bewegung und vorwiegend sitzenden Tätigkeit. Durch die Rückenmassage wird die Last etwas leichter, und allmählich kann sie sich ganz abbauen. Mit der Befreiung von Anspannung und Überlastung schwinden auch Schlafstörungen und Kopfschmerzen.

Kreuzbeinmassage

Der lateinische Name für das Kreuzbein lautet ›os sakrum‹, was heiliger Knochen heißt. Im Kreuzbein treffen sich Vertikale und Horizontale. Hier muß Harmonie zwischen Innen- und Außenwelt hergestellt werden. In aller Regel ist das Kreuzbein der Schwachpunkt unseres Stützskeletts. An dieser Stelle ist die Muskulatur oft verkrampft und verspannt, was diverse unangenehme Auswirkungen mit sich bringt. Durch einen entspannten Becken- und Kreuzbeinbereich kann das innere Gleichgewicht wiedergefunden und eine Vitalisierung des ganzen Körpers erfahren werden.

Bei Schmerzen im Kreuz greifen wir häufig ganz instinktiv mit der Hand an diese Stelle. Durch die Wärme und Berührung einer Massage in diesem Bereich und durch die verwendeten Essenzen löst sich innerliche Verhärtung, Streß und Nervosität werden abgebaut und verwandeln sich in Ausgeglichenheit und Ruhe. Eine gute Kreuzbeinmassage kann auch eine schwache Menstruation in Gang bringen und Regelschmerzen beheben.

Kopfmassage

Wir denken nicht nur mit dem Kopf, sondern der Kopf ist auch Sitz unserer Gefühle. Das limbische System, jene Nervenstrukturen, die für die Steuerung unserer Emotionen und Verhaltensweisen zuständig sind, hat seinen Sitz im entwicklungsgeschichtlich ältesten Teil des Gehirns. Hier wird ›gutes und schlechtes Wetter gemacht‹, hier werden Sympathien und Antipathien, Angst, Freude, Lust und Schmerz erzeugt. Eine regenerierende, erfrischende Kopfmassage kann von einem Schauer des Behagens begleitet den ganzen Körper ergreifen. Verspannungen im Kopfbereich lösen sich, Streß wird abgebaut, Angstgefühle verschwinden.

Brustmassage

Der Brustbereich ist die Verbindungsstelle von Denken und Wollen. Hier ›artikulieren‹ sich die Gefühle, was sich auch in der Sprache äußert: Uns springt das Herz vor Freude oder stockt der Atem vor Angst, der Schmerz bricht uns das Herz usw. Im rhythmischen System von Herz, Lunge und Kreislauf spielt sich vieles ab, was mit unserem Gefühlsleben zu tun hat. Bei Angst verspüren wir Enge im Brustbereich, wenn uns etwas bedrückt, liegt es wie ein Stein auf der Brust. Eine Brustmassage dehnt und lockert die Brustmuskulatur, läßt die Lungen sich entfalten und die Brust weit werden. Sie öffnet den gesamten Bereich des Fühlens und Atmens, Trauer, Angstgefühle und Verspannungen lösen sich. Die Entgiftung der Lungen – besonders bei Rauchern – wird angeregt, Verschleimungen können besser abgehustet werden, der Atem wird vertieft.

Fußreflexzonentherapie

Reflexzonentherapie im allgemeinen nutzt das Wissen um die Nervenverbindungen zwischen inneren Organen sowie Muskel- und Hautsegmenten (zum Beispiel Headsche Zonen). Die Fußreflexzonentherapie beruht jedoch nicht auf Nervenverbindungen, sondern auf Energieverbindungen, die aus der chinesischen Akupunktur bekannt sind. Die Füße sind ein kleines Abbild des ganzen Körpers (siehe Abbildung unten) – so wie der Mikrokosmos ein Abbild des Makrokosmos ist und umgekehrt.

Reflexzonen der Füße

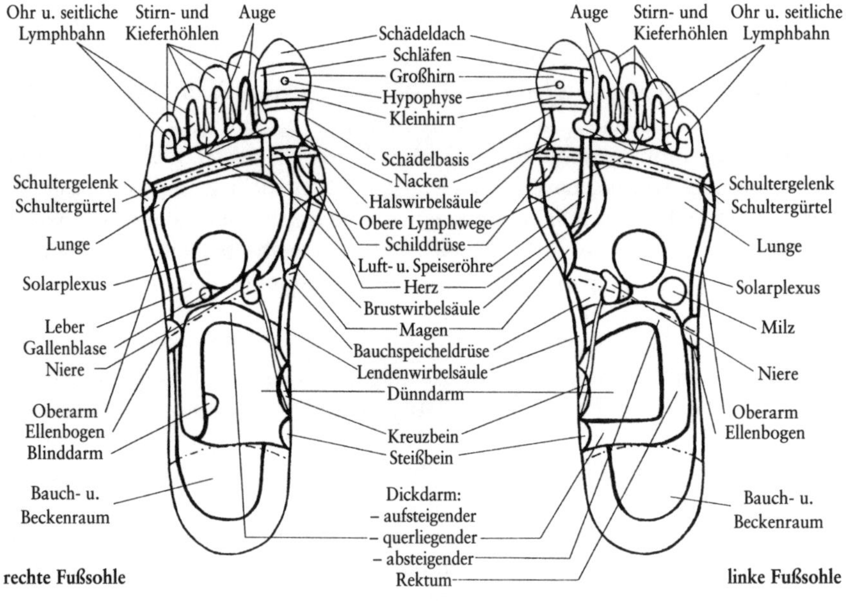

Wenn Sie sich vergegenwärtigen, daß in der DNS, der Trägersubstanz des genetischen Materials, alle Informationen über einen Menschen vorhanden sind, so wie in einem Samenkorn bereits die ganze Pflanze angelegt ist, kann diese Vorstellung verständlicher werden. Die Energieverbindungen sind zwar nicht unmittelbar nachzuweisen, aber wie wir aus der Physik wissen, kann Energie häufig nur in ihren Wirkungen dargestellt werden.

Die Chinesen, die Inder und die Indianerstämme wußten teilweise schon vor über 5000 Jahren den ganzen Menschen über die Füße zu behandeln. Erst Anfang dieses Jahrhunderts hat die amerikanische Masseurin Eunice Ingham dieses Wissen wieder aufgegriffen. Sie arbeitete die noch heute gültigen Schautafeln der Fußreflexzonenmassage aus, indem sie die Zonentherapie von William Fitzgerald zugrunde legte. In Europa hat Hanne Marquart diese Erkenntnisse zu einer wirksamen Behandlungsmethode entwickelt.

Bei der Behandlung zeigen uns schmerzende Stellen an den Füßen, welche Körperteile in ihrem Energiefluß gestört sind. Der Energiefluß ist allen anderen Funktionen übergeordnet. ›Schmerz‹, hat Willi Penzel, der Begründer der Akupunkt-Massage nach Penzel (siehe unten), gesagt, ›ist der Schrei des Körpers nach fließender Energie.‹ Körperbereiche oder Organe, die Energieflußstörungen aufweisen, erkranken irgendwann. Aus funktionellen Störungen werden Organschädigungen.

Ein erfahrener Fußmasseur kann schon durch den Sichtbefund herausfinden, wo etwas nicht in Ordnung ist, welcher Körperteil verspannt oder sogar krank ist. Störungen zeigen sich in Verhornungen, blassen oder schlecht durchbluteten Stellen, Hautrötungen und beim Tastbefund. Jeder Griff der Fußreflexzonenmassage besteht aus zwei Phasen: aus einer dynamischen Bewegung, die in die Gewebetiefe vorgeht, und einem passiven Zurückführen zur Hautoberfläche. Dieses kontinuierliche Ineinandergreifen von aktiver Tätigkeit und passivem Loslassen wiederholt sich in Millimeterabständen und wird dadurch zu einem wellenförmigen Rhythmus, der eine harmonische Energieverteilung im schmerzhaften Fußgewebe erzeugt. Tastimpuls, Intensität und Erspüren des Therapeuten sind dabei von großer Wichtigkeit.

Durch eine solche Massage kann der ganze Körper von Energie durchflutet werden. Da sich in den Füßen Reflexzonen für alle Organe und Körperbereiche befinden, ist es möglich, durch eine Fußreflexzonenmassage alle Organe in ihren Funktionen anzuregen und eine bessere Durchblutung zu bewirken. So können die Atmung verbessert, die Ausscheidungsfunktionen stimuliert, bestimmte Körperbereiche entstaut werden, und es kann sogar eine Ganzkörper-Lymphdrainage über den Fuß erreicht werden. Insofern ist diese Behandlungsmethode eine gute Unterstützung bei einer Entgiftungs- und Entschlackungskur. Der Behandelte kann aufatmen und bekommt im wahrsten Sinn des Wortes wieder Boden unter seine Füße.

Akupunkt-Massage nach Penzel

Bei der Akupunkt-Massage oder APM handelt es sich um eine energetische Behandlung zur Wiederherstellung des Energieflusses, die eigentlich mit Massage nicht viel zu tun hat. Der Energiekreislauf ist allen anderen Körperfunktionen übergeordnet. Entgiftungsvorgänge können nur dann natürlich ablaufen, wenn die im Körper fließende Energie alle Organe gut versorgt.

Willi Penzel hat nachgewiesen, daß viele Beschwerden und Krankheiten die Folge eines gestörten Energieflusses sind. Eine Energieunterversorgung (Leerezustand) zieht Degenerationserscheinungen nach sich, Energieüberversorgung, also ein Energiestau (Füllezustand), fördert die Entstehung von entzündlichen Erkrankungen. Beide unausgewogenen Energiezustände führen zu Schmerzen und irgendwann zu organischen Veränderungen.

Werden durch die APM Hindernisse im Energiefluß beseitigt und der harmonische Energiefluß wiederhergestellt, verschwinden in der Regel die Krankheitssymptome. Degenerationserscheinungen können gestoppt und – je nachdem, wie weit sie fortgeschritten sind – in einigen Fällen rückgängig gemacht werden. Reinigungsvorgänge können angeregt, Fehlstellungen der Wirbel und des Kreuzbeins, die für Rückenschmerzen verantwortlich sind, korrigiert werden.

Ausgeführt wird die Akupunkt-Massage nach Penzel mit einem Massagestäbchen, das in Energieflußrichtung über die Meridiane geführt wird. Es gibt zwölf Hauptmeridiane im Körper, die bestimmten Organen und Organfunktionen zugeordnet sind, sechs sind Yin-Meridiane, sechs Yang-Meridiane (zu Yin und Yang siehe auch Seite 69): Herz (Yin) geht über in Dünndarm (Yang), Dünndarm geht über in Blase (Yang) und Blase in Niere (Yin). Es folgen im gleichen Rhythmus – also immer zwei Yin- und dann zwei Yang-Meridiane – der Kreislauf-Sexus-Meridian (Yin), Dreifacher Erwärmer (Yang), Galle (Yang), Leber und Lunge (beide Yin), Dickdarm und Magen (beide Yang) und Milz-Pankreas (Yin), der in den Herz-Meridian führt. Versorgt werden diese zwölf Meridiane von zwei Energieströmen, dem Lenkergefäß und dem Konzeptionsgefäß, die längs der Mittellinie des Körpers um den ganzen Rumpf laufen.

Der APM-Therapeut wird die Energieflußstörungen diagnostizieren und dann entsprechende Stäbchenreize setzen, um Blockaden zu lösen. Zusätzlich zum Stäbchenreiz werden Akupunkturpunkte mechanisch stimuliert. Dabei wird die Haut nicht verletzt. Diese Punktreize wirken für den Energiefluß wie Schleusentore, die geöffnet oder geschlossen werden können.

Grundsätzlich kann gesagt werden, daß ein Meridian die Aufgabe hat, das Gebiet, über das er fließt, und die Organe, denen er zugeordnet ist, mit Energie zu versorgen. Daraus wird verständlich, daß gerade Reinigungskuren effektiv durch die APM unterstützt werden und sogar Reinigungsvorgänge des Körpers in Gang gebracht werden können. Über den Internationalen Therapeutenverband (siehe Wichtige Adressen im Anhang) können Sie eine Therapeutenliste beziehen.

Kapitel 4
Seelische Reinigung

Man sieht nur mit dem Herzen gut,
das Wesentliche ist für das Auge unsichtbar.

Antoine de Saint-Exupéry

Ballast auf der seelischen Ebene abwerfen

Was spielt sich ab in der Seele?

Die Seele begreife ich als das Bindeglied zwischen Körper und Geist. Das Empfinden von Sympathie und Antipathie, von Wünschen, Begierden und Süchten, von Ängsten und Nöten, von Freude und Leid, Liebe und Haß sowie Mitgefühl und Traurigkeit spielt sich in unserer Seele ab. Zur Palette seelischer Regungen gehören auch Wut und Ärger, Betroffenheit und Stolz, Eifersucht, Verletztheit, Einsamkeit, Depression und innere Leere, Nervosität und Unsicherheit. Manchmal sind wir von Emotionen geradezu überwältigt, und wenn wir ihren Sinn nicht erkennen und sie nicht in Bahnen lenken, wo sie uns dienen können, laufen wir Gefahr, uns von ihnen überwältigen zu lassen. Dann machen wir in der Regel Fehler und werden zu Sklaven unserer Emotionen.

Bevor wir uns dem Thema ›seelische Reinigung‹ zuwenden können, müssen wir uns zunächst einmal unserer Gefühle bewußt werden. Das ist keine leichte Aufgabe. Denn so selten wie die Momente sind, in denen wir die Welt wirklich achtsam wahrnehmen, so selten machen wir uns klar, was wir wirklich fühlen, wünschen und wollen. Äußerlichkeiten machen uns blind, vermeintliche Anforderungen der Gesellschaft, Familie, Arbeitswelt und Erziehung haben unser Selbstbild geprägt. Häufig leben wir ein Leben, das gar nicht unser eigenes ist, das nichts mit dem zu tun hat, was an Fähigkeiten und Möglichkeiten in uns schlummert.

Wissen Sie wirklich, was Sie in und mit Ihrem Leben wollen? Kennen Sie Ihre Wertvorstellungen und leben Sie danach? Wie ist es mit Ihrem Selbstwertgefühl bestellt? Sind Sie sich wirklich bewußt, wer Sie sind und nicht nur was Sie tun, haben oder wie Sie sich fühlen? Kennen Sie Ihre Fähigkeiten und noch ungenutzten Ressourcen? Wissen Sie, welchen seelischen Ballast Sie mit sich herumtragen und warum Sie das tun?

Ich möchte an dieser Stelle eine Geschichte aus der persischen Mystik erzählen, die mich vor langer Zeit stark beeindruckte und mir plötzlich deutlich machte, was ich selbst mit mir herumschleppte.

Ein Wanderer zog mühselig auf einer scheinbar endlos langen Straße entlang. Er war über und über mit Lasten behangen. Ein schwerer Sandsack hing an seinem Rücken, um seinen Körper war ein dicker Wasserschlauch geschlungen. In der rechten Hand schleppte er einen unförmigen Stein, in der linken einen großen Geröllbrocken. Um seinen Hals baumelte an einem ausgefransten Strick ein alter Mühlstein. Rostige Ketten, an denen er schwere Gewichte durch den staubigen Sand schleifte, wanden sich um seine Fußgelenke. Auf dem Kopf balancierte der Mann einen halbfaulen Kürbis.

Bei jedem Schritt, den er machte, klirrten die Ketten. Ächzend und stöhnend bewegte er sich Schritt für Schritt vorwärts, beklagte sein hartes Schicksal und die Müdigkeit, die ihn quälte. Auf seinem Weg begegnete ihm in der glühenden Mittagshitze ein Bauer. Der fragte ihn: ›Oh, müder Wanderer, warum belastest du dich mit diesen Felsbrocken?‹

›Zu dumm‹, antwortete der Wanderer, ›aber ich hatte sie bisher noch nicht bemerkt.‹ Darauf warf er die Brocken weit weg und fühlte sich viel leichter.

Wiederum kam ihm nach einer langen Wegstrecke ein Bauer entgegen, der sich erkundigte: ›Sag, müder Wanderer, warum plagst du dich mit dem halbfaulen Kürbis auf deinem Kopf und schleppst an Ketten so schwere Eisengewichte hinter dir her?‹

Es antwortete der Wanderer: ›Ich bin sehr froh, daß du mich darauf aufmerksam machst, ich habe nicht gewußt, was ich mir da antue.‹ Er schüttelte die Ketten ab und zerschmetterte den Kürbis im Straßengraben. Wieder fühlte er sich leichter.

Doch je weiter er ging, um so mehr begann er wieder zu leiden. Ein Bauer, der vom Feld kam, betrachtete den Wanderer erstaunt: ›Oh, guter Mann, du trägst Sand in deinem Rucksack; doch was du da in weiter Ferne siehst, ist mehr Sand, als du jemals tragen könntest. Und wie groß ist dein Wasserschlauch – als wolltest du die Wüste Kawir durchwandern. Dabei fließt neben dir ein klarer Fluß, der deinen Weg noch lange begleiten wird!‹

›Danke dir, Bauer, jetzt merke ich, was ich mit mir herumgeschleppt habe.‹ Mit diesen Worten riß der Wanderer den Wasserschlauch auf, dessen Wasser auf dem Weg versickerte, und mit dem Sand füllte er ein Schlagloch. Sinnend stand er da und schaute in die untergehende Sonne. Die letzten Sonnenstrahlen schickten ihm die Erleuchtung: Er blickte an sich herab, sah den schweren Mühlstein an seinem Hals und merkte plötzlich, daß der Stein es war, der ihn so gebückt gehen ließ. Er band ihn los und warf ihn, so weit er konnte, in den Fluß.

Frei von seinen Lasten wanderte er durch die Abendkühle, um eine Herberge zu finden.

Emotionen erkennen und lenken

Gefühle, die wir nicht mögen, ignorieren wir häufig, anstatt uns zu fragen, woher diese Emotionen stammen und was sie uns sagen können. Oft zwingen wir uns einfach, ›anders‹ zu fühlen, indem wir uns ablenken.

Der Vorsatz, sich ändern zu wollen, macht keinen Sinn, wenn wir nur die ›Oberfläche‹ verändern. Wenn wir im Fluß des Lebens bleiben wollen, kommen wir nicht umhin, den Kern unserer Probleme anzuschauen. Eine rote Lampe, die in Ihrem Auto aufleuchtet und zum Beispiel Ölverlust anzeigt, drehen Sie auch nicht einfach heraus und fahren weiter, sondern Sie suchen die nächste Werkstatt auf, damit der Störung auf den Grund gegangen und der Schaden behoben werden kann.

Wo wir uns auch hinbegeben, auf welchem Schauplatz des Lebens wir auch agieren, wir nehmen uns immer als ganzen Menschen – als Einheit von Körper, Seele und Geist – mit. Und viele Menschen stehen auf wechselnden Schauplätzen immer wieder vor den gleichen Problemen. Wenn sie sich fragen würden, welche Aufgabe diese wiederkehrenden Probleme beinhalten, kämen sie der Lösung schon näher.

Wir können durchaus lernen, Gefühle zuzulassen und anzunehmen. Erst dann können wir erkennen, daß wir unseren Gefühlen nicht hilflos ausgeliefert sind. Im Grunde geht es darum, ein inneres Selbstgefühl zu entwickeln, das es uns auch in schwierigen Situationen ermöglicht, uns gut zu fühlen und möglicherweise sogar über uns selbst hinauszuwachsen, was ein noch stärkeres Selbstwertgefühl vermittelt. Wer seine innere Fülle in jeder Situation aufrichtig und bewußt lebt, wird eine tiefe Zufriedenheit erfahren.

Die Flucht in die Sucht

Das Beiseiteschieben von negativen Gefühlen ist ein Trugschluß mit Folgen, denn diese Gefühle stauen sich in unserem Unterbewußtsein. Gefährlich wird es gar, wenn wir Gefühle zu betäuben versuchen, da dieser Versuch nicht selten in die Sucht führt. Am Beispiel des Alkohols möchte ich diesen Mechanismus anschaulich machen.

Alkohol, das am weitesten verbreitete Rauschmittel der Menschheit, entsteht durch Gärung, das heißt, der Zucker wird in eine leicht brennbare, flüchtige Substanz umgewandelt. Zucker wird in Pflanzen durch Sonnenwärme und Licht gebildet. Alkohol umgeht im Organismus den entgiftenden Prozeß der Verdauung. Er gelangt direkt ins Blut und ruft dadurch ein Gefühl von Durchwärmung und Leichtigkeit hervor – einen ›lichthaften Zustand‹. Zucker als die Hauptenergiequelle des Körpers hat eine besondere

Beziehung zur Leber, zur Muskulatur und zum Gehirn. Das gleiche gilt für Alkohol, aber im Gegensatz zu Zucker nicht in einer belebenden, wach machenden Form, sondern in einer das Bewußtsein lähmenden und auflösenden Weise. Alkoholeinfluß trübt den klaren Geist. Wird der Alkoholkonsum übertrieben, werden die Ich-Kräfte – Bewußtsein, Erinnerungsvermögen, Besonnenheit, Selbstkontrolle und Kontinuität – verdrängt, Distanzverlust, Vernebelung, Sentimentalität und Egoismus treten an ihre Stelle. Alkohol entzündet förmlich Gefühle in uns, die wir uns bei klarem Verstand nicht eingestehen oder die wir nicht zulassen würden. Er bringt verdrängte Gefühle an die Oberfläche. Das kann sich in übermütiger Ausgelassenheit und Albernheit äußern, aber auch in Aggressivität und Brutalität.

Daß Alkohol auch auf der körperlichen Ebene Schaden anrichtet, soll hier nicht unterschlagen werden. Die reduzierte Leistungsfähigkeit nach einer durchzechten Nacht ist der spürbare Beweis dafür. Bei Alkoholmißbrauch werden mit der Zeit Leber, Nervensystem und Gehirn ruiniert.

In einer Welt der Versachlichung bleiben echte Gefühle wie Zärtlichkeit, Liebe und Mitgefühl, Traurigkeit oder Wut zunehmend auf der Strecke. Wenn kaltes Kalkül Menschlichkeit und Aufrichtigkeit immer mehr verdrängt, entsteht innere Leere. Alkohol vermag diese Leere vermeintlich zu füllen, doch in Wirklichkeit verhindert er wie alle anderen Drogen und Rauscherlebnisse, die das Bewußtsein schwächen, daß wir im Hier und Jetzt leben.

Das gilt auch für viele Psychopharmaka. Nach der Einnahme dieser Arzneimittel, die die Aktivität des zentralen Nervensystems beeinflussen können, glaubt man sich von schlechten Gefühlen befreit. Der Schein trügt jedoch. Diese Medikamente sind nicht in der Lage, unsere Seele zu ›reinigen‹, sondern sie betäuben unsere Bereitschaft, uns aktiv mit Problemen auseinanderzusetzen. Nach Absetzen der Mittel kehren in der Regel die Krisen zurück, und wir müssen unseren Körper zusätzlich von den Medikamenten- und Drogengiften säubern.

Therapien können helfen

In dir muß brennen, was du in anderen entzünden willst.

Augustinus

Menschheitsentwicklung ist auch Bewußtseinsentwicklung. Mit wachsendem Bewußtsein wächst auch unser Verantwortungsgefühl für uns selbst und für die Welt, in der wir leben. Dieser Prozeß verursacht auch Schmerz. Die Unschuld des Kindes geht verloren.

Wer sein Leben aktiv gestalten möchte, muß mit ›Be-geisterung‹ an seine Aufgaben gehen – sie also ›mit Geist erfüllen‹. Das geht nur, wenn wir uns vorher von krankmachenden, lähmenden Auswirkungen unserer Emotionen befreien. Manchmal ist das nicht allein zu schaffen, sondern nur mit Hilfe von außen. Mitunter können diese Hilfe schon gute Freunde leisten, die auch in der Lage sind, Abstand zu wahren. In anderen Fällen ist therapeutische Hilfe nötig.

Diese kann Psychotherapie sein oder eine künstlerische Therapie. Sie kann darin bestehen, Meditation (siehe Seite 157 ff.) zu praktizieren oder Trauerarbeit zu leisten. Therapeutische Mittel wie die Bach-Blüten (siehe Seite 126 ff.) oder Aura-Soma-Essenzen (siehe Seite 128 ff.) können seelische Reinigungsvorgänge in Gang bringen und unterstützen. Im weitesten Sinn ist auch die Beichte Therapie, denn das auszusprechen, was ein schlechtes Gewissen macht, bewirkt Seelenreinigung. An die Stelle der Beichtväter sind heute allerdings häufig die Therapeuten getreten.

Meines Erachtens wird die Musiktherapie zukünftig an Bedeutung gewinnen. Vor allem klassische Musik, und hier besonders die Werke von Bach, Mozart und Beethoven, löst Empfindungen aus, die zu tiefer Erkenntnis führen können. Vielleicht haben Sie die befreiende Wirkung von Musik selbst schon einmal erfahren. Tanz- und Bewegungstherapie sind ebenfalls mögliche Wege, sich selbst zu entdecken und über innere Begrenztheiten hinauszuwachsen, um hinderliche Muster, selbstzerstörerische Verhaltensweisen, negative Gefühle oder immer wiederkehrende Reaktionen zu transformieren. Auch die klassische Homöopathie (siehe Seite 130 f.) kann dabei eine große Hilfe sein.

Das Unbewußte bewußtmachen

Probleme sind lediglich die Pole, zwischen denen sich die fürs Leben nötige Spannung erzeugt.

Hermann Hesse

Es gibt viele Wege, zu den Wurzeln unseres Seins vorzudringen und das, was ›im Schatten‹ liegt, das heißt, nicht bewußt ist, aber dennoch hinter dem Sichtbaren und Scheinbaren unseres Verhaltens existiert, aufzudecken. Körper- und seelenorientierte Therapieformen, die dem Unterbewußtsein Raum geben, sich mitzuteilen, bringen uns auf den Weg, unsere Seele zu befreien. Verdrängte Pole unseres Wesens können durch diese Formen der Therapie ins Licht gerückt und – was noch wichtiger ist – erlebt werden. So wird uns unser persönliches Schicksal und das, was wir daraus machen, erfahrbar und verständlich – fern aller Moralgebote, Normen, Wertungen und Schuldzuweisungen.

Durch das Anschauen und Erleben der in uns vorhandenen Energie- und Bewußtseinsstrukturen, der Hemmungen, Blockaden, Spannungen und Möglichkeiten wird ein psychischer Prozeß in Gang gesetzt, Eigenverantwortung zu übernehmen und seelische als auch körperliche Symptome wirklich zu heilen, indem ihnen die Grundlage entzogen wird.

Die Möglichkeit, das Leben zu verändern, liegt darin, die Polarität in sich selbst zu erkennen, zu durchleben und in die eigene Persönlichkeit zu integrieren. Erst dann können wir mehr und mehr aus der eigenen inneren Quelle schöpfen und den Weg des Herzens gehen, der uns zeigt, was wir wirklich wollen und sollen, erst dann können Heilung und Freiwerden im Sinne eines Ganzwerdens stattfinden.

Therapie als Akt der Liebe

Jeder Mensch kann erst in Freiheit zum anderen finden,
wenn er zu sich selbst gefunden hat.

Therapie ist ein wichtiger Schritt in Richtung größerer Bewußtheit, der dem Gesetz der eigenen Entwicklung dient. Therapie kann den Menschen aus seiner ängstlichen Erstarrung und seinem Sicherheitsbestreben heraus- und in einen Prozeß der freiwilligen Wandlung hineinführen. Therapie kann seelische Energien freisetzen, die wir in unserem Alltag, Beruf und in unseren Beziehungen konstruktiv und kreativ nutzen können.

Eine gute Therapie wird stets im Einklang mit der Individualität und individuellen Energiestruktur praktiziert. Das zentrale Thema wird immer das im Bereich des Unbewußten liegende Grundproblem des Klienten sein. Diese Problematik gilt es zu lösen.

Wenn Therapie ein Akt der Liebe ist, dann sucht sie Sinn. Sinn und Authentizität befähigen zur Sinnlichkeit, zum Hören der inneren Stimme, zum Ertragen von Widersinn und Leid, zu Humor, zur Emotion des Herzens, zu Spiritualität, zu Vertrauen ins Leben, zu Liebe und zum Schwimmen im Fluß des Lebens.

Selbsthilfemaßnahmen zur Reinigung der Seele

Biographische Arbeit

Ein gebildeter Mensch ist ein Mensch, der viele Bilder hat.

Der Weg der seelischen Reinigung kann damit beginnen, unsere Biographie rückwärts gehend zu betrachten, um einen Blick dafür zu bekommen, in welchem Zusammenhang unsere Lebensfragen und Schicksalsereignisse, unsere Stimmungen und Verhaltensweisen mit unserem Lebenslauf stehen. Jeder Mensch kann Ereignisse, die Entwicklung auslösen, selbst herbeiführen. Das geht nur, wenn wir nicht rein emotional und für den Augenblick reagieren, sondern mit Wachheit an der Überwindung von Widerständen arbeiten. Diese Widerstände können in uns selbst liegen oder von außen kommen. Manchmal sind sie in unserem Temperament begründet, manchmal in unserem Denkmuster, sie haben mit unseren Gewohnheiten, Begabungen oder Schwächen zu tun. Wir müssen uns dann von möglicherweise übernommenen Wertvorstellungen und Einstellungen verabschieden, um uns neu für etwas zu entscheiden.

Bei der biographischen Arbeit geht es darum, den inneren Zusammenhang aller Ereignisse in seiner Dynamik zu ergründen. Wer das tut, wird davon loslassen können, alles im Griff haben zu wollen. Er wird vielmehr die eigenen Wünsche und Emotionen in Willensimpulse lenken und die Fügungen des Schicksals als Aufforderung erkennen, die seelisch-geistige Kraft zu entwickeln, die das Leben weiterbewegt. Die Frage ›*Warum* passiert mir das?‹ wird durch die Frage ›*Wozu* passiert mir das?‹ ersetzt. Der Sinn der Ereignisse wird deutlich.

Natürlich ist diese Arbeit nicht in wenigen Tagen getan. Sie setzt den Willen voraus, das Alte loszulassen, seien es Erfahrungen oder Wissen, seien es Gewohnheiten, Ängste oder Süchte.

Biographische Arbeit ist mit ausgebildeten Beratern natürlich leichter zu bewerkstelligen als allein. Mit der ›Technik‹ des Lebenslaufs, wie sie im Kapitel Geistige Reinigung beschrieben ist (siehe Seite 155 f.), haben Sie aber ein hilfreiches Mittel zur Hand, um Schritt für Schritt mehr Einblick in und damit mehr Überblick über Ihre Biographie zu bekommen.

Schreiben

Eine ›Therapie‹, die mir persönlich sehr geeignet erscheint, die Seele zu reinigen, ist das Schreiben. Vieles was uns bedrückt oder schmerzt, was uns freut oder was wir nicht verstehen, können wir uns von der Seele schreiben. Schreiben ist ein Akt der Befreiung, und was freigesetzt wird, verliert in gewissem Sinn seine Macht über uns. Es kann geradezu Wunder wirken, sich schreibend mit tiefgehenden Fragen und Erlebnissen auseinanderzusetzen. Schreiben befähigt uns, unbewußte, verborgene Seiten des Lebens abzuarbeiten, persönliche Erfahrungen bewußt zu analysieren und dem Leben eine neue Richtung zu geben. Beim Schreiben können wir innehalten, Vergangenes reflektieren und Überflüssiges ablegen.

Papier ist geduldig und nimmt alles an, ohne es zu hinterfragen. Bei der schriftlichen Auseinandersetzung müssen wir nicht unser Gesicht wahren oder Haltung bewahren, wir können Fragen im Raum stehen lassen und Anworten erst einmal schuldig bleiben.

Außerdem hat Schreiben den Effekt, daß wir uns nach einer gewissen Zeit den früher so drängenden Themen noch einmal zuwenden können. Ich stelle immer wieder fest, wie sehr sich die Dinge mit der Distanz doch relativieren. Vieles, was ich vor langer Zeit aufgeschrieben habe, hat sich in meiner Erinnerung anders eingeprägt. Das Nachlesen dokumentiert, wie sich im Laufe des Lebens die Wertigkeiten verschieben und die Einstellungen ändern. Ich kann heute im nachhinein erkennen, daß ich früher manches allzu wichtig genommen habe. Ich kann aber auch erkennen, daß schwere Schicksalsschläge notwendig waren, um an meinen Aufgaben zu wachsen. Viele meiner heutigen Erkenntnisse resultieren unter anderem auch aus dem Rückblick auf vergangene Ereignisse und den daraus – häufig erst viel später – gewonnenen Einsichten. Ich kann das Leben immer mehr als Entwicklungsweg begreifen und die Sicherheit in mir entstehen lassen, daß alles einen Sinn macht. Gewachsen sind meine Gelassenheit, Dinge, die ich nicht ändern kann, hinzunehmen, mein Mut, Dinge zu verändern, die veränderbar scheinen, und meine Fähigkeit, das eine vom anderen zu unterscheiden.

Im Fluß des Lebens zu bleiben heißt, das Leben in seiner ganzen Lebendigkeit zu erfahren und zu leben, sich einer sinnvollen Aufgabe und der Freude hinzugeben, aber auch das Leid zu akzeptieren und sich in allem das Staunen zu bewahren und die Fähigkeit zu Demut und Dankbarkeit. Schreiben kann dabei wunderbare Dienste leisten.

Entspannung als Voraussetzung für seelische Gesundheit

Die Fähigkeit zur Entspannung ist ein Schutzmechanismus, der den Organismus vor schädlichen Streßfolgen bewahrt. Positiver Streß, also ein gesundes Maß an Anforderung, spornt an und beflügelt. Doch negativer Streß, also ständige Überlastung, ist ein hoher Risikofaktor für die Gesundheit.

Entspannung ist eine elementare Voraussetzung für seelische Reinigung. Alle Entspannungstechniken verfolgen letztlich das gleiche Ziel: über den Zustand der körperlichen Entspannung zu seelischer und geistiger Ausgeglichenheit zu finden. Normalerweise verschwenden wir für unsere Unterdrückungsmechanismen ungeheure Energien. Entspannung, wodurch auch erholsamer Schlaf erst möglich wird, unterstützt das erfolgreiche Konfrontieren und Integrieren der eigenen Verhaltensmuster. Nur über eine ruhige Haltung des inneren Gewahrseins sind wir in der Lage, das eigene Wesen und das Wesen der Mitmenschen, der Natur und der Welt zu begreifen.

Ganz allgemein lassen sich zwei Spannungstypen unterscheiden: Menschen, die in der oberen Körperhälfte verspannt sind, leiden häufig unter einer Handlungsschwäche, die auf Starrsinn beruht. Oder sie gehören zu den ›ewigen Machern‹, was ihrer Persönlichkeitsentwicklung ebenfalls im Wege steht. Rein äußerlich betrachtet sind diese Menschen oft sehr erfolgreich. Der Erfolg geht jedoch zu Lasten ihrer Gefühlswelt. Menschen, die in der unteren Körperhälfte verspannt sind, haben oft ein weiches, liebenswürdiges Wesen, allerdings Probleme, auf ihrem Weg voranzukommen.

Die Balance zwischen Anspannung und Entspannung

Bei Streß laufen ganz bestimmte körperliche und geistig-seelische Prozesse ab: Der Blutdruck steigt, die Atmung beschleunigt sich, es kommt zu einer Minderdurchblutung des Gehirns, die geistige Blockaden und Kopfschmerzen bewirken kann. Auch schmerzhafte Muskelverspannungen sind typische körperliche Streßsymptome. Auf der seelischen Ebene macht sich Streß durch Angstzustände, Unbehagen und Unruhe bemerkbar.

Durch Entspannungsmethoden kann das Streßgeschehen beeinflußt und eine Senkung des im weitesten Sinne krankhaft gesteigerten Erregungsniveaus erreicht werden. Der Effekt der Entspannung beruht auf seiner gegensätzlichen Wirkung zu den genannten Zuständen. Es kommt über eine Regulierung des allgemeinen Spannungszustands zu einer Spannungsbalance.

Entspannung läßt sich lernen

Entspannung läßt sich durch vielerlei Methoden erlernen, etwa über Tai-Chi, Yoga, Autogenes Training, die Alexander-Technik oder durch Formen der Atemtherapie. Alle diese Entspannungstechniken erlernt man am besten unter Anleitung eines geschulten Therapeuten. Auch die Volkshochschulen bieten häufig entsprechende Kurse an.

Die Beeinflussung des Streßgeschehens setzt tägliches Üben voraus. Es ist besser, jeden Tag 5 bis 10 Minuten zu üben als einmal in der Woche eine längere Zeit. Optimal ist eine Übungszeit von 15 bis 20 Minuten pro Tag. Es hat sich als sehr effektiv erwiesen, immer zur gleichen Zeit zu üben, zum Beispiel morgens nach dem Aufstehen oder abends vor dem Schlafengehen, um das Training als festen Bestandteil in den Tagesablauf zu integrieren.

Übung zur Progressiven Muskelentspannung

Wenn in Streßphasen das Nervensystem auf Hochtouren arbeitet, werden die Muskeln veranlaßt, sich öfter als normal zusammenzuziehen – was letztlich zu schmerzhaften Verspannungen führt. Mit der Technik der Progressiven Muskelentspannung, bei der nacheinander alle Muskelgruppen des Körpers bewußt angespannt und anschließend langsam wieder gelöst werden, lassen sich geistiges und körperliches Wohlbefinden rasch wiedergewinnen:

Legen Sie sich in einem ruhigen Raum auf eine Liegemöglichkeit oder auf den Boden, ziehen Sie am besten die Schuhe aus, und lockern Sie enge Kleidung. Beginnen Sie damit, etwa 5 Sekunden lang die Augenbrauen zu heben und die Stirn zu runzeln. Wenn Sie die Gesichtspartie anschließend wieder entspannen, werden Sie bereits den Unterschied feststellen. Spannen Sie dann systematisch der Reihe nach alle Muskelgruppen des Körpers an, und entspannen Sie sie anschließend wieder: die Augen zusammenkneifen, den Mund weit aufreißen, die Zähne aufeinanderbeißen, die Schultern heben, die Armmuskeln anspannen, die Hand zur Faust ballen, den Bauch einziehen und so weiter bis hinunter zu den Zehen. Nehmen Sie sich für diese kontrollierte An- und Entspannung 10 bis 15 Minuten Zeit.

Heilmittel zur seelischen Reinigung

Erst wenn der Suchende bereit ist, erscheint der Lehrer.

Bach-Blüten

Gesundheit setzt den Einklang von Körper, Seele und Geist voraus. Schon zu Zeiten von [10]Hippokrates, [11]Paracelsus und [12]Hahnemann stand außer Frage, daß der Zustand des Denkens und Fühlens Krankheitsprozesse beeinflussen kann. Negative Gefühle sind häufig der Beginn eines körperlichen Leidens.

Den englischen Arzt und Bakteriologen Edward Bach (1880–1936) bewegte stets der Grundsatz ›Behandle den Menschen und nicht die Krankheit‹. Nach jahrelangen Forschungen kam er zu dem Schluß, daß Krankheit die körperliche Manifestation negativer Gemütszustände sei und eine tiefe Disharmonie von Körper, Seele und Geist die Vitalität des Menschen so beeinträchtige, daß er seine natürlichen Widerstandskräfte verliere. Bach, der in saftig-grünen Landstrichen Englands lebte, machte in der Natur stets die Erfahrung besonderer innerer Ruhe und Harmonie. Das brachte ihn auf die Idee, daß die Heilmöglichkeiten krankheitsverursachender Zustände in den Bäumen, Sträuchern, Blumen und Kräutern der freien Natur zu finden sein müßten. Er entwickelte ein Sortiment von 38 Heilmitteln, die bis auf eine Ausnahme alle aus den Teilen blühender Pflanzen hergestellt wurden.

Um die energetischen Kräfte der Pflanzen für den Menschen nutzbar zu machen, legte Bach die Blüten am natürlichen Standort in reines Quellwas-

[10] Der griechische Arzt (460–377 v. Chr.) begründete die wissenschaftliche Heilkunde, indem er aufgrund sorgfältiger Beobachtungen behandelte und scharf zwischen Ursachen und Erscheinungen eines Leidens zu unterscheiden wußte. Er faßte seine ethischen Grundsätze im Eid des Hippokrates zusammen, dessen Inhalt auch allen heutigen Ärzten noch verbindlich ist.

[11] Der deutsche Arzt und Naturforscher der beginnenden Neuzeit (gest. 1541) erkannte die Bedeutung der physikalischen und chemischen Grundlagen allen Lebens und forderte, daß jede Krankheit leiblich, seelisch und geistig kuriert werden müsse.

[12] Der deutsche Arzt (1755–1843) schuf mit seinem Werk ›Organon der rationellen Heilkunde‹ die Grundlagen der heutigen Homöopathie.

ser, das er der direkten Sonnenstrahlung aussetzte. Da Wasser ein hervorragender Informationsüberträger ist, wird dieses Wasser sozusagen mit der den Blüten innewohnenden Kraft ›imprägniert‹. Die Urtinktur der Bach-Blüten ist so entstanden. Bis heute hat sich an dieser Herstellungsmethode nichts geändert.

Wann können Bach-Blüten helfen?

Bach sagte einmal: ›... die Bach-Blüten vermögen unser Wesen zu erheben und unserer Seele näherzubringen ... Sie heilen, nicht, indem sie die Krankheit bekämpfen, sondern weil sie unseren Körper mit den herrlichen Schwingungen unseres höheren Wesens erfüllen, in deren Gegenwart die Krankheit dahinschmilzt wie Schnee in der Sonne.‹ Bach-Blüten sind dazu gedacht, emotionale und psychische Spannungen zu harmonisieren. Verdünnt in Tropfenform eingenommen, können Bach-Blüten seelische Blokkaden auflösen und in positive Energien verwandeln. Sie sind ein Mittel, das unmittelbar auf die Seele wirkt.

Die 38 Bach-Blüten werden in sieben Hauptgruppen emotionaler und psychischer Zustände unterteilt:

- Angst
- Unsicherheit
- Ungenügendes Interesse an der Gegenwartssituation
- Einsamkeit
- Überempfindlichkeit gegenüber Einflüssen und Ideen
- Mutlosigkeit und Verzweiflung
- Übermäßige Sorge um das Wohl anderer

Innerhalb dieser Gruppen sind verschiedene Bach-Blüten jeweils weiteren Seelen- und Gemütszuständen zugeordnet. Außerdem gibt es eine Mischung aus fünf Blüten, die als Notfalltropfen (Rescue) bezeichnet werden. In Deutschland sind Bach-Blüten verschreibungspflichtig.

Im Bach Centre im englischen Mount Vernon werden Anfragen und Behandlungsergebnisse aus aller Welt veröffentlicht. Auch in Deutschland gibt es eine Niederlassung des Bach Centre (siehe Wichtige Adressen im Anhang); dort kann man Ihnen Fachleute nennen, die Mitglieder des ›Arbeitskreises für Bach-Blüten-Therapie‹ sind. In einer vom Bach-Centre veröffentlichten Übersicht über das Original-Bach-Blüten-System tragen die Blüten neben ihrem Pflanzennamen Zusatzbezeichnungen, die ihr Wirkungsspektrum deutlich machen. So wird die Blütenessenz Nr. 6 Cherry Plum (Kirschpflaume) auch Loslaßblüte genannt oder die Bach-Blüte Nr. 10 Crab Apple (Holzapfel) als Reinigungsblüte bezeichnet. Nr. 11 Elm (Ulme) ist die Verantwortungsblüte, Nr. 16 Honeysuckle (Geißblatt) die Vergangenheitsblüte.

Von unzähligen Patienten und Behandlern gibt es mittlerweile Berichte über faszinierende Erfolge dieser unschädlichen Arzneimittel. Daß ihre Anwendung auch bei Pflanzen und Tieren den gewünschten Erfolg bringen kann, sollte selbst größte Skeptiker überzeugen. Wer bereit ist, sich den energetischen Kräften dieser Essenzen zu öffnen, wird die Veränderungen spüren. Ich halte Bach-Blüten für ein gutes und zeitgemäßes Mittel, sich von negativen Gemütszuständen zu befreien, die Seele zu reinigen und Krankheiten vorzubeugen. Allerdings konnte ich auch beobachten, daß die Blütenessenzen bei Menschen mit einer völlig verhärteten inneren Einstellung, bei einer krankmachenden Lebens- und Ernährungsweise oder dem Mißbrauch von Tabletten und Drogen jeglicher Art so gut wie keine Wirkung zeigten.

Mittlerweile gibt es viele angeblich ähnlich wirksame Essenzen auf dem Markt, die zum Teil regelrecht unerlaubte Verdünnungen der Bach-Blüten sind oder aus anderen Blüten und Pflanzen hergestellt wurden. Auch soll mit Hilfe bestimmter Apparate die natürliche Schwingung der Essenzen noch gesteigert werden. Meine guten Erfahrungen gehen allein auf die Original-Bach-Blüten zurück, daher möchte ich vor einem unkritischen Umgang mit den verschiedenen Angeboten warnen.

Aura-Soma

Bei Aura-Soma handelt es sich um eine Kombination von Heilkräften durch Farben, Pflanzen und Edelsteine. ›Aura-Soma‹ soll ausdrücken: ›Das Licht manifestiert sich in lebendigen Energien.‹ Die Grundelemente sind die der Aroma-Therapie, der Farb- und Lichttherapie und der Edelsteintherapie. Aura-Soma wirkt auf die Seele, wobei die Farbe das Tor zu Ausgleich und Heilung darstellt. Störendes wird auf sehr sanfte Weise mit einer vergleichbaren ›störenden‹ Vibration behoben. Die Aura, das jeden Menschen umgebende Energiefeld, das ein subtiles Spektrallicht erzeugt und durch ein spezielles Fotoverfahren, die Kirlian-Fotografie, sichtbar gemacht werden kann, regeneriert sich, indem ihr die Farben zurückgegeben werden, die ihr fehlen.

Diese ›Therapiemethode‹ wurde von der englischen Pharmazeutin Vicky Wall (gestorben 1991) begründet. Seit Beginn der 90er Jahre wurde Aura-Soma auch in Deutschland zunehmend bekannt. Vicky Wall hatte einen tiefreligiösen Vater, der sich mit den mystischen Aspekten der Bibel beschäftigte und über ein großes Wissen um die Heilkraft von Pflanzen verfügte. Schon in ihrer Kindheit hatte Vicky Wall außersinnliche Erlebnisse durch ›innere Schau‹ und konnte die Aura von Menschen sehen, ohne daß sie damals wußte, worum es sich handelte. In ihrer Jugendzeit stand sie dreimal an der Schwelle des Todes. Später verlor sie ihr Augenlicht und mußte in den vorzeitigen Ruhestand gehen. Im Alter von 66 Jahren entwickelte sie durch nächtliche Eingebungen die ersten Aura-Soma-Essenzen; die Wahrnehmungsfähigkeit von Farben hatte Vicky Wall trotz ihrer Erblindung nicht verloren.

Bei den ursprünglich 89 ›Balance-Ölen‹ handelt es sich jeweils um eine farbige, ölige Flüssigkeit (Traubenkernöl), die über einer andersfarbigen, wäßrigen Flüssigkeit (Quellwasser aus dem englischen Galstonburry) schwimmt. Nur in einer einzigen Flasche sind beide Schichten klar. Diese Flasche enthält die Energie reinen Lichts und zeigt nach Anwendung des Inhalts häufig tiefgreifende, reinigende Effekte beim Benutzer. Die Bestandteile aller Aura-Soma-Produkte sind rein natürlichen Ursprungs und enthalten neben Wasser und naturreinen Trägerölen Farben, ätherische Öle und Edelsteinenergien.

Wie wirkt Aura-Soma?

Die Balance-Öle wirken über die leuchtenden Farben und den Duft sowie auf feinstofflicher Ebene auch über die Energien der Edelsteine. Auf den Körper aufgetragen, dringen sie durch die Haut ins Lymphsystem und in den Blutkreislauf ein. Es gibt für jedes Balance-Öl körperliche, emotionale und geistige Zuordnungen sowie Anweisungen zur Anwendung, zum Beispiel auf ganz bestimmten Körperzonen. Mittlerweile ist die Palette um viele Öle erweitert worden.

Aura-Soma liegt unter anderem die Überzeugung zugrunde, daß die Entwicklung von Selbsterkenntnis durch Farben möglich ist. Neu ist diese These nicht, denn die Heilung durch Farben gab es schon im Altertum und zu Goethes Zeiten. Die Farbkombinationen, die den Kern des Aura-Soma-Systems darstellen, sind ein Spiegel der Seele. Der Teil in uns, der durch die Farbe unmittelbar angesprochen wird, berührt den Teil in uns, der durch die Farbe entwickelt werden kann. Die Botschaften der Seele, die in den Farben enthalten sind, können zugänglich gemacht werden. Unsere Reaktionen auf die Farben zeigen uns unsere Befindlichkeit und unseren ›Standpunkt‹ auf. Die Inhaltsstoffe und Energien fördern den Prozeß der Bewußtseinsentwicklung. Licht ist Energie, und jede Schwingungsebene entspricht einer bestimmten Farbe des Regenbogens. Indem wir uns mit dem Inhalt der jeweiligen Flasche einreiben, erhält unsere Aura angeblich genau die Energien, die wir für unsere Entwicklung brauchen. Das Öl unterstützt unseren Entwicklungsprozeß und hält ihn im Fluß.

Neben den Balance-Ölen hat Vicky Wall noch sogenannte Pomander und Quintessenzen entwickelt, die beide auf Alkoholbasis hergestellt werden. Pomander sind in erster Linie dazu gedacht, dem Menschen, der sich in einem Prozeß der Öffnung befindet, Schutz zu geben. Die Quintessenzen sollen großes, inneres Wachstum ermöglichen und den Menschen für bisher völlig unbekannte Bereiche öffnen.

Es gibt zur Zeit keine verstandesmäßig einleuchtende Erklärung für die Wirkungen dieser Essenzen. Wir haben es hier mit etwas zu tun, das außerhalb unserer ›normalen‹ Wahrnehmungsfähigkeit liegt. Eine Teilerklärung, die Vicky Wall selbst zum Wirkmechanismus der von ihr entwickelten Balance-Essenzen gegeben hat, lautet, daß die Wellenlänge der Farben auf die elektromagnetische Ausstrahlung des Körpers synchronisiert wird.

Meines Erachtens bedarf es einer intensiven Beschäftigung mit diesem Thema, bevor es Sinn macht, Aura-Soma anzuwenden. Sicher ist es eine Illusion zu glauben, durch die unreflektierte Anwendung ›Wunder‹ bewirken zu können. Es gibt Aura-Soma-Berater, die mit Ihnen gemeinsam Ihre individuellen Öle herausfinden. Der Berater ist dabei nur der ›Übersetzer‹ der vom Klienten gewählten Farbkombinationen, indem er die Bedeutungen der gezogenen Flaschen bespricht. Die Entscheidung liegt ausschließlich beim Klienten. Ich selbst greife immer wieder zu den Ölen und Essenzen und kann durchaus eine positive Wirkung wahrnehmen.

Homöopathie

Homöopathie ist der Name für ein medizinisches System, das gegen Ende des 18. Jahrhunderts von dem deutschen Arzt Samuel Hahnemann begründet wurde. Hahnemann formulierte das Prinzip ›Similia similibus curantur‹, zu deutsch: ›Ähnliches wird mit Ähnlichem geheilt.‹ Bei diesem Heilprinzip wird dem Patienten ein Arzneimittel verordnet, das beim Gesunden genau die Krankheitssymptome hervorrufen würde, unter denen der Patient leidet.

Hahnemann entdeckte außerdem, daß die Kraft einer Substanz nicht in ihrem Material liegt, sondern in einer Art immanentem Muster oder Information. Je weiter durch stufenweises Verdünnen – das Potenzieren – die Materie (aus) der Substanz entfernt wird, desto größer wird die Heilkraft der Information oder des Musters. Als Informationsträger können Alkohol, Wasser oder Milchzucker dienen. Hinter jedem homöopathischen Mittel steckt also ein ›Wesen‹, das auf den verschiedensten Ebenen tiefe Heilimpulse vermitteln kann. Die Aufgabe eines Homöopathen ist es, den Menschen in seiner körperlichen, seelischen und geistigen Ganzheit zu betrachten und dasjenige Mittel zu finden, das individuell auf die Symptome wie auf die Persönlichkeit des Menschen abgestimmt ist.

Das Grundprinzip der Homöopathie, meist giftige Arzneien so zu verdünnen, daß sie nicht mehr schädigen können, sondern Krankheitszustände zur Heilung provozieren, wurde mir zum ersten Mal deutlich, als mein kleiner Sohn im Alter von zwei Jahren einen gefährlichen Brechdurchfall hatte. Er bekam das Mittel ›Ipecacuanha‹ (Brechwurz), das unverdünnt eingenommen starken Brechreiz auslöst. In der homöopathischen Verdünnung bewirkt es eine Gegenreaktion des Körpers. Das Erbrechen wurde sofort nach Einnahme der ersten Kügelchen (Globuli) gestoppt.

Die Wirkung des passenden homöopathischen Arzneimittels setzt indirekt ein, der Organismus reagiert selbsttätig. Eine homöopathische Arznei ist also nicht stark oder schwach, sondern es kommt allein auf die richtige ›Wellenlänge‹ an. So wie zu einem bestimmten Schloß nur ein bestimmter Schlüssel paßt, gibt es in der Homöopathie für einen Menschen mit seinen subjektiven Veranlagungen und Empfindungen, seiner persönlichen Konstitution und Vorgeschichte jeweils ein passendes Mittel. Einige Zeit später kann ein anderes Mittel nötig sein, da der Mensch sich verändert hat und etwas Neues zur Weiterentwicklung ansteht. Nebenmittel können darüber hinaus dazu beitragen, seine Entfaltung abzurunden. Der Mensch erfährt durch das richtige Mittel sozusagen eine ›Umschulung‹ zur Gesundheit.

Gerade wenn es um Reinigung geht, also darum, den Lebensfluß wieder in Gang zu bringen, kann die Wirkung sehr schnell eintreten. Vorübergehende Verschlimmerungen sind als Heilreaktionen zu bewerten und ein gutes Zeichen für den beginnenden Behandlungserfolg. Da der ganze Mensch durch homöopathische Medikamente angesprochen wird, ergeben sich die Wirkungen im seelischen Bereich automatisch. Wenn Sie Zweifel haben, bedenken Sie, daß auch ein ganz kleiner Schlüssel eine große Tür öffnen kann. Im Fall der Homöopathie ist es gerade das ›Wenige‹, das große Veränderungen erzielen kann. Voraussetzung ist jedoch auch hier die Bereitschaft, sich auf einen Wachstums- und Lernprozeß einzulassen und eine weitgehend gesunde Lebensweise zu pflegen.

Psychotherapien zur seelischen Reinigung

Therapie ist nicht Beseitigung von Störungen, sondern Wiederherstellung der Einheit.

Viele psychotherapeutische Richtungen suchen in der Vergangenheit eines Menschen nach den Ursachen für gegenwärtige Lebensprobleme. Wie schon bei der biographischen Arbeit gesagt, ist es wichtig, zurückzublicken, um persönlichen Mustern auf die Spur zu kommen. Ernsthafte Therapie sollte jedoch nicht an dieser Stelle enden. Entscheidend ist, eine neue Einstellung zu den Ereignissen, die uns geprägt haben, zu schaffen. Ich erarbeite mit meinen Klienten deshalb immer auch mögliche Lösungswege, die darauf abzielen, alte Muster loszulassen, sich von einigen Gewohnheiten und Erfahrungen zu trennen und neue Wege zu gehen, um nichtintegrierte Persönlichkeitsanteile zu erlösen.

Es gibt lernorientierte Verfahren der Psychotherapie, erlebnisorientierte und verhaltensorientierte. Ich selbst entferne mich zunehmend von jeder Begrifflichkeit und bewege mich intuitiv mehr und mehr hin zu einer Therapieform, die Körper, Seele und Geist sowie die Lebensenergie als alles bewegendes Element mit einbezieht. Einige Therapieformen, die ich für geeignet halte, die Seele zu reinigen und ein Bewußtsein für das wahre Selbst zu entwickeln, möchte ich Ihnen vorstellen.

Logotherapie

Wenn du deine Hände mit Gold füllen willst, mußt du die Steine, die du hältst, erst loslassen.

Die Logotherapie wurde von Viktor Frankl, dem Begründer der ›Dritten Wiener Schule der Psychotherapie‹ entwickelt und um 1938/39 in Wien ins Leben gerufen. Bei dieser Therapieform geht es um die Sinnorientierung des

Menschen. Die reine Triebbefriedigung – des Sexualtriebs oder des Nahrungstriebs, des Triebs der Selbstdarstellung oder der Selbstbestätigung ebenso wie die Befriedigung von Genußsucht oder Neugierde – führt nur zu einem kurzzeitigen Glücksgefühl, dessen Rausch rasch verfliegt und immer neues Verlangen aufkommen läßt. Aufgaben, die ein Mensch innerlich bejaht, denen er sich freiwillig hingibt, sind dagegen eine Quelle dauerhafter Zufriedenheit.

Das Ziel der Logotherapie ist es, sich von vermeintlichen Bedingtheiten zu lösen. Es geht darum zu erkennen, daß der Wert und die Würde eines Menschen an keinerlei äußere Bedingungen geknüpft sind, sondern sich in der innerlichen Haltung eines Menschen gegenüber den jeweiligen Bedingungen zeigen. ›Glück ist das Wissen, einer sinnvollen Aufgabe zu dienen‹, hat Viktor Frankl einmal gesagt. Aus dem Willen zum Sinn kann die Kraft zur Gestaltung des eigenen Lebens und zur Überwindung von seelischen Barrieren geschöpft werden.

Logotherapie ist eine Kurzzeittherapie, die nach Verwirklichungsfähigkeiten und verwirklichungswürdigen Aufgaben für jeden einzelnen sucht. Das, was werden kann und will, steht im Zentrum dieser Therapiemethode. Der Klient wird mit der Macht der Begeisterung für das sinnvoll Mögliche konfrontiert. Die Widerstände können im besten Falle losgelassen werden, wenn der Klient selbst verstanden hat, was auf seinem Weg sinnvoll und wichtig ist. Gefühle, die ihm bis dahin im Weg standen und die Folge von Bewertungen und Einschätzungen seines Verstands waren, können sich verändern und bewußt gelenkt werden. Ängste können losgelassen und Eigenverantwortung kann übernommen werden. Dann findet der Mensch in sich selbst eine Antwort, die sich in einer Tat äußern kann.

Life Energy Process/Process Inquiry

Dies ist eine Therapieform, die von Prof. Dr. Stèphano Sabetti, Dozent für Psychologie und Begründer des Institute for Life Energy in Los Angeles und München, entwickelt wurde. Mittlerweile gibt es auch in Deutschland einige Therapeuten, die nach dieser Methode arbeiten. Die ›Life-Energy-Therapie‹ ist eine spirituell orientierte Körper-Psychotherapie. Speziell entwickelte Bewegungen erzeugen Schwingungen, die über physische Vibrationen emotionalen Ausdruck ermöglichen und zur Ganzheit führen. ›Life Energy Process‹ fördert Wandel und Entwicklung durch eine Kombination aus Körper- und Energiearbeit, psychologischem Erforschen (›Process Inquiry‹) und spiritueller Entfaltung. Im persönlichen Erfahren der Lebensenergie wächst das Gespür für die Ganzheit.

Lebensenergie wird aktiviert durch subtile Bewegungen. Diese Bewegungen lösen blockierte Energien, die sich u. a. in körperlichen Verspannungen, zurückgehaltenen Gefühlen und verschiedenen Krankheitssymptomen ausdrücken. Die freigesetzte Energie führt zu erhöhter Vitalität, mehr Lebensgenuß und einer klaren Sicht der Dinge. ›Process Inquiry‹ ist die verbale Technik des ›Life Energy Process‹ für ein effektives und schnelles Erforschen der essentiellen Ursachen von Problemen.

Prof. Stèphano Sabetti entwickelte verschiedene Formen des Life Energy Process, u. a. ›Acquasus‹, eine Arbeit im Wasser, ›Artra‹ zur Gestaltung des künstlerischen Ausdrucks, ›Dansergia‹, um innere Begeisterung in Bewegung zu bringen, und ›Teatro Energetico‹ als dynamischer Ausdruck innerer Dramen. Ich habe diverse Fortbildungen bei Professor Sabetti besucht und bin von der Effektivität und Wirkungsweise so überzeugt, daß ich Elemente dieser Therapiemethode in meine Therapiesitzungen einbaue.

Im Gegensatz zu vielen anderen Therapieformen geht es bei ›Process Inquiry‹ nicht in erster Linie um die Freisetzung emotionaler Energie. Emotionen werden nur als *eine* Ebene im Fluß der körperlichen, seelischen und geistigen Energien betrachtet. Die Therapie schließt die Manifestation der physischen Energie genauso ein wie die Energie der inneren Wege, wozu u. a. die Meridiane (siehe Seite 114) und Chakren (siehe Seite 58) gehören. Auch Energiequellen der Nahrung, der näheren und entfernteren Umgebung, der Wohn- und Arbeitsbedingungen, familiärer, kultureller und politischer Einflüsse sowie der Luft, des Klimas und elektromagnetischer Einwirkungen sollen durch die Therapie bewußt werden, um dann mit diesen Energien umgehen zu können.

Auch zielt diese Therapie nicht auf das Aufarbeiten von Erfahrungen und Gefühlen ab, um mit tieferen Schichten in Kontakt zu kommen, sondern es geht um ein ständiges ›Auf den Punkt kommen‹. Das Bewußtsein wird unmittelbar *hinter* die Symptome gelenkt, so daß diese sich gar nicht erst mit Energie aufladen. Es werden essentielle Verhaltensmuster aufgedeckt, bevor eine Verbindung zu Symptomen hergestellt wird. Dadurch können Vermeidungsstrategien sofort ins Bewußtsein dringen: Der Klient erkennt, daß hinter einem nicht *Können*, häufig ein nicht *Wollen* steht. Der dieser Erkenntnis folgende Prozeß birgt die Chance, die Mechanismen, die das Leben behindern, zu überwinden.

›Process Inquiry‹ führt zu einer Hinterfragung des Ego und zeigt zugleich die Möglichkeit seiner Überschreitung auf, um das Selbst für ein universelles Bewußtsein zu öffnen. Damit sich das Netz unserer Lebenslügen und -tricks entfaltet, ist absolute Ehrlichkeit nötig – kein leichter Weg für jemanden, der unbewußt ›Lust‹ an seinem Leid empfindet. Aber ein Weg, der in die Einfachheit und Ehrlichkeit des Seins führt.

Enneagramm

Das einzige, was sicher ist, ist, daß nichts sicher ist.

Auch die Arbeit mit dem Enneagramm ist eine gute Möglichkeit, sich selbst kennenzulernen und weiterzuentwickeln. Das Enneagramm ist eine Typologie neun menschlicher Charaktere (siehe Abbildung unten) und enthält eine innere Dynamik, die auf Veränderung und Umkehr zielt. Den einzelnen Typen werden unterschiedliche Charaktereigenschaften zugeschrieben. Es gibt jeweils typische ›Fallen‹, in die sie geraten können, ›Wurzelsünden‹, also emotionale Zwänge oder Fehlhaltungen, aber auch typische Berufungen und Entwicklungsmöglichkeiten.

Das Enneagramm konfrontiert uns mit den Festlegungen und Gesetzen, unter denen wir – meist unbewußt – leben, und lädt zu deren Überwindung und zu Schritten in den Raum der Freiheit ein. Ausgangspunkt der Arbeit mit dem Enneagramm sind häufig jene Sackgassen, in die Menschen beim Versuch geraten, ihr Leben abzusichern. Das Enneagramm entlarvt Vermeidungsstrategien, Abwehrmechanismen, illusionäre Ideale und falsche Schuldgefühle und führt dem Menschen auf diese Weise sein wahres Dilemma vor Augen. Es erlaubt weisheitlichen Zugang zur Innenwelt eines Menschen. Die Ursprünge des Enneagramms reichen wahrscheinlich über 2000 Jahre zurück und liegen im Nahen Osten. Heute bezeichnet man das Enneagramm auch als ›Seelenspiegel‹. Es ist mit der religiösen Tradition geistlicher Begleitung und Menschenführung ebenso vereinbar, wie es auch mit vielen Erkenntnissen und Erfahrungen der Humanwissenschaften übereinstimmt.

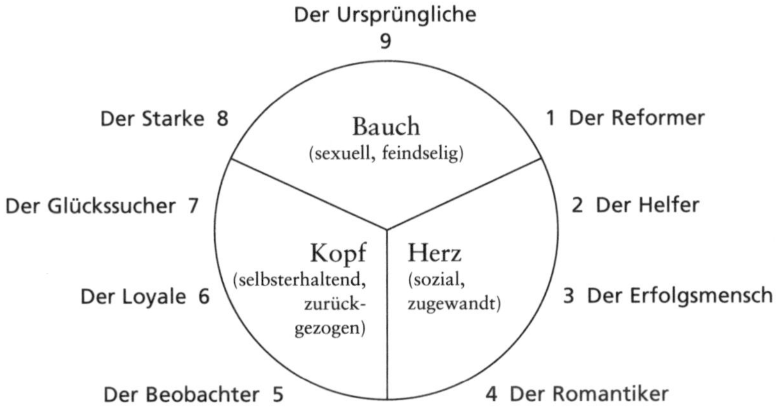

Das Enneagramm und die drei Zentren

Die neun Typen des Enneagramms werden im Uhrzeigersinn auf der Kreislinie eingezeichnet. Jeweils drei Typen werden zu einer Gruppe zusammengefaßt:

Die Gruppe, die 8, 9 und 1 umfaßt, heißt die Gruppe der *Bauchmenschen.* Ihr Gravitationszentrum liegt im Unterleib, wo das ›Rohmaterial‹ unserer Existenz angesiedelt ist: der Machtinstinkt, unsere Sexualität, die Triebe. In diesem Sinne spricht man auch von der Gruppe der sexuellen Typen. Sie reagieren unmittelbar und spontan auf das, was ihnen begegnet, und filtern die Wirklichkeit nicht erst durch das Gehirn. Die Gruppe 2, 3 und 4 sind die *Herzmenschen* oder die sozialen Typen. 5, 6 und 7 bilden die Gruppe der *Kopfmenschen* bzw. der selbsterhaltenden Typen.

Traumatherapie

Leiden ist ein unausweichlicher Teil unserer Entwicklung.
Verdrängtes Leiden wird unbewußtes Leiden,
weil von uns nicht gestaltbar.

Die Traumatherapie, auch Somatic Experience genannt, geht auf Peter Levine, den Gründer des ERGOS-Institutes for Somatic Education in Boulder, Colorado, zurück. Levine betreut in Skandinavien psychisch Kranke und durch Kriegsgeschehen traumatisierte Mütter mit Kleinkindern und ist darüber hinaus Streßberater der NASA.

Der Grundgedanke dieser Therapie ist, daß ungelöste Traumata Energien in einer Weise binden, die mit Willen und Vernunft nicht beeinflußbar ist. Die durch Traumata blockierte Lebensenergie soll freigesetzt und das vor dem traumatischen Ereignis vorhandene Gefühl von Sicherheit wiedergewonnen werden.

Atemtherapie

Wer sich mit Luft ernährt, leuchtet wie ein Gott und lebt lange.

Konfuzius

Intensive Atmung setzt Lebensenergie frei. Seele, Geist und Atem sind eng miteinander verbunden, denn die Atmung hängt stark mit unseren Gefühlen zusammen. Wir können in unsere verdeckte Gefühlswelt behutsam hineinatmen und dadurch emotionales Gleichgewicht erlangen. Der Atem bringt festgehaltene Energie zum Fließen und führt uns dahin, unsere Gefühle anzunehmen und aufzuhören, diese zu unterdrücken und zu bekämpfen.

Über Atemtherapie gelangen wir zu unseren unbewußten ›Schichten‹, in denen sich seelische Vorgänge oft über Symbole spiegeln. Symbole sind die Sprache des Unbewußten. Symbole reichen bis in die tiefsten Geheimnisse der menschlichen Seele, sie rühren nicht nur, wie die Sprache, die immer eingrenzen muß, an die Oberfläche. Symbole können Verschiedenes zu einem Ganzen verbinden, müssen nicht Einzelnes, wie der Verstand, aneinanderreihen. Sie sind Gesichter der Gefühle und haben Mittlerfunktion zwischen Unbewußtem und Bewußtsein. Somit stellen sie eine Brücke zwischen innerer und äußerer Welt dar, die sie ›verbinden‹ können, damit der Mensch dazu Stellung nehmen und sich damit auseinandersetzen kann. Der Psychoanalytiker Erich Fromm sagte, die Symbolsprache sei die einzige Sprache, die jeder Mensch versteht.

Durch Atemtherapie erleben wir Ausschnitte unserer inneren Wirklichkeit ganzheitlich und intensiv über alle Sinne. Bei der Atemtherapie geht es darum, die eigenen Energiemuster zu erleben, Vergangenes, Gegenwärtiges und Zukünftiges zu verstehen, eigene Triebmuster zu erkennen, Sinn zu finden und die Barrieren, die diesen Sinn verhindern, zu entlarven. Befindlichkeiten können erkannt und verbalisiert werden. Verdrängtes, das wir nicht wahrhaben wollen, wird bewußt, ohne daß wir es gleich beurteilen müssen. Mit jedem Atemzug geschieht ›Reinigung‹; unser Energieniveau steigt.

Methoden der Atemtherapie

Es gibt verschiedene Methoden der Atemtherapie. Die richtige Technik lernen Sie am besten bei einem Atemtherapeuten in einer Atemschule, die es heute in jeder größeren Stadt gibt. Alle Richtungen sind sich jedoch darüber einig, daß zu einem sinnvollen Atmen das tiefe, volle Atmen (siehe Seite 48 f.) gehört. Diese Atmung erfolgt, wenn wir sie geübt haben, entspannt und rhythmisch. Ein guter Atemtherapeut kann schon aus den Atemmustern seiner Patienten deren Gefühls- und Gedankenmuster erkennen. So weisen bestimmte Atemformen auf Entscheidungsfähigkeit hin, andere auf Freigebigkeit oder Wandlungsfähigkeit, wieder andere auf rücksichtsvolle, kommunikative oder aggressive Grundhaltungen.

Zur Regulierung und Wiederherstellung einer natürlichen Atmung bedarf es zunächst der Entspannung durch atemanregende und lockernde Bewegung. Die Nasenatmung, die das Zwerchfell als Hauptatemmuskel trainiert, ist Voraussetzung, um überhaupt natürliche Atemimpulse wiederzuerwecken und sich auf einen ausgeglichenen Atemrhythmus einschwingen zu können. In der Entspannung kann der Atem zunächst einmal erfahren werden; und erst danach sollte ein Bewußtsein für die Notwendigkeit richtigen Atmens geweckt werden.

Ziel der Beobachtung des Atmens ist es, die natürliche Vollatmung zu aktivieren, so daß richtiges Atmen irgendwann ganz automatisch ablaufen kann und sich wieder einpendelt, falls es sich durch Belastung seelischer oder körperlicher Art verändert hat.

Atemtherapie nach Ilse Middendorf

Ilse Middendorf hat eine Atemlehre entwickelt, die den Atem erfahrbar macht und durch die Schulung des eigenen Atemvermögens auf den Weg der Selbsterfahrung und Befreiung führt. Ilse Middendorf arbeitet mit fünf Atemräumen. Sie betrachtet den Atem als zentrales Geschehen der Körper-Seele-Geist-Einheit des Menschen und damit als ordnende, heilende und harmonisierende Kraft. Dabei geht es nicht um methodische Wege, die besonders willensbetont, zweck- und zielgerichtet sind, sondern um die atmende, schöpferische Wirklichkeit in der Einheit von Bewegung, Atem und Meditation. Die Grundlagen des ›Erfahrbaren Atems‹ sind Atmen, Sammeln und Empfinden. Dem ›Zulassen‹ kommt dabei eine besondere Bedeutung zu. Der ›Erfahrbare Atem‹ ist ›Bewußt-Sein in beruhter Bewegung‹ und ›Bewußt-Sein in bewegter Ruhe‹, ein Zustand, der erfahren und gelernt werden muß. Das erfordert viel Übung und Geduld.

Rebirthing

Auch das Rebirthing-Atmen ist eine Möglichkeit, die am meisten drängenden Probleme zu erleben, bewußt zu machen und durch sie hindurchzugehen. Diese Atemtechik hat ihren englischen Namen davon erhalten, daß sie manchmal bis zum Geburtserlebnis und weiter zurück führen kann. Die Vorgänge in Körper, Seele und Geist werden bewußter, und es erfolgt nicht nur eine Reinigung von physischen ›Schlacken‹, sondern auch ein Aufbrechen von emotionalen Blockierungen, da sich die Schwingungen im Menschen erhöhen. Eine Rebirthing-Sitzung kann bis zu vier Stunden dauern. Im Rahmen des stattfindenden Klärungsprozesses können selbst tiefliegende Traumata überwunden werden.

Es ist im Rahmen dieses Buches natürlich nicht möglich, alle Psychotherapien zur seelischen Reinigung aufzuführen. Kurz verweisen möchte ich noch auf die **Traumarbeit**, die vieles klären kann. Träume können den Menschen auf Sinnbarrieren hinweisen, an eigene Verantwortungen erinnern, zu existenziellen Entscheidungen ermutigen oder uns in solchen bestätigen.

Kapitel 5

Geistige Reinigung

Lebendig
Die Tatsache, daß du noch nicht tot bist, ist kein ausreichender Beweis
dafür, daß du noch lebendig bist. Dafür bedarf es mehr.
Es verlangt Mut, vor allem den Mut, sich dem Tod zu stellen.
Nur jemand, der lebendig ist, kann sterben.
In Momenten höchster Lebendigkeit sind wir mit dem Tod versöhnt.
Ganz tief in uns sagt etwas, daß wir zum Tode reif werden
in dem Augenblick, in dem unser Leben Erfüllung erlangt.
Es ist die Angst vor dem Tod, die uns davon abhält,
ganz und gar reif, ganz und gar lebendig zu werden.

David Steindl-Rast

Ballast auf der geistigen Ebene abwerfen

Was bedeutet Geist?

Alles, was ist, hat seinen Ursprung im Geistigen. Bevor ich über geistige Reinigung spreche, möchte ich vorausschicken, welche Bedeutung der Begriff Geist für mich hat.

In der Französischen Revolution wurden die Begriffe ›Freiheit, Gleichheit und Brüderlichkeit‹ zur Maxime menschlichen Seins erhoben. Natürlich sind nicht alle Menschen gleich. Im Gegenteil, niemand ist wie der andere. Gleichheit ist meines Erachtens vor allem vor dem Gesetz und in bezug auf die Menschenrechte wichtig. Brüderlichkeit zu entwickeln ist eine Aufgabe, die in wirtschaftlichen Bereichen und in den Beziehungen der Menschen im täglichen Umgang miteinander von Bedeutung ist. Brüderlichkeit bezieht das Anderssein des anderen mit ein. Freiheit kann nur im Geist wirklich existieren, denn nur im Geist ist der Mensch unbegrenzt. Und nur durch die Kraft unseres Geistes können wir unsere teils widerstreitenden Seelenkräfte erkennen, lenken und bündeln, um die uns zugedachte Rolle im Leben zu spielen. Es ist unser Geist, der darauf achten kann, daß das Spiel der Seelenkräfte in uns harmonisch abläuft.

Wie jeder Dirigent sich an einer Partitur orientiert, so kann sich unser Geist an unserem Gewissen orientieren. Verwechseln Sie Ihr Gewissen aber nicht mit Ihren – vielleicht nur übernommenen – Moralvorstellungen und Ihren Geist nicht mit Ihrem Verstand. Der Verstand ist immer an der Vergangenheit orientiert. Er schöpft sein Wissen aus dem, was wir erfahren und gelernt haben. Er beurteilt, was uns widerfährt, und legt dabei meist übernommene Wertvorstellungen zugrunde. Der Geist hingegen nimmt alles, was von außen oder aus unserem Inneren als Appell an uns herankommt, wahr und entscheidet dann durch das Gewissen, was sinnvoll ist. Durch seinen Geist kann der Mensch Stellung beziehen gegenüber all den Bedingungen, die ihn auf irgendeine Art und Weise prägen oder in seiner Entfaltung behindern, und kann sich lösen von seiner Vergangenheit und allem, was in seinem Leben ›schiefgegangen‹ ist.

Die menschliche Existenz ist bedingt durch das Erbe von Charakter, Temperament, kultureller Prägung und sozialen Gegebenheiten. Es gibt genug Gründe, sich *von etwas* reinigen oder befreien zu wollen. Wichtiger aber ist zu wissen, *wozu* wir frei sein wollen. Erst diese Frage erschließt das menschliche Sein. Das Sein in Freiheit entzieht sich dem rein verstandesmäßigen Zugriff. Geist kann im Grunde nur erlebt und nicht definiert werden. Worte grenzen immer ein. Je mehr wir aber unser ›inneres Gehör‹ verfeinern und in der Achtsamkeit des Augenblicks leben, desto fähiger werden wir, die Botschaften des Geistes zu empfangen. Es entstehen Staunen, Dankbarkeit, Demut, Ahnungen, Intuitionen, Inspirationen und wirkliches Erkennen.

Klärung der eigenen Vorstellungen, Gedanken und Wertmaßstäbe

Menschsein ist entscheidendes Sein.

K. Jaspers

Geistige Reinigung beginnt mit der Klärung unserer Vorstellungen und Gedanken. Damit ist allerdings nicht das Grübeln über unsere Unvollkommenheiten gemeint – das führt uns nicht weiter, sondern stellt ein Hindernis auf dem Weg zum Geistigen dar. Wir sollten uns lieber fragen, woher unsere Wertvorstellungen kommen und ob sie mit unseren innersten Überzeugungen übereinstimmen.

Ideologien machen geistig blind

Oft haben wir bei der Bewertung unserer Mitmenschen und der Gesellschaft Ideen und Urteile übernommen, die bei genauerer Betrachtung als Ideologien entlarvt werden können. Ideologien engen immer ein, denn sie reduzieren den Menschen auf Teilbereiche. Leben hingegen ist immer evolutionär, immer im Fluß der Veränderung, immer eingespannt zwischen die Pole des Werdens und Vergehens. Insofern sind auch viele Erkenntnisse der Psychologie Ideologien, da psychische Prozesse zwar unser Denken oftmals bedingen, es aber nicht verursachen.

Wie viele ›*-ismen*‹ halten wir für wahr? Fanat*ismus* beinhaltet einen absoluten Wahrheitsanspruch, seine Merkmale sind Machtanspruch und Manipulation, Dogma und Intoleranz. Es gibt Dogmat*ismus* in Religion, Politik, Wissenschaft und Erziehung. Auch der Biolog*ismus* verabsolutiert Teilerkenntnisse, um das Ganze beschreiben zu wollen. Das Prinzip ist bei allen ›*-ismen*‹ immer wichtiger als das Ganze und die Wirklichkeit. Alle diese Systeme streben die instrumentelle Verfügbarkeit des Menschen an. Sie geben zwar vor, in der absoluten Wahrheit oder für echte Humanität zu stehen, im Grunde fehlt es aber an Bewußtsein. Auch die Flucht in Sekten oder die Hoffnung, alles Heil in der Esoterik zu finden, zählen dazu. Viele Menschen kümmern sich nur darum, ihre eigenen Bedürfnisse zu befriedigen und schauen dabei nicht über den ›eigenen Zaun‹ hinaus. Sie geben sich mit vorgefaßten stereotypen Antworten auf komplexe Fragen zufrieden, wodurch sie ihre geistige Person reduzieren und letztlich Machtinteressen dienen.

Diese geistige Blindheit zu überwinden ist der erste Schritt zur Reinigung auf geistiger Ebene, der es uns ermöglicht, offen zu bleiben für die Wahrheit der Wirklichkeit, für den Fluß des Lebens, für das, was *ist* und was der Augenblick von uns fordert. Die Wirklichkeit ist das, was wirkt.

Das Selbstbild prüfen

Wir müssen uns aber auch fragen, worauf unser Selbstbild beruht. Unser Selbst können wir nicht definieren, aber wir können es erfahren und erleben. Indem wir eine Wendung nach innen machen, werden wir mit unserem Selbst konfrontiert. Manchmal geschieht das auch über Leid. Leid ist immer ein Aufruf, der uns mit dem Sinn konfrontieren will und uns auffordert, unsere seelischen Kräfte zu bündeln.

Die Rolle der Grundgefühle

Freude, Trauer, Sorge, Zorn und Angst sind die fünf Grundgefühle, die die menschliche Natur bestimmen. Für einen geistigen Klärungsprozeß ist es unumgänglich, sich die Frage zu stellen, welchen Rang die einzelnen Gefühle in unserem Leben einnehmen. In welchen Situationen erleben wir solche Gefühle? Gestehen wir sie uns dann ein, oder verdrängen wir sie? Stellen wir uns die Frage, wozu sie uns aufrufen?

Eine Frage der Perspektive

Vieles, was wir als absolut ansehen, stellt sich als relativ heraus, wenn wir es aus verschiedenen Perspektiven betrachten. Es geht nicht nur darum, uns selbst zu bejahen, sondern auch das Streben des anderen zu bejahen. Dazu müssen wir bereit sein, uns von Machtgelüsten, Konkurrenzdenken und Kampfgedanken zu befreien. Dazu müssen wir Geduld mit uns selbst und Geduld mit unseren Mitmenschen üben. Thomas von Aquin sagte: ›Geduld ist die gesammelte Energie der Liebe.‹

Sein statt Schein

In vielen Situationen sind wir darauf erpicht, den Schein zu wahren, recht zu behalten, oder wollen um jeden Preis gut dastehen. Doch wenn Sie im Innersten von sich und Ihrem Tun überzeugt sind, brauchen Sie kein schlechtes Gewissen zu haben und sich nicht zu rechtfertigen. Sie müssen sich keine Gedanken um das Urteil der anderen machen, weil Sie in Ihren Überzeugungen unangreifbar sind. Und sollten Sie doch angegriffen werden, so wird es Sie nicht berühren.

Verstand ist nicht alles

Es ist wichtig, den Sinn unseres Tuns fühlend zu ergründen und nicht nur verstandesmäßig zu begreifen. Der Verstand hat für alles Argumente und Gegenargumente; denn es gibt für alles ein Für und ein Wider. Niemals ist der Verstand jedoch am Geschehen beteiligt. Er hat immer eine innere Distanz. Dem Verstand – wir sagen ja auch: kalter Verstand – fehlt der innere, fühlende Bezug zu den Dingen. Wer immer nur mit kühlem Kopf beurteilt und erfährt, kann sich für nichts erwärmen. Aus einem fühlenden Verstehen heraus ist es die Aufgabe des Verstandes, unsere Gefühle harmonisch zu bündeln und sie zu bejahen oder ihnen keine Beachtung zu schenken.

Die Freiheit des anderen

Menschen lassen sich nicht besitzen – genausowenig wie der Himmel oder das Licht. Auch oder besser gerade in der Liebe gilt es die Freiheit des anderen zu akzeptieren. Schon das Einbeziehen des geliebten Menschen in unsere Pläne kann ein Akt des Besitzergreifens sein. Wir müssen in der Liebe bereit sein, auf Manipulation und den Zugriff auf den anderen zu verzichten.

Der Weg zum klaren Geist

Der Erleuchtete muß mit dem Kopf fühlen und mit dem Herzen denken.

Aus dem Buddhismus

Aus der Traditionellen Tibetischen Medizin kennen wir drei Geistesgifte: Unwissenheit, Gier und Haß. Um den Geist davon zu befreien, lehrt der Buddhismus, den ›Edlen, achtfachen Pfad‹ zu gehen. Das heißt, rechte Anschauung, rechte Gesinnung, rechtes Reden, rechtes Handeln, rechte Lebensführung, rechtes Streben, rechtes Aufmerken und rechte Versenkung zu üben. Damit ist nichts anderes gemeint, als Schritt für Schritt gegen die Unwissenheit anzugehen und unser Denken und Handeln auf die uns allen innewohnenden Herzenskräfte auszurichten. Das Beschreiten dieses Pfades, sagen die Tibeter, bringt einen klaren Geist hervor und erfüllt die Menschen allmählich mit Liebe und Mitgefühl und einer strahlenden Gesundheit. Dies könnte fern jeden Religionsbekenntnisses ein Weg für alle Menschen sein, um Klarheit für Körper, Seele und Geist zu erlangen.

Prüfung der eigenen Seelenkräfte

Unsere Handlungen und Beziehungen zu Menschen werden in der Regel von den uns innewohnenden Seelenkräften bestimmt. Seelenkräfte sind ursachenschaffende Kräfte, die nach Erfüllung streben. Jede einzelne Seelenkraft will nur sich selbst behaupten. Das macht uns unruhig. In uns tobt ein Meer von Leidenschaft, Freude, Trauer, Sorge, Angst und Zorn, von Begierden, Gewohnheiten und Wünschen. Um dieses Chaos zu ordnen, bedarf es unserer geistigen Macht als eines ›Wagenlenkers‹ und unseres dem Geist entspringenden Willens.

Wünschen und *Wollen* sind zwei voneinander zu unterscheidende Beweggründe. Wünschen entspringt unserer Seele, während wirkliches Wollen aus einer geistigen Entscheidung resultiert. Der individuelle Wille muß unsere Seelenkräfte erfassen und so lenken, daß eine Einheit entsteht. Es ist wie bei einer Sinfonie: Jedes Instrument wird für sich gespielt, dennoch ordnen sich alle der gemeinsamen Partitur unter, um ein Ganzes zu bilden. Die Vereinigung der Seelenkräfte kann nur durch die Partitur unseres Geistes geschehen.

Natürlich gibt es segensreiche Seelenkräfte, wie die des wirklichen Mitgefühls, echter Freude und wahrer Lust. Da es in diesem Buch um das Thema Reinigung geht, beschränke ich mich jedoch im wesentlichen auf diejenigen Seelenkräfte, von denen wir uns befreien sollten.

Blinde Leidenschaft

Jeder Mensch sucht Heimat, sehnt sich nach Glück, Geborgenheit, Liebe, Anerkennung, Begegnung und Sinn. Doch all dies finden wir nicht im Außen und auch nicht, indem wir blind unseren Leidenschaften folgen. Wichtig ist, sie als Leidenschaften zu erkennen und bewußt damit umzugehen. Dann gehört Leidenschaft zu den schönsten Geschenken der menschlichen Existenz. Viele große Werke dieser Welt sind durch Leidenschaft, gepaart mit Liebe, entstanden.

Machtgelüste

Machtgelüste zählen zu den Begierden, die oft zu Süchten werden können. Die Gier nach Macht kann allerdings nur dann dominieren, wenn der Wille zum Sinn gelähmt ist. Wir müssen auf der Hut sein, um nicht in die Falle des Willens zur Macht zu tappen. Wenn wir diesen Impuls in uns wahrnehmen, müssen wir versuchen, in uns hineinzuhören, um herauszufinden, wozu die jeweilige Situation uns aufruft. Darin liegt die Möglichkeit, die eigene Wirklichkeit zu gestalten.

Manchmal ist es sinnvoller und beglückender, keine Macht mehr innezuhaben. Wie viele leitende Angestellte müssen heute – kaum daß sie über 50 sind – ihre Macht an Jüngere abgeben. Würden sie sich in einer solchen Situation einmal einige Zeit zurückziehen, um die Priorität des ›Willens zum Sinn‹ – ein Begriff, den Viktor Frankl, der Begründer der Logotherapie (siehe Seite 132 f.) geprägt hat – über den Willen zur Macht zu erkennen, könnten sie mit dieser Situation besser umgehen. Sie müßten nicht in Verzweiflung verharren, nicht kämpfen, keine unnötige Energie in Gegenreaktionen vergeuden, sondern könnten sich mit all ihren Erfahrungen und ihrem Wissen sinnvoll in die Welt einbringen und in ihr wirken.

Angst

Angst hat viele Gesichter, und sie kommt ungefragt. Es gibt sinnvolle Angst, zum Beispiel jene, die uns vor echten Gefahren schützt. Die Grundangst des Menschen vor dem Tod fördert seinen Lebenswillen. Existenzangst beinhaltet auch die Angst davor, gar nicht wirklich zu leben, nicht zu sein oder ›falsch‹ gelebt zu haben. Diese Ängste führen uns dazu, uns auf das Wesentliche zu besinnen. Aber es gibt auch krankhafte Angst. Wir haben Angst, uns zu irren, Angst, schlecht dazustehen, Angst, unsere wahren Gefühle zu zeigen, Angst, ausgelacht zu werden, Angst, verlassen zu werden, Angst vor Risiko, Angst vor Strafe, Angst vor Neuem usw. Dort, wo Mangel an Vertrauen herrscht, entsteht Angst – das gilt auch für den Mangel an Vertrauen in die eigene Daseinsberechtigung. In den meisten Fällen ist diese Angst jedoch selbst produziert.

Angst ist von dem Wort Enge abgeleitet, und Enge bedeutet stets Beklemmung und Schwierigkeiten. Und Angst macht uns im wahrsten Sinn des Wortes eng. Angst ist eine Störung in unserem an die Vorgänge des Gehirns gebundenen Bewußtsein, die zu einer Verkrampfung führt und dann Vorstellungen auslöst, die jeder Wirklichkeit entbehren. Es ist deshalb wichtig, unsere Angst mit klarem Verstand zu betrachten, um zu erkennen, wodurch sie ausgelöst wurde. Wenn wir uns der Angst stellen und sie analysieren, können wir uns willentlich von der Angst befreien. Wenn wir in unserem Innersten Sicherheit entwickeln – ich nenne das ›Vertrauen des Herzens‹ –, erwächst daraus automatisch der Mut als Heilmittel gegen die Angst. Wir müssen uns dann nicht mehr dirigieren lassen, sondern sind bereit, selbst Risiken zu übernehmen.

Süchtige Begierden

Sucht ist eine Ausprägung der Begierde. Beim Wort Sucht denken wir automatisch an Menschen, deren Leben von Drogen oder Alkohol zerstört wurde. Vielleicht glauben Sie deshalb, daß das Thema Sucht Sie nichts angeht. Dennoch betrifft es auf irgendeine Art und Weise uns alle.

Sucht verbirgt sich hinter vielen Masken. Häufig fällt es uns schwer, unsere eigenen Süchte zu erkennen. Viele Alkoholsüchtige bestreiten ihre Abhängigkeit. Aber auch die Sucht nach Nikotin wird verkannt, genauso wie die Zuckersucht. Zucker ist kein einfaches Nahrungsmittel sondern erfüllt alle Kriterien einer Droge. Weit verbreitet sind auch Geldsucht, Fernsehsucht, Arbeitssucht, Sportsucht und die Sucht nach Sex. Auch das Bedürfnis, geliebt zu werden, kann zur Sucht werden sowie das Streben nach Anerkennung und Macht. Unsere Wohlstandsgesellschaft erzeugt geradezu Süchte verschiedenster Art, denn sie weckt Scheinbedürfnisse und das Gefühl, nie genug bekommen zu können.

Hinter jeder Sucht steckt Suche. Jeder Mensch sehnt sich nach Glück und Erfüllung, nach Liebe und Geborgenheit. In einer Zeit, in der Haben offensichtlich mehr gilt als Sein, rennen wir atemlos dem vermeintlichen Glück hinterher und glauben das, was uns fehlt, durch immer mehr Konsum ersetzen zu können. Damit geraten viele Menschen in eine unglückselige Spirale von Sehnsucht, Sucht und Enttäuschung. Was auf der Strecke bleibt, sind zwischenmenschliche Beziehungen, für intensive Gefühle ist kein Platz mehr. Doch ohne diese Gefühle entsteht eine Leere, die mit irgend etwas gefüllt werden muß, weil das Leben sonst als unerträglich und sinnlos empfunden wird.

Wenn wir keine wohltuenden Gefühle mehr erleben, suchen wir uns als Ersatz negative Gefühle. Wichtig scheint allein ihre Intensität. Das erklärt vielleicht, warum sich Süchtige selbst zerstören. Auch Angst ist ein sehr intensives Gefühl, deshalb kann Angst ebenfalls zur Sucht werden kann. Der Hunger nach Nervenkitzel, zum Beispiel bei immer waghalsigeren Freizeitvergnügungen oder indem sich immer mehr Menschen an den Schockeffekten blutrünstiger Filme weiden, ist ein Indiz dafür, daß Angst ganz offensichtlich gesucht wird und es sogar eine gewisse Lust an der Angst geben muß.

Das ehrliche Überprüfen unserer Süchte ist eine Grundvoraussetzung für geistige Reinigung. Erst wenn wir eine mutige Selbstanalyse in dieser Hinsicht wagen, werden wir Zugang zu unserem geistigen Wesenskern finden. Besonders wichtig ist in diesem Zusammenhang aber auch, darauf zu schauen, was uns wirklich Freude bereitet, was uns zutiefst befriedigt und beglückt. Dabei geht es nicht um kurzfristige Lustbefriedigung, auch nicht um das Verdrängen von Leid, Trauer und Schmerz.

Den Weg des Herzens gehen

Die Mitte verlassen heißt, die Menschlichkeit verlassen.

Pascal

Glück können wir nur deshalb empfinden, weil wir das Gegenteil kennen. Alles ist in uns. Durch unseren Geist entscheiden wir, worauf wir unsere Aufmerksamkeit richten, was wir zulassen, was wir ablehnen und was wir nicht beachten wollen. Der Geist kann zum Lenker unseres Seins werden, wenn wir ihm die Tür zu unserem Inneren öffnen. Es ist die Tür zu unserem Herzen. Und das Herz ist die Mitte unserer Persönlichkeit. Das Herz ist aber auch im Körper das Organ der Mitte, des Rhythmus und des Gefühls. Verwundert es da, wenn heute in der sogenannten zivilisierten Welt die Herz-Kreislauf-Erkrankungen mit großem Abstand die häufigste Todesursache sind? Nur ein hartes Herz kann brechen. Mich macht es nachdenklich, daß immer mehr junge Menschen an einem Herzinfarkt sterben.

Die meisten Menschen vernehmen ihre innere Stimme nicht, weil sie zu sehr damit beschäftigt sind, im Außen zu agieren. Wenn wir uns selbst eine Zeit der Stille gönnen und uns ganz in die aus dem Selbst kommenden Gedanken zurückziehen würden, könnten wir in die eigenen inneren Räume hineinhören. Erst dann nehmen wir wahr, daß wir eine Mitte haben, in der alles zusammenläuft.

Wir erfahren uns selbst nur in unserem Selbst. In dieser Erfahrung wird uns warm ums Herz. Manchmal allerdings löst diese Erfahrung auch Angst aus. Sich in die eigene Tiefe zu versenken bedeutet zunächst immer den Übergang durch die Dunkelheit. Doch nach der Dunkelheit folgt das Licht im innersten Kern. Dort empfinden wir uns wirklich selbst. Und in dem Wort ›empfinden‹ liegt zugleich das Wort ›finden‹.

Hinterfragen der eigenen Handlungen

Liebe, die sich nicht in Handlungen ausdrückt, ist keine Liebe.

Krishnamurti

Innen und Außen sind miteinander verbunden und voneinander abhängig. Menschsein bedeutet sowohl, sich in sich selbst zu versenken, als auch, in die Welt hineinzuwirken. Jeder Mensch hinterläßt Spuren von Ursache und Wirkung. Sie haben Auswirkungen in den Seelen der Mitmenschen. Wir tragen ganz allein die Verantwortung für unser Denken und Tun. Und unser Leben ist das, was unsere Gedanken daraus machen.

Die nächste Frage muß deshalb lauten, ob unsere Handlungen mit dem, was wir denken und fühlen, übereinstimmen. Ist das, was wir tun, Ausdruck unseres wahren Selbst? Wir handeln immer, auch wenn wir es unterlassen zu handeln. Denn auch Nichthandeln hat Konsequenzen. Die Fähigkeit, menschlich zu handeln, ist nur möglich, wenn wir unsere eigenen Standpunkte immer wieder überprüfen auf Toleranz, Engagement, Solidarität, Verständnis für den anderen und Liebe zu dem, was wir tun.

Toleranz ist nur dort möglich, wo es einen eigenen, reflektierten Standpunkt gibt. Haben wir diesen nicht, sind wir für alles offen. Wer für alles offen ist, ist jedoch ›nicht ganz dicht‹. Auch ein klar geäußertes *Nein* kann Handlung sein. Es geht aber keineswegs nur darum zu tun, was wir wollen. Individualität ohne Solidarität ist Egoismus. Und Engagement bedeutet, daß unsere Handlungen immer auch sinnvoll im Sinne der Erfüllung von Notwendigkeiten sind. Es ist eine Grundentscheidung jedes Menschen, sich für das, was er tut, wirklich zu engagieren. Erst dann, wenn die Unterscheidung von außen und innen, von *in* mir und *vor* mir wegfällt, ist Handeln von Verständnis und Liebe geprägt. Freiheit ohne Liebe führt in Orientierungslosigkeit. In der Liebe erreicht der Mensch die innere Sammlung, die es ihm ermöglicht, frei und nicht fremdbestimmt zu sein.

Aus welchen Motiven handeln wir?

Wir idealisieren die Freiheit, aber unseren Gewohnheiten sind wir sklavisch ergeben.

Sogyal Rinpoche

Auf der Ebene unserer Handlungen stellen sich viele Fragen: Was bewirken unsere Handlungen für uns selbst? Erheben sie uns oder zerstören sie uns? Welche Konsequenzen haben unsere Handlungen für andere Menschen, welche Spuren hinterlassen wir durch unser Handeln? Entspringen unsere Handlungen unserer freien Entscheidung, oder unterliegen sie der Macht der Gewohnheit? Bewahren wir in unseren Handlungen unsere menschliche Würde? Geschehen sie aus Flucht vor der eigenen Verantwortung, aus falschen Schuldgefühlen oder aus vermeintlicher Opferbereitschaft? Wieviel Ehrlichkeit und wieviel Schein liegt in unseren Handlungen? Worauf lassen wir uns durch unsere Handlungen ein, wogegen grenzen wir uns ab? Wieviel Disziplin liegt in unseren Handlungen? Liegt in meinen Handlungen Freude?

Die Liste der Fragen ließe sich noch fortsetzen. Mir geht es aber in erster Linie darum, an diesen Fragen aufzuzeigen, daß alles, was wir tun, sich in menschliche Beziehungen hinein auswirkt. Deshalb ist es wichtig, den Anspruch der Bewußtheit für das, was man tut, zu entwickeln.

Der Einfluß unseres Handelns auf unsere Beziehungen

Alle Dinge werden zu einer Quelle der Lust, wenn man sie liebt.

Thomas von Aquin

Kinder

In der Beziehung zu unseren Kindern spielen unsere Handlungen eine entscheidende Rolle. Kinder sind nicht unser Besitz, sie wurden uns ›geschenkt‹. Wir dürfen nicht versuchen, sie nach unserem Bild zu formen, so schwer das auch ist. Unsere Aufgabe besteht darin, das, was in ihnen an Fähigkeiten angelegt ist, zu fördern und das, was ihrem geistigen Willen entspringt, zu respektieren. Für ihre Entfaltung müssen wir ihnen, solange sie klein sind, einen Schutzraum schaffen, in dem sie sich entwickeln und wachsen können. In der Natur werden kleine Bäume ja auch angebunden, damit der Wind sie nicht umreißt. Und mit einem Gitter schützt man sie vor Wildfraß.

Es liegt in unserer Verantwortung, daß sich unsere Kinder ihrem Wesen und eigenen Rhythmus gemäß entwickeln und aus einem differenzierten, gesund gewachsenen Gefühlsleben heraus urteilen können. Nur dadurch machen wir sie lebensfähig. Alles, womit wir sie konfrontieren und was wir an sie heranlassen, ist eine Frage des Zeitpunkts und der Reife. Es ist Unsinn, sie möglichst früh an die Gnadenlosigkeit des Lebens zu gewöhnen. Niemand wird den Kinderwagen auf einen verkehrsreichen Platz stellen, damit sich der Säugling frühzeitig an die Abgase gewöhnt. Auf seelischer Ebene scheint dieses Bewußtsein für die Wirkungen von Einflüssen jedoch häufig zu fehlen. Wir wünschen uns erfolgreiche Kinder und überfordern sie dabei oft intellektuell und behindern dadurch auch die Entwicklung ihrer Seelenkräfte. Diese muß jedoch der Entwicklung von Verstandeskräften und Urteilsvermögen vorausgehen. Unser Vorbild spielt hier eine entscheidende Rolle. Das Kind lernt das Menschsein zunächst am Menschen.

Damit aus Kindern verantwortungsbewußte Erwachsene werden, müssen wir sie aber irgendwann aus der Kindesrolle entlassen, so wie Vögel ihre Jungen irgendwann aus dem Nest werfen. Wir müssen sie eigene Wege gehen und eigene Erfahrungen machen lassen. Es werden andere als die unseren sein, und sie werden anderes dadurch bewirken können, als es uns möglich war und ist. Wir haben als Eltern kein Recht, Kinder an uns zu binden.

Eltern

Man kann ein Problem nicht mit der Denkweise lösen,
die es erschaffen hat.

In meiner psychotherapeutischen Praxis erlebe ich immer wieder, wie verstrickt erwachsene Menschen in unklare, unehrliche, belastende, einengende, machtgeprägte, abhängige, lieblose, besitzergreifende, intolerante Beziehungen zu ihren Eltern sind. Es stimmt mich traurig zu sehen, wie stark Eltern ihre erwachsenen Kinder beeinflussen. Nicht weniger betroffen macht mich, welche Ansprüche und Erwartungen den Fittichen der Familie längst entwachsene ›Kinder‹ an ihre Eltern haben. Manchmal scheinen sie sich geradezu dagegen zu wehren, erwachsen zu werden.

Eltern können nicht alles richtig machen. Was heißt überhaupt richtig? Die meisten Eltern haben bei der Erziehung ihrer Kinder so gehandelt, wie sie es für die jeweilige Zeit und Situation für angebracht hielten, also aus ihrem damaligen Verantwortungsbewußtsein heraus. Spätestens wenn wir das Gefühl haben, erwachsen zu sein, sollten wir aus der Rolle des Kindes heraustreten. Dazu gehört auch, die Schuld für unsere Unzulänglichkeiten nicht bei unseren Eltern zu suchen. Natürlich ist es wichtig zu erkennen, woher unsere Verhaltensmuster stammen. Doch muß das, was vor langer Zeit geschehen ist, noch heute unser Leben beeinflussen? Die Vergangenheit ist vorbei. Die Verantwortung, was wir aus der Vergangenheit machen, liegt einzig und allein bei uns. Hat nicht vielleicht das eine oder andere Verhalten unserer Eltern, das wir heute ablehnen und auch früher schon ›gehaßt‹ haben, sogar dazu beigetragen, die ›Trotzmacht‹ (Begriff von Viktor Frankl, dem Begründer der Logotherapie, siehe Seite 132 f.) unseres Geistes aufzurufen und Kräfte zu entwickeln, die es uns heute ermöglichen, mit vielen Schwierigkeiten fertig zu werden?

Eltern müssen ihren Kindern nicht ein Leben lang zur Verfügung stehen, um ihre Bedürfnisse und Wünsche zu befriedigen, und sind nicht zu lebenslanger Verantwortung für ihre Kinder verpflichtet. Auf der anderen Seite müssen aber auch Eltern ihre Erwartungen an die Kinder überprüfen. Kinder bereichern unser Leben in einer Weise, wie es durch nichts anderes auf der Welt denkbar ist. Deshalb tun wir alles, um sie zu fördern und zu schützen. Wenn unsere Kinder dafür dankbar sind, ist das ein Geschenk, aber erwarten dürfen wir es nicht. Es ist das Recht der Kinder zu nehmen. Und es entspricht einer natürlichen Ordnung, daß die Energie von den Eltern zu den Kindern fließt und nicht umgekehrt. Kinder sind nicht verpflichtet, ihr eigenes Leben den Eltern zu opfern. Erst wenn Eltern sich nicht mehr selbst helfen können, wenn Krankheit und Alter die Kräfteverhältnisse von Kindern und Eltern umkehren, sind Kinder zu Hilfe und Beistand aufgerufen.

Lebens-/Ehepartner

Es ist eine große Kunst, eine Beziehung so zu gestalten,
daß sie Perspektive hat, die Aufregung des Augenblicks
und die Unendlichkeit der Stille.

Die moderne Zweierbeziehung ist mit zunehmender Individualisierung der Gesellschaft ganz neuen Anfechtungen ausgesetzt. Immer mehr Frauen ›stehen ihren Mann‹, das heißt, sie haben auch die männliche Seite in sich entwickelt. Sie werden und sind nicht mehr auf die Rolle des Bewahrens und Empfangens beschränkt, sondern in der Lage und willens, außerhalb ihrer Familie zu wirken und etwas zu ›er-schaffen‹. Viele Männer hingegen lassen sich durch die Anforderungen der marktwirtschaftlich geprägten Berufswelt immer mehr in die Rolle der ›Macher‹ drängen. Ihnen bleibt kaum Raum, ihre weibliche Seite zu entfalten. Der Beruf wird oft zum einzigen Lebensinhalt. Um dieser Rolle im vermeintlichen Vollbesitz ihrer Kräfte stets gerecht zu werden, nutzen sie ihren wenigen Freiraum manchmal allein dazu, ihren Körper fit zu halten. Seelenkräfte bleiben dabei häufig auf der Strecke. Ich möchte hier aber kein Schwarzweißbild malen, denn natürlich gibt es auch Frauen, die ihre wahren Bedürfnisse nicht hinterfragen und sich mit einem überlieferten Rollenmuster zufriedengeben.

Fest steht jedoch, daß Mann und Frau unter anderen äußeren und inneren Bedingungen als früher eine Bindung eingehen. Zur Prüfung der eigenen Beziehung gehört es deshalb, rechtzeitig über deren Sinn nachzudenken. Das Hinterfragen einer Beziehung beginnt aber häufig erst dann, wenn die ersten Enttäuschungen und Verletzungen eingetreten sind. Am Anfang jeder Beziehung ist es im Grunde das Urbild des Partners, das wir erspüren, in das wir uns verlieben. Wenn wir im Verlauf einer Beziehung unseren Partner dann von seinen vielen Seiten kennenlernen, kann er dem Bild, das dann nur noch unserer Wunschvorstellung entspricht, häufig nicht mehr genügen.

Es klingt paradox, aber es gilt den Anschluß an dieses Urbild nicht zu verlieren und gleichzeitig darauf zu verzichten, den anderen wirklich ganz zu kennen. Eine Beziehung lebt nicht nur aus der Gemeinsamkeit, sondern auch aus der Anerkennung des Andersseins des anderen. Gemeinsamkeit fragt nach seelisch-geistiger Identität und ist bereit, den Wesenskern des anderen aufzunehmen. Die innere Sinnstruktur der Beziehung liegt in der Vereinigung, in der bipolaren Einheit. Die Schwingungen der Eigenpole jedes Partners müssen sich ergänzen. In der Verschmelzung mit dem anderen wird die geistige Kraft, die diese Verschmelzung schafft, zu einem beglückenden Erlebnis.

So faszinierend es ist, voneinander gefesselt zu sein, so gefährlich ist es, sich gegenseitig in Ketten zu legen. Deshalb müssen wir unsere Zweierbeziehung immer wieder daraufhin untersuchen, ob wir unseren Partner in dem, was durch ihn und in ihm verwirklicht werden will, unterstützen und fördern oder ob wir ihn aus Eigennutz oder Angst, ihn zu verlieren, daran hindern.

Bloßes Beieinanderleben ist etwas ganz anderes als Gemeinsamkeit. Diese ist ein ständig zu bewältigender Bauprozeß, nach dem beide Partner bewußt streben müssen. Dazu gehört auch das Bemühen, sich manchmal einem anderen Rhythmus als dem eigenen anzupassen. Und dazu gehört auch das Ringen, die unterschiedlichen Meinungen zu vereinen und sein eigenes Ermessen anzugleichen. Sicher geht das nicht immer. Dann ist zumindest Achtung und Respekt vor der Meinung des anderen vonnöten. Möglich wird das nur, wenn wir uns die Zeit nehmen, geduldig miteinander zu reden und aufmerksam zuzuhören. Wo die Kommunikation stirbt, stirbt die Liebe.

Prüfen Sie auch, ob Sie bereit sind, den Partner in seinem Leid mitzutragen. Prüfen Sie Ihre Bereitschaft, in allen Dingen, die sie zusammen erleben,

Ihre Grenzen zu erweitern – das heißt, in sich selbst Interesse für die Angelegenheiten des anderen zu wecken und die Grenzen im Miteinander zu erleben und im Handeln zu erweitern. Prüfen Sie, ob Sie Ihrem Partner Bereiche zugestehen, die Ihnen nicht zugänglich sind.

Liebe ist der Entschluß, das Ganze eines Menschen zu lieben.
Die Einzelheiten mögen sein, wie sie wollen.

Auch Ihre Bereitschaft, mehr zu geben, als zu empfangen, sollten Sie einer Prüfung unterziehen. Wenn diese Bereitschaft bei beiden Partnern besteht, werden Geben und Nehmen immer ausgeglichen sein. Fragen Sie sich auch, was Sie tun, um aktiv an der Gemeinsamkeit mit Ihrem Partner zu bauen, was Sie einzubringen bereit sind. Was ist das übergeordnete Dritte, das in Ihrer Partnerschaft lebt und sie trägt? In jungen Ehen ist das Dritte oft ein Kind, für das es gemeinsam zu sorgen gilt. Die Verantwortung für ein Kind und die gemeinsame Erziehung sind es, die zwei Menschen Gemeinsamkeit empfinden und entwickeln lassen kann. Aber auch Kinder sind eine zeitlich begrenzte Aufgabe. Deshalb sollten wir uns rechtzeitig fragen, worin der Sinn unserer Gemeinsamkeit liegt. Für echte Gemeinsamkeit bedarf es einer gemeinsamen Richtung, in die beide schauen, eines gemeinsamen Ziels, das verwirklicht werden soll.

Die sexuelle Gemeinschaft allein ist keine Basis für eine tragfähige dauerhafte Beziehung zweier Menschen. In einer von echter Liebe getragenen Gemeinsamkeit kommt ihr allerdings eine tiefe Bedeutung zu. Sexualität kann durch Liebe erhöht und zu einer bewußtseinserweiternden Erfahrung werden. Es gibt keine Möglichkeit der zwischenmenschlichen Beziehung, in der Einheit intensiver erlebt werden kann als in einer von Liebe getragenen Sexualität. Nur in ihr können sich Körper, Seele und Geist in einem Moment vereinigen. Auch in diesem Bereich einer Beziehung ist Austausch in absoluter Offenheit, Ehrlichkeit und Authentizität unumgänglich.

Maßnahmen zur Reinigung des Geistes

Glückseligkeit ist das Ziel des Sich-auf-die-Suche-Machens – und Bewußtheit ist der Weg dorthin.

Osho

Im weitesten Sinn hängt unsere Gesundheit auch von der Gesundheitsbereitschaft unseres Geistes und der dadurch beeinflußten Selbstheilungskräfte ab. Der erste Schritt zur Reinigung auf geistiger Ebene ist bereits getan, wenn Sie sich Bewußtheit über Ihre Vorstellungen, Gedanken, Seelenkräfte, Handlungen und Beziehungen verschafft haben. Aus eigener und therapeutischer Erfahrung weiß ich jedoch, daß Nachdenken allein nicht genügt. Häufig glauben wir nur zu wissen, wie es um uns bestellt ist. Ein wichtiger Schritt auf dem Weg zu mehr geistiger Klarheit besteht darin, das Erkannte auch zu formulieren. In Gegenwart eines guten Therapeuten ist das leichter als allein oder etwa vor Freunden, da ein Therapeut mehr inneren Abstand zu Ihnen hat. Im therapeutischen Gespräch sind Sie ›gezwungen‹, auszusprechen, wovon Sie sich reinigen wollen. Noch effektiver ist allerdings eine Therapie, die Ihr Unterbewußtsein und Ihren Körper mit einbezieht.

Im Körper sind Erinnerungen und Gefühle gespeichert, die dem Gehirn nicht einmal zugänglich sind. Die Überbetonung des ›Gehirnbewußtseins‹ hat zu einer Art Mißachtung des Körpers geführt, obwohl dieser oft Sitz der am sorgfältigsten aufbewahrten und in den meisten Fällen auch genaueren Informationen ist. Wenn wir wirklich ›ganz‹ sein wollen, müssen wir uns sowohl mit unserem Gehirn als auch unserem Körper, unseren Gefühlen, Intuitionen, Imaginationen, Visionen und Inspirationen vertraut machen. Auf der reinen Verstandesebene funktioniert das nicht, obwohl der Einstieg in diesen Bewußtseinsprozeß vielen Menschen über den Verstand zunächst am leichtesten fällt. Ich möchte Sie auf den folgenden Seiten mit Schritten der geistigen Reinigung bekannt machen, die einen Anfang auf dem Weg zu mehr geistiger Klarheit darstellen können.

Lebenslauf

Eine gute Möglichkeit, wichtige Begebenheiten Ihres Lebens ›zur Sprache zu bringen‹, ist das Aufschreiben des eigenen Lebenslaufs. Diese persönliche Biographie Ihrer Entwicklung kann für das tiefere Verständnis Ihrer heutigen Situation sehr förderlich sein. Beschreiben Sie darin Ihre Krisen, Konflikte, Freuden und Höhepunkte so lebendig wie möglich. Versuchen Sie sich auch an Ihre Gefühle in vergangenen Situationen zu erinnern und ganz besonders an Ihre Gefühle gegenüber Personen, die Sie stark berührt und geprägt haben. Die nachstehenden Vorschläge für den Inhalt eines solchen Lebenslaufs können Sie als Leitfaden benutzen.

Beantworten Sie zunächst die folgenden drei Fragen ganz spontan und intuitiv, ohne lange zu überlegen:

- Welches war das schlimmste Ereignis in Ihrem Leben?
- Welches war das schönste Ereignis in Ihrem Leben?
- Was fehlt Ihnen zur Zeit ganz besonders in Ihrem Leben? (Hier können sowohl seelische, körperliche als auch materielle Mankos aufgeführt werden.)

Schildern Sie dann Ihre Beziehungen zu Ihren Eltern oder zu anderen Erziehungspersonen, Ihr Verhältnis zu ihnen sowie die gegenseitigen Erwartungen:

- Welche Belohnungen, Bestrafungen, Zärtlichkeiten, Anforderungen und Werte gab es in diesen Beziehungen?
- Wie haben Sie diese Menschen untereinander erlebt?
- Welches Ihrer Geschwister war Vaters oder Mutters Liebling? Wie haben Sie das empfunden?

Vergegenwärtigen Sie sich auch Ihr familiäres und soziales Umfeld:

- Was für Spielzeug hatten Sie?
- Gab es Haustiere?
- Welche Rolle spielten Verwandtschaft und Nachbarschaft, Kindergarten, Schule, Lehrer, Kirche, Freunde, Feinde?
- Welche Krankheiten, Unfälle und Todesfälle gab es in Ihrer Familie, Ihrer Verwandtschaft und Ihrem Freundeskreis?
- Was wurde Ihnen über die Sexualität gesagt? Welche Bedeutung hatte das Thema für Sie (Tabus, Schuldgefühle, Lust, Doktorspiele)?
- Wie sind Sie mit Ihrem Körper umgegangen?

- Welche Ausbildung haben Sie gemacht?
- Welche Liebesbeziehungen hatten Sie?
- Wie sind Sie mit Autoritäten umgegangen?
- Welche immer wiederkehrenden Probleme und Krisen, Hoffnungen, Erwartungen, Freuden, Enttäuschungen prägten Ihr Leben?

Nachdem Sie unter diesen Gesichtspunkten Ihren Lebenslauf rückwärtsblickend aufgeschrieben haben, vergegenwärtigen Sie sich nun die Höhepunkte und Probleme Ihrer jetzigen Situation schriftlich (bitte möglichst genau mit Namen und Daten):

- Wie steht es um Ihre persönlichen Beziehungen: Ehe- oder Lebenspartner, Eltern, Kinder, Enkelkinder, Freunde?
- Wie sieht Ihr berufliches Umfeld aus: die persönlichen Stärken und Schwächen, das Verhältnis zu Kollegen, Chef oder Untergebenen?
- Unter welchen Krankheiten und körperlichen Beschwerden leiden Sie?
- Welchen Lebensstil führen Sie?
- Was für Eß- und Schlafgewohnheiten haben Sie?
- Welche psychischen Beschwerden haben Sie (Angst, Depressionen, Niedergeschlagenheit, Rastlosigkeit, Untätigkeit, Unlust, Faulheit, Unkonzentriertheit etc.)?
- Wie ist es um Ihr Selbstwertgefühl bestellt?
- Was tun Sie besonders gerne?
- Was können Sie besonders gut?
- Welche Ihrer Vorlieben und Fähigkeiten verwirklichen Sie?
- Welche Ihrer Vorlieben und Fähigkeiten verwirklichen Sie nicht und aus welchen Gründen?
- Was tun Sie besonders ungern, und aus welchen Gründen tun Sie es dennoch?
- Welche Zukunftspläne haben Sie?
- Was möchten Sie gerne an sich und an Ihrem Leben verändern?
- Was haben Sie sich schon immer gewünscht?
- Was würden Sie heute am liebsten beginnen, wenn Sie die Sicherheit hätten, es würde Ihnen auf jeden Fall gelingen?

Geistige Blockaden

Nachdem Sie all dies niedergeschrieben haben, legen Sie den Lebenslauf beiseite und schauen ihn erst am nächsten Tag wieder an. Ergänzen Sie innerhalb der nächsten vier Wochen täglich diese ›Bilanz Ihres Lebens‹ durch eine

Liste: Darin tragen Sie Haltungen ein, die Sie immer wieder an sich entdecken, Haltungen, von denen sie merken, daß Sie ganz besonders darin verhaftet sind. Auch hierzu einige Beispiele:

- Ich fühle den Zwang in mir, immer gut dastehen zu wollen.
- Es ist mir ganz wichtig, mir Hintertüren offenzuhalten.
- Ich muß immer kraftvoll wirken.
- Ich darf keine Schwächen zeigen.
- Ich muß meine wahren Gefühle verbergen (bitte auch aufschreiben, um welche Gefühle es sich handelt und wem sie gelten).
- Ich will überlegen wirken.

Wichtig bei dieser Übung ist, die entdeckten Verhaftungen Ihres Wesens nicht zu beurteilen, sondern nur wahrzunehmen und aufzuschreiben. Wenn Sie diese Liste jeden Tag lesen und ergänzen, werden sich viele Haltungen, die Sie geistig blockieren und die Ihnen für Ihre weitere Entwicklung im Wege stehen, von selbst lösen.

Sie haben nun den zweiten Schritt der geistigen Reinigung getan. Damit das Erkannte aber im Alltag nicht verlorengeht, müssen Sie auch den dritten Schritt wagen. Dieser führt in die Stille.

Meditation

Meditation ist die Kunst, den Geist zur Ruhe zu bringen. Und dies ist für viele Menschen in unserer lauten, hektischen Zeit die größte Herausforderung. Es ist unglaublich schwer, die Gedanken ›abzustellen‹. Unentwegt denkt es und plappert es in uns. Um sich auf geistiger Ebene zu reinigen, bedarf es jedoch der Stille.

Meditation ist immer neu. ... Sie hat keine Wurzel in der Zeit.
... Die Meditation des Heute ist ein neues Erwachen; in ihm entfaltet sich neu die Schönheit der Güte. ...Meditation ist die Summe aller Energie.
... Jederzeit klar sehen, was ist, bedarf der gesammelten Energie.
... Die Summe der Energie weitet sich ständig aus und wird im täglichen Leben zur Handlung.

Krishnamurti

Eigentlich ist es an dieser Stelle nicht mehr richtig, von ›Reinigung‹ zu sprechen. Denn der Geist ist rein. In unserem geistigen Wesenskern sind wir nicht kränkbar, nicht verletzbar, nicht erschütterbar und nicht unrein. Hier ist der Punkt erreicht, wo Worte das Gemeinte in einer Form eingrenzen, die leicht zu Mißverständnissen führen kann. Bei der Meditation geht es darum, die Möglichkeit der Stille zu erleben, die Besinnung als Atemholen der Seele. Meditation kann mitten im Leben geschehen; ja alles, was wir tun, kann Meditation sein, wenn wir wirklich ganz im Hier und Jetzt, im Augenblick zu bleiben in der Lage sind. Aber wer ist das schon?

Wie meditieren?

Meditation zielt auf die Mitte des Menschen. In unsere Mitte zu finden und aus unserer eigenen Mitte heraus leben zu können ist das Ergebnis von Meditation. In der Meditation kommen wir an die Schwelle von seelischer zu geistiger Nahrung. Durch die Meditation haben wir die Möglichkeit, sowohl unseren Körper als auch unsere Seele zur Ruhe kommen zu lassen, Körper, Seele und Geist zu harmonisieren und uns dem reinen Geist zu öffnen. In dieser Öffnung kommen wir unserem innersten Wesenskern, dem Göttlichen in uns, unserer Spiritualität und der Liebe näher.

Der Zustand tiefer Meditation ist ein Zustand höchster Bewußtheit. Der Geist ist von allen Symbolen, Bildern und Erinnerungen befreit. Um sich diesem Zustand zu nähern, gibt es verschiedene Möglichkeiten. Sie können mit geführten Meditationen beginnen, die es auf Tonträgern zu kaufen gibt. Wenn Sie in der Lage sind, sich dabei von Ihren Gedanken zu lösen, sie still werden zu lassen, können Sie versuchen, allein und in Stille drei bis fünf Minuten nichts anderes zu tun, als auf Ihren Atem zu achten, indem Sie ihn einfach nur beobachten.

Die Körperhaltung ist dabei am Anfang unwichtig. Entscheidend ist, daß Sie sich in einer Haltung befinden, die für Sie bequem ist und in der Sie sich entspannen können. Später sollten Sie dann aufrecht sitzen, da die aufrechte menschliche Haltung Bewußtsein bedingt. Wenn wir bewußtlos werden, fallen wir um. Niemand kann frei stehend schlafen, da im Schlaf unser Bewußtsein nicht im Körper ist. Dadurch daß der Mensch durch die Aufrechte eingebunden ist zwischen oben und unten, zwischen Himmel und Erde, wird menschliches Bewußtsein ermöglicht.

Eigentlich muß sich Meditation ereignen. Sie kann nicht abhängig sein von einer bestimmten Methode. Dennoch halte ich es für ratsam, verschiedene Meditationsmethoden auszuprobieren, um selbst festzustellen, auf welche Art und Weise wir unsere Gedanken am besten zur Ruhe bringen können. Mit täglicher Übung wird das immer leichter gehen. Und irgendwann kann Meditation dann geschehen, ohne daß wir es uns vornehmen.

Es gibt jedoch Wege, die das Hineingleiten in diesen Zustand erleichtern. Sie können über klassische Musik führen oder über den Atem. Meditation kann das stille Sitzen bedeuten, wie im Zen-Buddhismus, einer Bewegung des Buddhismus, in der körperliche Disziplinierung, Atemtechnik und innere Versenkung systematisch geübt werden. Es gibt Bewegungsmeditationen, wie zum Beispiel die der ›Vier Himmelsrichtungen‹ aus dem Sufismus, der Mystik des Islam.

Meditation schließt Handeln nicht aus. Wenn es uns gelingt, auch im aktiven Tun einfach nur zu sein, dann ist das Meditation. Aus diesem Zustand heraus können wir in absoluter Klarheit alles wahrnehmen und zu allem einen inneren Abstand halten. Wir sind Zeuge. Wir beobachten in absolut klarer Bewußtheit. Wenn wir damit beginnen, diese Bewußtheit unserem Körper gegenüber zu entwickeln, ist das ein erster Schritt auf diesem Weg. Wenn wir unsere Gedanken beobachten, ohne sie zu beurteilen, ist dies ein weiterer Schritt. Vieles wird sich von ganz allein verändern, wenn wir uns unsere Gedanken bewußt machen. Innere Ruhe und Frieden zwischen Körper und Geist können einkehren. Durch die Beobachtung unserer Gefühle und Stimmungen als nächsten Schritt erreichen wir Einklang zwischen all den widerstreitenden Seelenregungen und letztlich höchste Bewußtheit als einen Zustand tiefen Glücks. Meditation ist Glückseligkeit, die aus vollkommenem Schweigen kommt und jenseits jeglicher Worte liegt.

Schweigen

Das Denken muß schweigen, damit Liebe sein kann.

Krishnamurti

Unsere Gesellschaft kann ohne Sprache nicht existieren. Aber der Mechanismus der Sprache darf uns nicht in der Gewalt haben. Wenn wir als soziales Wesen auftreten, ist der Verstand wichtig, aber wenn wir mit unserer Existenz allein sind, versklavt er uns. Der Verstand muß unser Werkzeug sein, aber er darf nicht Herr in unserem Haus werden. Wörter sammeln sich und stehen immer zwischen dem, was ist, und unserem Bewußtsein. Ein Sonnenaufgang ist zum Beispiel eine Tatsache, eine Situation, eine Erfahrung. Wenn wir den Sonnenaufgang verbalisieren, steht das Wort zwischen dieser Tatsache und ihrem Sein. Unser Verstand wandelt das, was ist, immer in Wörter um.

Verstand ist notwendig, um zu entscheiden, wozu wir in unserem Leben Ja sagen und was wir verneinen. Das bedingungslose Ja zum Leben erfahren wir nur in der Stille. Wer sich einmal eine Zeit der Stille auferlegt hat,

Meistens sind an unser Ja Bedingungen geknüpft.
Aber hin und wieder lassen wir uns wie ein Papierdrachen von einem kräftigen Wind mitreißen und sagen uneingeschränkt Ja.
In solchen Momenten erkennen wir, daß Ja die Antwort auf jedes Warum ist. Und ganz plötzlich hat alles einen Sinn. Das Ja des menschlichen Herzens ist unsere rückhaltlose Antwort auf die ›Verläßlichkeit im Herzen aller Dinge‹. Sobald wir uns darauf verlassen und Ja sagen, werden wir, was wir sind. Unser wahres Selbst ist das Ja.

David Steindl-Rast

wird diese Quelle der Kraft und der Freude nicht mehr missen wollen. Im Schweigen ist es uns leicht möglich, einfach zu *sein*. Durch Schweigen können wir unseren Geist klären. Im Schweigen ist es uns möglich, feinfühlig zu werden, unsere Sinne zu erweitern. Im Schweigen können wir lernen, mit uns ganz allein zu sein. Alles, was wir aufnehmen und empfinden, bleibt bei uns: Schönheit, Liebe, Traurigkeit, Mitgefühl, Freude. Im Schweigen können wir uns selbst erfahren, wie es uns auf keine andere Weise möglich ist. Wir erfahren unseren inneren Wesenskern, der mit allem, was ist, in Verbindung steht. Wir erleben, daß Alleinsein ›All-ein-sein‹ beinhaltet. Schweigen bringt uns auf den Weg aus dem Alltagslärm zur Herzensstille.

Geistiges Klarwerden bedingt, daß sich jeder Mensch täglich eine Zeit der Stille gönnt. Durch Schweigen bekommen wir ein Gespür für das Wesentliche, das Streiten in uns hört auf. Als Gegenpol zur Kommunikation über das Wort ist Schweigen lebensnotwendig, um in Harmonie zu bleiben. Hier ist nicht das gleichgültige Schweigen gemeint, wenn Menschen sich nichts mehr zu sagen haben, und auch nicht das verbitterte Zurückziehen in den Schmollwinkel. Diese Arten des Schweigens können für alle Beteiligten zur Qual werden. Es geht um lauschendes Schweigen, in dem wir zur Ruhe kommen, bis wir ganz in uns selbst ruhen, aus dem wir Kraft und Frieden schöpfen können.

Kapitel 6

Anleitung für körperliche, seelische und geistige Reinigung

Das, worauf es ankommt, ist jeden Moment bereit zu sein, das, was wir sind, aufzugeben für das, was möglich ist.

Ch. Du-Bos

Erste Schritte der Reinigung

Bewußter Entschluß

Die Wahrheit eines Menschen wird glaubwürdig
in den kleinen Taten in der Zeit seiner Endlichkeit.

Der Entschluß, sich zu reinigen – sei es auf körperlicher, seelischer oder geistiger Ebene –, muß eine ganz klare Bewußtseinsentscheidung sein, die von einem Verantwortungsgefühl für das eigene Wohlbefinden und die eigene Gesundheit getragen ist. Viele Menschen, die sich ihr Leben lang ungesund ernährt haben, zitieren alle möglichen Gründe für ihr Unwohlsein oder ihre Krankheiten herbei, ohne zu erkennen, daß sie diese zu einem großen Teil selbst verschuldet haben. Andere suchen die Ursachen für ihre seelischen Verstimmungen im Außen, und wieder andere finden stets Schuldige für ihre Unzulänglichkeiten und Mißerfolge.

Wenn der Beschluß zur Veränderung gefaßt und der Wille eindeutig formuliert ist, muß eine Bilanz des Ist-Zustands folgen. Fragen nach dem eigenen Befinden und Erscheinen auf körperlicher, seelischer und geistiger Ebene sind unumgänglich. Erst dann kann die Entscheidung gefällt werden, auf welcher Ebene die Reinigung beginnen soll. In dem Bereich, in dem nach unserer kritischen Einschätzung am meisten im argen liegt, dort, wo wir uns am wenigsten wohl fühlen, liegt der Ansatzpunkt.

Das persönliche Ziel stecken

Wer das Ziel nicht kennt, wird den Weg nicht finden.

Christian Morgenstern

Ebenso wichtig ist es aber auch zu wissen, welches Ziel mit der Reinigung verfolgt wird. Fragen Sie sich also, was Sie mit den Reinigungsmaßnahmen erreichen wollen. In erster Linie sollten Sie diese Frage sich selbst stellen, unter Umständen aber auch jenen Menschen, die Ihnen nahestehen. Ein ausgeglichener, gesunder, vitaler Mensch ist auch für seine Mitmenschen eine

Freude und kann Positives in die Welt einbringen. Schlechte Befindlichkeit oder Krankheiten können andererseits auch zur Machtausübung über andere mißbraucht werden.

Bedenken Sie immer, daß sich Veränderungen nicht von heute auf morgen herbeiführen lassen. Machen Sie sich dazu einmal bewußt, wie lange es gedauert hat, um in den Zustand, den Sie jetzt verändern wollen, hineinzugeraten!

Welche Methode wählen?

Die große Palette an Reinigungsmethoden, die ich Ihnen vorgestellt habe, soll Ihnen in erster Linie einen Überblick über die vielfältigen Wege geben, Körper, Seele und Geist von Ballast zu befreien. Ich gebe Ihnen somit eine Entscheidungs*hilfe* – die eigentliche Entscheidung aber liegt in Ihrer Hand. Wenn Sie sich klargeworden sind, auf welcher Ebene Sie mit einer Reinigung beginnen wollen, sollten Sie genau nachspüren, welche Methode Sie am meisten anspricht, und sich dann gründlich darüber informieren. Im Anhang finden Sie zahlreiche Literaturhinweise und wichtige Adressen, die Ihnen weiterhelfen.

Vergessen Sie bei Ihrer Entscheidung aber vor allem eines nicht: Ihr *ureigenstes Wesen* mit einzubeziehen. Es macht keinen Sinn, allgemeingültige ›Rezepte‹ zu geben bzw. zu übernehmen, die weder Ihrem ›Verspannungs‹-noch Ihrem Ernährungstypus oder Ihrem Temperament entsprechen. Deshalb finden Sie zum Abschluß dieses Kapitels Tips für Reinigungsmethoden für die verschiedenen Menschentypen, basierend auf der Typologie der vier Temperamente Choleriker, Phlegmatiker, Sanguiniker und Melancholiker.

Was gilt es zu beachten?

Stillschweigen

Treffen Sie Ihre Entscheidung zunächst ganz für sich allein, und denken Sie gut darüber nach, ob und mit wem Sie darüber sprechen wollen. Es könnte durchaus Menschen geben, die Sie in Ihrer Entscheidung verunsichern oder von Ihren Plänen abbringen.

Vermeiden Sie es allerdings auch, andere zu missionieren. Wenn sich die ersten Erfolge einstellen, wird man Sie ohnehin nach den Gründen Ihrer soviel positiveren Ausstrahlung fragen. Und dann werden Sie mit Begeisterung davon berichten wollen.

Gründliche Information

Der von Ihnen eingeschlagene Weg wird nur dann Erfolg bringen, wenn Sie sich Ihrer Entscheidung ganz sicher sind. Deshalb noch einmal die Bitte: Informieren Sie sich ausführlich über die von Ihnen gewählte Methode(n). Greifen Sie dazu auch auf die Literaturhinweise und das Adressenverzeichnis im Anhang des Buches zurück.

Ein Schritt nach dem anderen

Legen Sie fest, wann Sie mit den entsprechenden Schritten beginnen und in welcher Zeit Sie welche Ziele erreicht haben wollen. Erstellen Sie einen Zeitplan mit kurz- und langfristigen Zielen, und überprüfen Sie regelmäßig den Erfolg. Fangen Sie mit dem leichtesten Schritt an – wenn er gelingt, wird Sie das ermutigen, den nächsten Schritt zu tun. Nehmen Sie sich jedoch nicht zuviel auf einmal vor. Jeder nicht durchgehaltene Vorsatz schwächt Ihren Willen.

Achtsamkeit für sich und für andere

Gründliche Reinigungsprozesse erfordern die intensive Beschäftigung mit der eigenen Person und ein hohes Maß an Achtsamkeit sich selbst gegenüber. Darin liegt aber immer auch die Gefahr, egoistisch oder weltfremd zu werden. Bleiben Sie deshalb stets auch Ihren Mitmenschen gegenüber und dem, was der Augenblick fordert, achtsam. Sie stehen bei anderen Menschen im Wort. Aus dieser Verpflichtung dürfen Sie sich nicht einfach davonstehlen.

Sollten Ihre beruflichen und privaten Anforderungen Sie allerdings in Ihrem Reinigungsprozeß behindern oder Sie in dieser Phase überfordern, so reden Sie darüber und bitten Sie um Entlastung und Hilfe. Das macht Sie glaubwürdiger und menschlicher.

Werden Sie andererseits nicht überheblich, wenn Sie die ersten Erfolge verzeichnen können. Die Gefahr des ›Abhebens‹ ist in solchen Momenten sehr groß. Nehmen Sie dankbar an, was geschieht, und zollen Sie sich allenfalls Anerkennung für Ihr Durchhaltevermögen.

Geduld bewahren

Verzeihen Sie sich selbst, wenn Ihnen das eine oder andere nicht sofort gelingt, und üben Sie sich in Geduld. Es hat ja auch Jahre gedauert, bis Sie

Ihre Muttersprache beherrschten. Schauen Sie auf das, was Ihnen gelingt, und schenken Sie dem, was nicht gelingt, keine Beachtung. Wenn Sie alles, was Sie zu Ihrer Veränderung unternehmen, mit Freude tun, werden Sie über jeden noch so kleinen Erfolg glücklich sein.

Die Eigenwahrnehmung schulen

In der Hektik des Alltags nehmen wir weder unseren Körper noch unseren Seelenzustand wahr. Solange wir uns ›gut‹ fühlen und sich keinerlei Störungen bemerkbar machen, halten wir es für selbstverständlich, daß wir vital und guter Stimmung sind.

Krankheit ist jedoch die Folge über einen langen Zeitraum begangener Verhaltensfehler in der Lebensführung und Ernährung. Meistens besteht kein Gleichgewicht zwischen Arbeit und Muße, Anspannung und Entspannung, Aktivität und Kontemplation, Bewegung und Ruhe, zwischen Schlafen und Wachsein. Dem uns natürlich innewohnenden Rhythmus wird keine Beachtung geschenkt. Wir überschätzen unsere Kräfte, muten uns zuviel oder zuwenig zu. Befindlichkeitsstörungen werden häufig ignoriert oder auf das Alter, auf äußere Einflüsse wie das Wetter oder auf negative Lebensumstände geschoben.

Zum eigenen Beobachter werden

Um sich selbst und Ihre Bedürfnisse besser kennenzulernen und um ein Gespür dafür zu bekommen, auf welcher Ebene oder in welchem Bereich bei Ihnen persönlich der stärkste Bedarf einer Reinigung besteht, sollten Sie Ihre Eigenwahrnehmung schulen und zum eigenen Beobachter werden. Beginnen Sie damit, darauf zu achten, wie Sie sich am Morgen nach dem Aufwachen fühlen. Beobachten Sie sich dann im Tagesverlauf bei Ihren Alltagsaktivitäten. Stellen Sie sich dabei folgende Fragen:

- Sind Sie frühmorgens ausgeschlafen und erholt, oder fühlen Sie sich zerschlagen? Schlafen Sie zuwenig oder zuviel?
- Was haben Sie geträumt?
- Springen Sie nicht gleich aus dem Bett, sondern entwickeln Sie zunächst einmal ein Gefühl für den neuen Tag: Was haben Sie vor, und worauf freuen Sie sich?
- Spüren Sie dann in Ihren Körper hinein: Wie steht es mit der Beweglichkeit? Sind Ihre Glieder beim Aufstehen steif?

- Schauen Sie sich im Bad Ihr Gesicht an: Ist Ihre Hautfarbe gesund oder blaß, gelblich oder gräulich? Ist Ihre Zunge belegt? Sind die Augen verklebt oder gerötet? Ist Ihr Blick klar und strahlend oder trüb?
- Welche Konstitution haben Sie: eher warm und feucht oder kalt und trocken?
- Ist Ihnen meistens eher kalt oder eher warm?
- Wie ist Ihre Körperhaltung: gebückt oder gerade, trotzig oder eingeschüchtert?
- Haben Sie täglich Stuhlgang? Wie ist seine Konsistenz?
- Wie sieht Ihr Urin aus: klar, dunkel oder getrübt? Wie ist sein Geruch?
- Müssen Sie nachts auf die Toilette?
- Schwitzen Sie leicht und oft?
- Für Frauen: Bekommen Sie Ihre Menstruation regelmäßig? Wie lange dauert sie? Haben Sie dabei Schmerzen?
- Nehmen Sie Medikamente ein? Brauchen Sie diese wirklich?
- Worauf haben Sie besonders viel Appetit, gegen welche Nahrungsmittel empfinden Sie Abneigung? Nehmen Sie Ihre Mahlzeiten regelmäßig und zu festen Zeiten ein? Wie gehaltvoll ist Ihre Ernährung? Essen Sie überwiegend frische, möglichst unbehandelte Nahrung oder Fertigkost?
- Trinken Sie genug, also mindestens 1 bis 2 Liter pro Tag? Was trinken Sie?
- Wann, in welchen Situationen und in welcher Menge konsumieren Sie Alkohol?
- Haben Sie irgendein Suchtproblem?
- Wie groß ist Ihr sexuelles Verlangen? Sind Sie mit Ihrem Sexualleben zufrieden?
- Wie ist Ihre Grundstimmung: nervös, mißtrauisch, ängstlich, mißmutig oder freudig gelassen?
- Gehen Sie Ihrer Arbeit mit Vergnügen nach?
- Was lähmt Sie in Ihrem Schaffensdrang und Ihrer Kreativität?
- Haben Sie ein gutes Gedächtnis, und können Sie sich gut konzentrieren?
- In welcher Jahreszeit fühlen Sie sich am wohlsten?
- Bewegen Sie sich viel? Bringen Sie wenigstens einmal pro Tag Ihren Kreislauf in Schwung, so daß Ihr Puls mindestens für eine halbe Stunde schneller schlägt?
- Wie oft halten Sie sich im Freien in sauberer, frischer Luft auf?
- Wann haben Sie das letzte Mal Urlaub gemacht, und wie haben Sie ihn verbracht?
- Wie gestalten Sie in der Regel Ihre Freizeit?
- Wann haben Sie sich zuletzt etwas Gutes getan und sich selbst eine Freude bereitet?

- Was bedeutet Geld für Sie?
- Wonach sehnen Sie sich schon lange?
- Was mögen Sie an sich, was nicht?
- Was von dem, das Sie nicht mögen, können Sie verändern?
- Was drücken Sie durch Ihre Art, sich zu kleiden, aus?
- Ist Ihre Aufmerksamkeit meistens darauf gerichtet, anderen zu gefallen?
- Stehen Sie zu Ihrer Meinung, auch wenn Sie dadurch Schwierigkeiten zu erwarten haben?
- Was und wie denken Sie über sich selbst?
- Worüber urteilen Sie, und wie fallen diese Urteile aus?
- Was denken Sie über Ihre Mitmenschen – Partner, Kinder, Eltern, Geschwister, Nachbarn, Freunde, Vorgesetzte, Arbeitskollegen?
- Was beschäftigt Sie zur Zeit am meisten?
- Womit verbringen Sie die meiste Zeit? Befriedigt Sie das? Sehen Sie darin einen Sinn?
- Wie steht es um Ihre Liebesfähigkeit?
- Wen lieben Sie von ganzem Herzen, wem sind Sie zugeneigt, wen mögen Sie gern, wen lehnen Sie ab und warum?
- Von wem fühlen Sie sich geliebt?
- Mit welchen Menschen verbringen Sie Ihre meiste Zeit? Welches Verhältnis haben Sie zu ihnen? Bereichern Sie diese Menschen?
- Von welchen Menschen möchten Sie gerne Abstand nehmen? Was hindert Sie daran?
- Haben Sie Angst, verlassen zu werden?
- Können Sie wirkliche Nähe geben und zulassen?
- Können Sie gut allein sein, oder brauchen Sie immer Menschen um sich herum?
- Vertrauen Sie anderen Menschen, oder sind Sie eher mißtrauisch?
- Sind Sie konfliktbereit, oder verleugnen Sie sich manchmal selbst um der Harmonie willen?
- Geht es Ihnen oft darum, recht zu haben?
- Sind Sie manchmal sarkastisch und überheblich?
- Was regt Sie an anderen am meisten auf?
- Was wollen Sie unbedingt kontrollieren?
- Können Sie sich unterordnen?
- Wie steht es mit Ihrer Disziplin?
- Sind Sie verläßlich?
- Können Sie spontan sein, oder überlegen Sie alles und wägen immer ab?
- Wie entscheidungsfreudig sind Sie?
- Wofür sind Sie dankbar?
- Was versetzt Sie in Staunen?

- Wofür engagieren Sie sich – auch außerhalb Ihres Berufs?
- Wie hilfsbereit sind Sie?
- Können Sie um Hilfe bitten und Hilfe annehmen?
- Wie gehen Sie mit Kritik um?
- Können Sie sich selbst Fehler eingestehen?
- Können Sie sich und anderen verzeihen, oder sind Sie nachtragend?
- Wofür fühlen Sie sich verantwortlich?
- Wobei drücken Sie sich vor Verantwortung?
- Wovor haben Sie Angst?
- Was fürchten Sie am meisten?
- Was in Ihrem Leben möchten Sie unbedingt loswerden?
- Was ist Ihr größter Wunsch?
- Was hindert Sie daran, diesen Wunsch zu erfüllen?
- Was ist Ihr größtes Geheimnis, das Sie niemals einem Menschen verraten würden?
- Welchen Eindruck wollen Sie meistens erwecken? Sind Sie dabei ehrlich?
- Bei welchen Gelegenheiten lügen Sie? Was veranlaßt Sie dazu?
- Welche Visionen haben Sie für Ihr Leben?
- Wobei fühlen Sie sich besonders lebendig?
- Sind Sie bereit, ein Leben lang zu lernen?
- Glauben Sie, die ganze Welt mit Ihren fünf Sinnen erfassen zu können?

Wenn Sie sich alle diese Fragen ganz ehrlich beantworten wollen, müssen Sie sich zwangsläufig intensiv mit sich selbst auseinandersetzen. Damit sind Sie bereits ein großes Stück in Ihrer Eigenwahrnehmung vorangekommen.

Die verborgenen Seiten erkennen

Die geistige, emotionale und körperliche Aussöhnung kann erst stattfinden, wenn sich die Energien versöhnt haben.

Was jenseits des Sichtbaren und Spürbaren – im Unterbewußtsein – liegt, können wir meist nicht so leicht wahrnehmen. Häufig sind es Eigenschaften und Gefühle, die wir aus irgendwelchen Gründen ablehnen, nicht sehen wollen oder können – hier spielen Erziehung, Moralvorstellungen oder einfach Eigenblindheit eine Rolle. Jeder Mensch hat diese dunklen Seiten in sich.

In diese Schatten können wir nur Licht bringen, wenn wir uns auf den Weg der Selbsterfahrung begeben. In der Regel bedarf es dazu therapeutischer Hilfe. Aber auch Meditation und Schweigen können uns wie erwähnt dorthin führen. Erst wenn wir alle uns innewohnenden Wesensanteile ins

Bewußtsein geholt haben, wenn wir sie erfühlt und empfunden haben, können wir sie in unsere Persönlichkeit integrieren. Erst dann können wir bewußt Stellung zu ihnen beziehen und sie auf eine heilsame Weise transformieren und nutzen.

Wenn jemand beispielsweise sein Aggressionspotential gar nicht kennt oder es ablehnt, überhaupt Aggressionen zu haben, wird er immer im falschen Moment, in der falschen Situation und in Gegenwart der falschen Menschen von diesen Energien überwältigt werden. Dabei kann viel Unheil angerichtet werden und Schuldgefühl erwachsen. Schauen wir jedoch diesem Wesensanteil ins Gesicht und begrüßen ihn als zu uns gehörig, können wir Aggression transformieren, die darin liegende Kraft erkennen, sie zu Kampfkunst werden lassen und mit ihr viel in der Welt bewegen. Wir müssen uns an dieser Stelle bewußtmachen, daß die Beurteilung, Aggression sei etwas Negatives, einseitig ist. Unerlöst gelebt, führt Aggression in Wut, Zorn, blinden Aktionismus und Zerstörungslust, erlöst gelebt, zu Spontaneität, Mut, Ehrlichkeit, Gleichmut und absichtslosem Tun.

Ähnlich verhält es sich mit anderen Wesensanteilen in uns, zum Beispiel einem angelegten Suchtpotential. Menschen, die das in sich erkennen und bejahen, müssen nicht zwangsläufig süchtig werden. Sie leben sicher in der Gefahr, Täuschungen und Illusionen zu erliegen, und haben manchmal mit Betrug, Verlogenheit, Phlegma und Schwäche zu tun. Wenn sie dieses Potential jedoch bejahen und transformieren, können sie viel Mitgefühl, Phantasie, Selbstlosigkeit und Weisheit entwickeln. Sie sind zu großer Hingabe fähig und können erspüren, was es heißt, ›all-eins‹ zu sein. Diese Menschen haben die Möglichkeit, künstlerisch tätig zu werden, einen helfenden Beruf zu ergreifen oder sogar die Seite der Medialität in sich zu verwirklichen. In ihnen steckt auch ›der gute Hirte‹.

Diese Beispiele sollen nur noch einmal deutlich machen, wie wichtig es ist, die Eigenwahrnehmung zu schulen und dabei auch fremde Hilfe in Anspruch zu nehmen, um ganz erwachsen und ganz bewußt werden zu können. Nur dann sind wir auch in der Lage, *den* Grad von Reinheit zu erreichen, *der* uns ein Leben in Klarheit auf allen Ebenen ermöglicht. Bitte bedenken Sie, daß *alles* mehr oder weniger in uns ausgeprägt ist. Es zu negieren bringt uns nicht weiter. Wir müssen uns erst einmal auf uns selbst einlassen, bevor wir in der Lage sind, Teile von uns loszulassen. Und Abschiednehmen ist ein ständiger Begleiter unseres Lebens. Wir müssen lernen, uns selbst nahe zu sein, um mit uns allein sein zu können.

Tips zur Reinigung für die verschiedenen Menschentypen

Nicht jeder, der sich einem Reinigungsprozeß unterziehen möchte, kann sogleich damit beginnen. Auch wenn wir unser Ziel immer vor Augen haben, muß das nicht heißen, daß wir unser gesamtes Leben von heute auf morgen auf den Kopf stellen können. Alles was wir unternehmen, um uns zu reinigen, muß nicht nur in den jeweiligen Lebensumständen durchführbar sein, sondern vor allem auch im Einklang mit unserem ureigenen Wesen stehen.

Es gibt unzählige Einteilungen der einzelnen Charaktere und Konstitutionstypen, der Verhaltenseigenheiten und Temperamente von Menschen, die eine Hilfe bei der Selbsteinschätzung der eigenen Wesensstruktur sein können. Daher ist es sicher einseitig, sich für *ein* System zu entscheiden. Andererseits wird heute mehr denn je nach ›Rezepten‹ gefragt. Deshalb möchte ich versuchen, zumindest einige Anregungen zu geben, welche Methoden der Reinigung für die unterschiedlichen Menschentypen geeignet sind. Bedenken Sie dabei aber immer, daß wir alle Eigenschaften in uns tragen. Nur ihre Ausprägung ist verschieden gewichtet.

Charakterisierung der vier Temperamente Choleriker, Phlegmatiker, Sanguiniker und Melancholiker

Eines der bekanntesten Systeme ist die Einteilung der Menschen in die vier Temperamente: Choleriker, Phlegmatiker, Sanguiniker und Melancholiker. Diese Temperamente sind den Elementen Feuer, Wasser, Luft und Erde zugeordnet, und schon allein aus der Betrachtung dieser vier Elemente werden die ›Grundfärbungen‹ des Wesens eines Menschen deutlich:

- Feuer (Chloleriker) wärmt, verbrennt aber auch. Feuer ist durch Aktivität und Aggressivität gekennzeichnet.
- Wasser (Phlegmatiker) schmiegt sich überall hinein, paßt sich an, ist aber

auch in der Lage, Stoffe zu lösen und Gestein auszuwaschen. Im Aggregatszustand des Eises ist Wasser sogar in der Lage, Felsen zu sprengen. Es besteht ein enger Zusammenhang zwischen Wasser und Gefühl. Wenn wir sagen, ein Mensch sei nah am Wasser gebaut, meinen wir, daß er häufig von seinen Gefühlen überwältigt wird.

- Luft (Sanguiniker) ist fast überall, verbindet sich aber nicht so leicht mit anderen Elementen, sondern verbindet die Elemente miteinander. Luft ist sozusagen immer vermittelnd tätig. Der Vorgang der Atmung macht das deutlich: Durch die Luft sind wir in einem ständigen Austausch mit allen Menschen, Tieren und Pflanzen auf der Erde. Flüchtigkeit kennzeichnet das Element der Luft.
- Erde (Melancholiker) ist etwas Festes, ist schwer zu bewegen, allenfalls durch Wasser aufzuweichen. Festigkeit ist eine Eigenschaft der Erde.

Jeder Mensch ist sozusagen eine ›Mischung‹ dieser vier Grundtemperamente, allerdings herrscht stets ein Temperament vor. Die vier Temperamente entsprechen vier polaren Grundkräften, die der Mensch wie der Kosmos in sich vereinigt[13]:

- Der Pol der Eigendrehung, so wie die Erde sich um die eigene Achse dreht: Dieser Pol steht für die Ich-Kraft und führt in die Egozentrik. Er bestimmt den Choleriker.
- Der Pol der Fremddrehung, der im Kosmos der Drehung der Erde um die Sonne entspricht und von den Kräften der Sonne ausgeht: Dieser Pol führt in Fremdbestimmtheit, Aufopferung und Hingabe. Er bestimmt den Phlegmatiker.
- Der Pol der Fliehkraft, der im Kosmos durch den Pol der Schwerkraft in Schranken gehalten wird: Dieses ist der Pol der Veränderungen. Er führt beim Menschen zu revolutionärem Verhalten, zur Suche nach immer neuen Erfahrungen. Der Sanguiniker wird durch diesen Pol charakterisiert.
- Der Pol der Schwerkraft, der auf Bewahrung ausgerichtet ist: Ein Mensch, der durch diese Grundkraft geprägt ist, neigt dazu, alles unter Kontrolle zu halten und seiner Macht zu unterwerfen. Sicherheitsbedürfnis und Dauer prägen sein Leben. Es ist der Melancholiker, der von diesem Pol bestimmt wird.

[13] Persönlichkeitstypologie, abgeleitet aus einem Modell der Grundformen der Angst von Fritz Riemann.

Bei einem sehr ausgeprägten Temperament besteht die Gefahr der Einseitigkeit. Die Abspaltung einer der vier Grundkräfte führt ebenso wie die starke Überbetonung eines Pols mit der Zeit in die Krankheit. Ganzheit bedeutet, jeweils seinen Gegenpol zu erkennen und in sich zu integrieren.

Wo immer Sie sich in der nachfolgenden Einteilung der Temperamente wiederfinden, denken Sie immer daran, daß wir nicht zu einem Charakter ›verdammt‹ sind. Temperament ist etwas Ererbtes und macht uns zu einem bestimmten ›Typ‹. Zum ›Original‹ aber werden wir durch unsere Einstellung zu unseren Anlagen, wie wir damit umzugehen lernen, was wir daraus entwickeln, damit unser Ureigenstes zum Ausdruck kommt.

Choleriker

Beim Choleriker sind die Ich-Kräfte vorherrschend. Er will sich und seinen Willen unter allen Umständen durchsetzen. Aggressivität ist eine hervorstechende Eigenschaft seines Wesens. Es sind die Blutskräfte, die sein feuriges Temperament bestimmen. Beim Choleriker ›kocht‹ häufig das Blut. Er empfindet alles besonders intensiv.

In sich hat der Choleriker einen starken, festen Mittelpunkt. An seiner äußeren Erscheinung fallen sein fester Tritt auf, seine sichere Haltung, seine scharf geschnittenen Gesichtszüge. Sein Blick ist feurig, oft hat der Choleriker kohlschwarze, funkelnde Augen. Seine Statur ist eher gedrungen.

Nur selten sagt der Choleriker zu etwas Ja, seine Grundhaltung wird vom Nein bestimmt. Positive Gefühle kann er nur schwer ausdrücken. Er ist leicht eifersüchtig und hat Angst vor Nähe und Hingabe. Andererseits kann er sehr empfindlich und leicht verletzbar sein.

Die Gefahren seines Temperaments, wenn es sich in die Einseitigkeit ausprägt, sind Zorn und Unbeherrschtheit. Im Extremfall kann das bis zur Tobsucht gehen. Seine Radikalität kann sich auch darin ausdrücken, daß er ein Ziel um des Zieles Willen verfolgt, ohne den Sinn zu hinterfragen.

Die Stärke des Cholerikers liegt in seiner Kraft zur Selbständigkeit und [14]Individuation.

[14] Prozeß der Selbstwerdung des Menschen, in dessen Verlauf sich das Bewußtsein der eigenen Individualität bzw. der Unterscheidung von anderen zunehmend verfestigt. Gegenteil: Sozialisation.

Phlegmatiker

Der Phlegmatiker ist ganz nach innen gewandt, nur selten richtet er sein Inneres nach außen. Er mag es behaglich und fühlt sich wohl, wenn in seinem Körper alles in Ordnung ist. Er interessiert sich nicht besonders für die Belange und Aufgaben anderer Menschen, kümmert sich andererseits aber permanent um andere. Der Phlegmatiker zeigt wenig Neigung, einen starken Willen zu entwickeln.

Auf der körperlichen Seite steht das Drüsensystem im Vordergrund. Oft ist der Phlegmatiker wohlbeleibt und hat einen schlottrigen Gang. Seine Physiognomie hat etwas Teilnahmsloses, sein Blick ist matt und farblos.

Der Phlegmatiker hat Angst, verlassen zu werden, und Angst vor Eigenständigkeit. Sein Denken und Fühlen kreisen stets um andere. Das kann bis zur Selbstaufgabe führen. Er ist der Gegenpol zum Choleriker, dem Egozentriker.

Die Gefahr der Einseitigkeit des phlegmatischen Temperaments liegt in Interesselosigkeit, die bis zum Stumpfsinn gehen kann.

Die Kraft des Phlegmatikers liegt in seinem Einfühlungsvermögen.

Sanguiniker

Obwohl das Wort Sanguiniker vom lateinischen ›sanguis‹, Blut, abgeleitet ist, wird dieses Temperament nicht von den Blutskräften bestimmt. Das sanguinische Temperament ist eigentlich ein urkindliches. Wie Kinder mit der ihnen angeborenen Leichtigkeit von einem Eindruck zum anderen hüpfen, so ist auch der Sanguiniker ständig in Gefahr, von seinen Seelenkräften bestimmt zu werden. Er lebt gern in seinen Vorstellungen und Bildern, gibt sich dem Auf und Ab seiner Gefühle hin, interessiert sich für vieles, ist schnell begeistert, aber auch ebensoschnell den Dingen gegenüber wieder gleichgültig. Der Sanguiniker lehnt Ordnung, Regeln, Freiheitsbeschränkungen ab und biegt sich die Realität zurecht. Er ist extrem anpassungsfähig.

Auf der körperlichen Ebene wird der Sanguiniker durch das Nervensystem bestimmt. Er ist innerlich wie äußerlich sehr beweglich. Sein Blick ist heiter und lustig, seine Bewegungen geschmeidig. Meist hat er eine schlanke Gestalt.

Die Gefahr einer einseitigen Ausprägung des sanguinischen Temperaments liegt in Unersättlichkeit und Flatterhaftigkeit bis hin zu chaotischer Narretei und Irrsinn.

Die Stärke des Sanguinikers liegt darin, die Unterschiedlichkeiten zu einen, zu vermitteln und diplomatisch zu sein.

Melancholiker

Wenn es darum geht, mitzuleiden, fühlt sich der Melancholiker in seinem Element. Seine Grundhaltung ist geprägt von Treue und Vernunft. Er will immer alles richtig machen. Gelassenheit ist für ihn ein Fremdwort. Aggressionen hält er lieber zurück.

Einen Menschen mit melancholischem Temperament erkennt man an dem meist gesenkten Blick, dem hängenden Kopf und dem gemessenen Gang, der etwas Festes und zugleich Schleppendes hat. Die Augen des Melancholikers sind oft trübe, und seine Stimmung ist häufig grüblerisch. Im ganzen gesehen hat er etwas Steifes, Schweres, Unbewegliches an sich. Sein ganzes Sein ist den Gesetzen des physischen Leibs unterworfen. Er steht sich dadurch oft selbst im Weg.

Der Melancholiker hat Angst vor Tod und Vergänglichkeit, vor Spontaneität und Wandel. Leidenschaft erschreckt ihn zutiefst. Er ist der Gegenpol zum Sanguiniker.

Bei einem ausgeprägt melancholischen Temperament besteht die Gefahr, in Trübsinnigkeit und Leid steckenzubleiben. Die Zwanghaftigkeit des Melancholikers kann bis zum Wahnsinn gehen.

Seine Stärke liegt in der Verläßlichkeit.

Welches Temperament herrscht vor?

Alle vier Temperamente sind immer aufeinander bezogen. Kein Mensch ist nur von einem einzigen Temperament geprägt. Trotzdem können Sie aus der Beantwortung des Fragenkatalogs auf Seite 165 ff. vielleicht erspüren, welches Temperament bei Ihnen vorherrscht. Im Zusammenhang mit Reinigung geht es wie gesagt darum, sich von einseitigen, übersteigerten und damit den Lebensfluß behindernden Ausprägungen eines Temperaments zu befreien. Nur dann können wir über die eigene Begrenztheit hinauswachsen, ohne unsere Einzigartigkeit zu verlieren. Es gilt die Spannungen und Ängste in sich wahrzunehmen und auszuhalten, um sich dann in einem Selbsterziehungsprozeß von sich selbst distanzieren zu können. Aus der Distanz erst werden krankmachende Tendenzen in uns deutlich. Dadurch wird Selbsterkenntnis möglich, und Selbstheilungskräfte werden aktiviert.

Berücksichtigen Sie auch, ob Sie eher ein ›A-Typ‹ sind, also ein Kältemensch, der viel Wärme braucht, oder ein ›B-Typ‹, also ein Wärmemensch, der das Bedürfnis nach Kühle und Bewegung hat (siehe auch Seite 61 f.).

Aus allen diesen Überlegungen wird sich ergeben, welche Methoden der Reinigung für Sie ganz persönlich am besten geeignet sind. Auf welcher Ebene

– Körper, Seele oder Geist – Sie auch ansetzen mögen, die anderen Ebenen werden als Ergebnis und Notwendigkeit der Erkenntnisse und Erfolge erster Schritte folgen.

Verstehen Sie bitte die nachfolgenden Tips nicht als zwingend. Natürlich haben Sie die Freiheit, sich auch für andere Methoden der Reinigung zu entscheiden. Wenn Sie sich nicht sicher sind, sollten Sie mit einem erfahrenen Naturheilpraktiker, einem naturheilkundlich und ganzheitlich orientierten Arzt oder einem Therapeuten sprechen. Die in diesem Buch vorgestellten Maßnahmen erheben darüber hinaus keinen Anspruch auf Vollständigkeit. Selbstverständlich kommen auch hier nicht berücksichtigte Methoden der Reinigung in Frage.

Tips für den Choleriker

Der Choleriker ist ein Wärmemensch, der das Bedürfnis nach Kühle und Bewegung hat. Auch hat er die Kraft, Dinge, die er sich vornimmt, durchzuhalten. Oft ist der Choleriker ein Pionier, zielorientiert und risikobereit. Demzufolge wird es ihm nicht schwerfallen, sich etwas zuzumuten. Wichtig ist, daß er sein Ziel kennt und davon überzeugt ist.

Wenn Sie sich im Choleriker wiedererkennen, dann sollten Sie sich auch einmal überlegen, ob Ihnen Ihr Temperament vielleicht mehr Schwierigkeiten als Erfolge im Leben beschert. Durch die Wahl der Ebene und der Methoden der Reinigung können Sie behindernde Einseitigkeiten ausgleichen oder aber Ihrer cholerischen Ausprägung gemäß handeln.

Da der Choleriker über ein starkes Durchhaltevermögen verfügt, ist die Frage, ob er mit der körperlichen, seelischen oder geistigen Reinigung beginnt, unerheblich. Er könnte sogar auf allen Ebenen gleichzeitig starten.

Körperliche Reinigung

- Sehr zu empfehlen für den Choleriker ist der *Aderlaß*. Das Herausfließen ›überschüssigen‹ Blutes kann sein ausgeprägtes Temperament zügeln.
- Auch blutiges *Schröpfen* ist ein gutes Mittel der körperlichen Reinigung für den Choleriker. Es beseitigt einen Energiestau und entlastet den Kreislauf.
- Da der Choleriker ein Wärmemensch ist, sind kalte *Wasseranwendungen*, *Meerwasserbäder* und zum Beispiel ein Aufenthalt an der Nordsee, der mit viel *Bewegung* wie Schwimmen und Radfahren verbunden ist, sehr wirksam und heilsam.

- Seine *Ernährung* sollte aus ›kalten‹ Nahrungsmitteln bestehen (siehe Tabelle Seite 184 f.).
- Reines Tee- und Wasser*fasten*, lediglich durch Gemüsebrühe ergänzt, wird der Choleriker gut durchhalten können.
- Wegen seines starken Willens wird er auch in der Lage sein, eine *Tibetische Reinigungskur* 12 Tage lang durchzustehen. Er sollte dazu ein kühlendes Getreide und einen kühlenden bzw. ›neutralen‹ Tee wählen.
- Der Choleriker sollte sich mit den *Farben* Blau und Grün umgeben. Dadurch wird sein überschießendes Temperament harmonisiert.
- Seiner Angst vor Nähe und Hingabe kann der Choleriker begegnen, indem er sich *Massagen* gönnt. Entsprechende *ätherische Öle* unterstützen wirkungsvoll den Reinigungsprozeß von innen und tragen allgemein zur Harmonisierung und Entspannung bei.

Seelische Reinigung

- Über *Atemtherapie* kann der Choleriker lernen, sich zu entspannen und seinen tiefen Gefühlen näherkommen. Tiefe Vollatmung wirkt immer ausgleichend und entspannend.
- *Bach-Blüten* können auf der seelischen Ebene beim Choleriker viel bewirken. Die Bach-Blüte Nr. 3, Beech (Rotbuche), wird auch Toleranzblüte genannt. Sie stärkt das Verständnis für die unterschiedlichen menschlichen Verhaltensweisen und schärft den geistigen Blick. Nr. 6 Cherry Plum (Kirschpflaume), die Loslaßblüte, führt zu mehr Gelassenheit in angespannten Situationen, hemmt unkontrollierte Wutausbrüche und entkrampft. Nr. 14 Heather (Schottisches Heidekraut), die Selbstbezogenheitsblüte, schafft mehr Einfühlungsvermögen für die Umwelt. Nr. 32 Vine (Weinrebe), die Autoritätsblüte, hilft zwischen gesundem und ungesundem Ehrgeiz zu unterscheiden.

Geistige Reinigung

- Ein Weg aus dem überschießenden Aktionismus des Cholerikers, der oft seine Kräfte überfordert, ohne daß er es merkt, ist das *Schweigen*. Wenn sich ein Choleriker dazu entschließen kann, ein Schweigeseminar zu besuchen, ist das für ihn sehr heilsam. Einerseits trägt es seiner Angst vor Nähe Rechnung, denn er muß sich nicht durch Worte ›entblößen‹, und niemand kommt ihm zu nahe. Andererseits wagt er dennoch Nähe, da er sich für einige Tage in eine Gruppensituation begibt. Häufig werden in solche Schweigeseminaren *Schweigen, Meditation* und *Fasten* miteinander verbunden.

Für den Choleriker ist es besonders wichtig, zu lernen und zu üben, die Leistungen anderer Menschen zu schätzen und zu achten.

Tips für den Phlegmatiker

Schon der Entschluß, sich überhaupt auf den Weg der Reinigung zu begeben, wird dem Phlegmatiker schwerfallen. Wenn Sie sich im Temperament des Phlegmatikers wiedererkennen, wissen Sie, wie wichtig es Ihnen ist, sich in Ihrem Körper wohl zu fühlen. Damit das so bleibt, sind regelmäßige Reinigungsmaßnahmen unumgänglich. Deshalb sollten Sie auf der körperlichen Ebene anfangen.

Körperliche Reinigung

- *Wechselbäder* bringen den Kreislauf des Phlegmatikers in Schwung, warme Bäder kommen seinem Genußbedürfnis entgegen.
- *Sonnenlicht* und die *Farben* Rot und Gelb wirken der Lethargie des Phlegmatikers entgegen.
- *Ätherische Öle* in Verbindung mit *Massagen* wird er besonders genießen.
- *Lymphdrainagen* entstauen den gesamten Organismus.
- *Bewegung*, bei der er sich fortbewegen muß, bringt den Phlegmatiker auch innerlich auf Trab.
- In der *Ernährung* sollten ›heiße‹ Nahrungsmittel mit ›kalten‹ abwechseln (siehe Tabelle Seite 184 f.).
- Der Phlegmatiker mag keine ›Hauruck-Methoden‹. Eine regelmäßige *Blut- und Säfte-Reinigung nach Dr. Erich Rauch* ist eine milde Möglichkeit, den Körper zu entgiften.
- *Apfelessig* und *Kwaß* wirken zusammenziehend und entgiftend.
- Alle Maßnahmen, an denen sich sein Wille schult, sind für den Phlegmatiker besonders geeignet.

Seelische Reinigung

- Wenn sich der Phlegmatiker entschließen kann, die Reinigung auch auf seelischer Ebene anzugehen, so führt ihn die Methode des *Process In-*

quiry wahrscheinlich am schnellsten auf den Punkt. Aber es wird ihm sicher nicht leichtfallen, sich in diesen Prozeß einzulassen.

- Da der Phlegmatiker ungern allein ist, wird er sich in Selbsterfahrungsgruppen wohl fühlen. Dadurch besteht auch die Möglichkeit, daß sein Interesse für andere Menschen und deren Probleme geweckt wird, wodurch ihm seine eigenen Probleme deutlicher werden können. Es bieten sich Gruppentherapien an, die sich mit *Traumarbeit*, *Biographischer Arbeit*, therapeutischer Theaterarbeit (zum Beispiel bei der *Life Energy Therapie*) oder ähnlichem beschäftigen. Alle diese Wege bieten dem Phlegmatiker die Chance, sich mit sich selbst zu befassen und eigenständig zu werden.
- Der Phlegmatiker ist sich entweder seiner selbst gar nicht bewußt und nur auf andere ausgerichtet oder interesselos und nur mit seinem Wohlbehagen beschäftigt. *Bach-Blüten* können ihm dabei helfen, die innere Begrenztheit zu überwinden und seine Stimmungslabilität in den Griff zu bekommen. Nr. 4 Centaury (Tausendgüldenkraut), die Willensblüte, lehrt ›Nein‹ zu sagen und die eigenen Bedürfnisse auch anderen gegenüber auszudrücken. Nr. 9 Clematis (Weiße Waldrebe), die Tagträumerblüte, macht gegenwartsbewußter und fördert die praktische Kreativität. Nr. 19 Larch (Lärche), die Selbstvertrauensblüte, gibt ein sicheres Fundament im Selbstwertgefühl und Selbstvertrauen. Nr. 25 Red Chestnut (Rote Kastanie), führt dazu, die eigene Persönlichkeit zu wahren und sich abgrenzen zu können, so daß das Wohl anderer nicht stets wichtiger ist als das eigene Wohl.

Geistige Reinigung

- Der Phlegmatiker gelangt wahrscheinlich am leichtesten von allen Temperamenten in einen Zustand der *Meditation*. Zen-Meditation kann ihn tief in sein Inneres führen. Darin liegt allerdings für diesen Menschentyp eine gewisse Gefahr, denn er könnte ›süchtig‹ danach werden und immer wieder versuchen, diesen Zustand herbeizuführen. Der Phlegmatiker hat Angst, verlassen zu werden, und Angst vor Eigenständigkeit. In der Meditation begegnet er der Symbiose von Alleinsein und ›All-eins-Sein‹. Er erlebt, daß er auch im Alleinsein nicht verlassen ist.
- Sich in das *Schweigen* und die Stille zurückzuziehen wird ihm dagegen schwerfallen, denn er kann es schlecht unterlassen, sich um andere zu kümmern. Doch wenn der Phlegmatiker einige Schritte seelischer Reinigung gegangen ist, wird daraus für ihn automatisch eine Form geistiger Reinigung erwachsen.

Der Phlegmatiker sollte entdecken lernen, daß es von Vorteil ist, sich die Interessen anderer vor Augen zu führen. Es geht nicht darum, sich permanent um andere zu kümmern, sondern darum, selbst Initiativen zu ergreifen. Dazu können ihm andere Menschen viel Anregung geben.

Tips für den Sanguiniker

Dem Sanguiniker wird es schwerfallen, sich für eine Ebene und Methode der Reinigung zu entscheiden. Er ist ein Luftmensch, eher warm als kalt, und seine Stimmungen wechseln sehr schnell von himmelhoch jauchzend bis zu Tode betrübt. Da er von seinen Seelenregungen bestimmt wird, dürfte es ihm aber entgegenkommen, mit der Reinigung auf der seelischen Ebene zu beginnen.

Körperliche Reinigung

- Da der Sanguiniker mit Begeisterung vieles ausprobiert, stehen ihm auch zahlreiche Möglichkeiten der körperlichen Reinigung offen: durch *ätherische Öle, Edelsteine, Fasten*, alle Arten der *Bewegung*, *Massagen*, *Fußreflexzonenbehandlung*, *Spagyrik* und *Sauna*.
- Die *Farbe* Rot stärkt seinen Willen, Orange gibt ihm Kraft, Blau beruhigt überschießende Gefühle, und Grün harmonisiert.
- Der Sanguiniker sollte bei seiner *Ernährung* auf die Ausgewogenheit von ›heißen‹ und ›kalten‹ Nahrungsmitteln achten und möglichst viele ›neutrale‹ Lebensmittel essen (siehe Tabelle Seite 184 f.).

Seelische Reinigung

- Durch *Traumarbeit* kann der Sanguiniker Klarheit in seine Gefühlswelt bringen.
- Die *Logotherapie* zwingt ihn dazu, die Notwendigkeit gewisser Regeln in seinem Leben zu erkennen, ohne daß er Angst haben müßte, in seinem Freiheitsdrang beschnitten zu werden.
- Das *Aura-Soma*-System wird schon allein wegen der vielen leuchtenden Farben seinen Sinn für Vielfältigkeit ansprechen.
- Durch *Atemtherapie*, besonders *Rebirthing*, gelangt der Sanguiniker zu innerer Harmonie und kann sich seine drängendsten Probleme bewußtmachen.

- Von den *Bach-Blüten* eignen sich folgende für den Sanguiniker: Nr. 5 Cerato (Bleiwurz), die Intuitionsblüte, schafft Vertrauen in die eigene Intuition und verhilft dazu, zur eigenen Meinung zu stehen. Nr. 7 Chestnut Bud (Knospe der Roßkastanie), die Lernblüte, hilft, tägliche Erfahrungen bewußter zu verarbeiten und konstruktiver umzusetzen. Nr. 18 Impatiens (Springkraut), die Geduldsblüte, mäßigt Nervosität und verhilft zu Geduld. Nr. 28 Scleranthus (Einjähriger Knäuel), die Gleichgewichtsblüte, stärkt die Entscheidungsfähigkeit. Nr. 33 Walnut (Walnuß), die Neubeginnblüte, kann Wankelmütigkeit in Entscheidungssituationen entgegenwirken und der inneren Stimme Gehör verschaffen. Nr. 36 Wild Oat (Waldtrespe), die Vielseitigkeitsblüte, schafft klare Zielvorstellungen.

Geistige Reinigung

- Dem Sanguiniker wird es besonders schwerfallen zu schweigen. Er sollte mit geführten *Meditationen* (Phantasiereisen) beginnen, die seine Phantasie anregen. Dann kann er mit kurzen täglichen Übungen von 5 bis 10 Minuten Dauer, während der er seinen Atem beobachtet, versuchen, seine Gedanken zur Ruhe kommen zu lassen. Besonders gut wird er sich bei Bewegungsmeditationen fühlen.

Der Sanguiniker sollte Liebe und Anhänglichkeit zu einem für ihn wichtigen Menschen entwickeln lernen.

Tips für den Melancholiker

Beim Melancholiker ist alles Körperliche besonders verfestigt. Deshalb sollte er mit der Reinigung auf der körperlichen und materiellen Ebene anfangen.

Körperliche Reinigung/Freimachen von belastendem Besitz

- Seine Räume von unguten Energien zu säubern und sich von belastendem Besitz zu trennen wäre für den Melancholiker der erste Schritt, um einer Überbetonung seines Temperaments entgegenzuwirken.
- Auf körperlicher Ebene sind für den Melancholiker alle Maßnahmen der *Darmreinigung* geeignet, da er häufig unter Verstopfung leidet.
- *Atemübungen* bringen seine zurückgehaltenen Energien in Fluß.

- *Bewegung* würde der Unbeweglichkeit des Melancholikers guttun, doch sollte er auf jeden Fall darauf achten, daß er Spaß daran hat. Durch *Yoga* beispielsweise kann er lernen, geschmeidiger zu werden.
- Auch wohltuende *Massagen* wirken seiner Verfestigung entgegen.
- Trockenes *Schröpfen* hilft, Energie in unterversorgte Bereiche des Körpers zu lenken.
- *Akupunkt-Massage* harmonisiert den gesamten Energiefluß des Melancholikers.
- Durch *Sauna*gänge kann der Melancholiker seiner inneren Kälte entgegenwirken.
- Auch seine *Ernährung* sollte aus ›heißen‹ Nahrungsmitteln bestehen (siehe Tabelle Seite 184 f.). Die Frische der Lebensmittel spielt bei ihm eine besonders große Rolle.
- Da Wasser Erde aufweicht und der Melancholiker dem Erdelement zugehörig ist, wirken sich alle warmen *Wasseranwendungen* besonders günstig auf seine Konstitution aus.
- Die *Farbe* Rot gibt ihm Energie, und Gelb erhellt sein Gemüt. Der Melancholiker sollte sich deshalb auch so oft wie möglich dem *Sonnenlicht* aussetzen.

Seelische Reinigung

- Die Arbeit mit dem *Enneagramm* kommt den grüblerischen Tendenzen des Melancholikers sehr entgegen.
- Durch *Biographische Arbeit* kann er erkennen, daß er im Leben nichts erzwingen kann und daß sich nichts festhalten läßt. Es wird ihm leichter fallen, die Kontrolle aufzugeben.
- Durch *Traumarbeit* besteht die Chance, daß er sich mit seinem Unbewußten auseinandersetzt.
- Dank der Energien der *Bach-Blüten* wird es dem Melancholiker gelingen, seine starre Seelenhaltung aufzulockern. Nr. 8 Chicory (Wegwarte), die Taktikblüte, bewahrt vor Selbstmitleid und ermöglicht spontane Gefühlszuwendung, ohne jemandem die eigenen Vorstellungen aufdrücken zu wollen. Nr. 11 Elm (Ulme), die Verantwortungsblüte, läßt Probleme in den richtigen Dimensionen erkennen. Nr. 12 Gentian (Herbstenzian), die Skeptikerblüte, gibt Vertrauen. Nr. 15 Holly (Stechpalme), die Liebesblüte, läßt Großherzigkeit entwickeln. Nr. 16 Honeysuckle (Geißblatt), die Vergangenheitsblüte, verhilft dazu, in der Gegenwart zu bleiben. Nr. 21 Mustard (Wilder Senf), die Weltschmerzblüte, führt zu heiterer Gelassenheit und innerer Stabilität. Nr. 22 Oak (Eiche), die Durchhalte-

blüte, läßt eigene Leistungsgrenzen erkennen, ohne daß die Pflichttreue dabei in Mitleidenschaft gezogen wird. Nr. 34 Water Violet (Sumpfwasserfeder), die Isolationsblüte, bewirkt Aufgeschlossenheit gegenüber anderen Menschen. Nr. 35 White Chestnut (Weiße Kastanie), die Gedankenblüte, bewahrt vor Grübeleien.

Geistige Reinigung

- Dem Melancholiker wird *Schweigen* nicht schwerfallen. Um aus seiner häufig bestehenden Einsamkeit herauszufinden, sollte er das Schweigen als Gruppenerfahrung erleben, da sich dabei auch Möglichkeiten anderer Gemeinsamkeiten bieten, etwa *Meditation*, *Fasten*wanderungen, *Sauna*gänge und Badeerlebnisse. Auf der anderen Seite kann den Melancholiker eine lange Periode einsamen Schweigens auch aus seiner Isolation herausholen, weil er dann vielleicht das Bedürfnis entwickelt, ein wenig mehr Leichtigkeit in sein Leben zu bringen.

Grundsätzlich ist es die Aufgabe des Melancholikers, ein mitfühlendes Herz für das Schicksal anderer Menschen zu entwickeln.

Nachwort

Dieses Buch zu schreiben hat mich selbst wieder bewußter, achtsamer und klarer werden lassen. Dafür bin ich dankbar. Was immer wir auch tun, sollte einer bewußten Entscheidung entspringen. Im Grunde kommt es gar nicht so sehr darauf an, was wir tun, sondern vielmehr, mit welcher inneren Haltung dies geschieht. Wenn wir uns täglich für Wesentliches entscheiden, bereit sind, uns auf das Leben einzulassen, und die dafür nötige Offenheit entwickeln, werden wir den Sinn des Augenblicks erkennen, Liebe zu unseren Aufgaben, den Menschen, der Erde und uns selbst finden und uneingeschränkt JA zum Leben sagen können. Bewußtheit macht das Leben nicht immer einfacher. Aber Bewußtheit macht es reicher, tiefer, spannender und sinnvoller. Wir alle sind Mitgestalter dieser Welt und mitverantwortlich für das, was in ihr geschieht.

Auch ein Buch zu schreiben birgt Verantwortung. Leser und Autor treten in eine geheimnisvolle Verbindung, in eine seelische Beziehung zueinander. Mir ist bewußt, daß das Thema Reinigung nicht auf knapp 200 Seiten umfassend behandelt werden kann. Aber ich wünsche mir, daß es ein Anstoß zu einem weiterführenden Dialog ist und dazu, mehr menschliche Freiheit in Eigenverantwortung zu leben.

Das Wesentliche, bei allem was wir tun, ist die Liebe. Deshalb möchte ich mit Worten aus den Upanischaden, kleinere religiös-philosophische Sanskrit-Texte, dieses Buch beenden:

Pflicht ohne Liebe macht verdrießlich.
Verantwortung ohne Liebe macht rücksichtslos.
Gerechtigkeit ohne Liebe macht hart.
Wahrheit ohne Liebe macht kritiksüchtig.
Klugheit ohne Liebe macht gerissen.
Freundlichkeit ohne Liebe macht heuchlerisch.
Sachkenntnis ohne Liebe macht rechthaberisch.
Macht ohne Liebe macht gewalttätig.
Besitz ohne Liebe macht geizig.
Glaube ohne Liebe macht fanatisch.

Anhang

Tabelle ›kalte‹, ›heiße‹ und ›neutrale‹ Nahrungsmittel

Kalte, erfrischende Nahrungsmittel

Getreide/Brot Dinkel, Gerste, Langkornreis, Roggen, Weizen; Hefebrot, Sauerteigbrot

Fleisch/Fisch Ente, Gans, Pute, Truthahn; Austern, Kaviar, Tintenfisch

Gemüse Artischocke, Aubergine, Avocado, Blumenkohl, Brokkoli, Chicorée, Gurke, Kohlrabi, Mangold, Oliven, Paprika, Pilze, Radicchio, Radieschen, Rettich, Rote Bete, Salat, Sauerkraut, Schwarzwurzel, Sellerie, Spargel, Spinat, Sprossen, Tomate, Zucchini

Hülsenfrüchte/Nüsse und Samen Gelbe Sojabohnen, Kichererbsen, Mungobohnen, Schwarze Sojabohnen; Cashewnüsse, Sonnenblumenkerne

Obst Ananas, Apfel, Banane, Birne, Brombeere, Erdbeere, Heidelbeere, Holunderbeere, Johannisbeere, Kaki, Kiwi, Mango, Melone, Orange, Pampelmuse, Papaya, Preiselbeere, Quitte, Rhabarber, Sauerkirsche, Stachelbeere, Zitrone

Milchprodukte Dickmilch, Frischkäse, Joghurt, Kefir, Quark, Sauermilch, Saure Sahne, Schwedenmilch

Getränke/Spirituosen Apfelsaft, Brottrunk (Kwaß), Fruchtsaft, Gemüsesaft, grüner Tee, Kräutertee (Hagebutte, Hibiskus, Malve, Melisse, Pfefferminze, Salbei), Mineralwasser, schwarzer Tee; Altbier, Champagner, Pils, Prosecco, Weizenbier, Wermut

Gewürze und Kräuter/Öle/Sonstiges Ahornsirup, Estragon, Kresse, Miso, Salbei, Salz, Sojasauce; Olivenöl, Sesamöl, Sojaöl, Sonnenblumenöl, Weizenkeimöl; Sojamilch, Tofu

Heiße, wärmende Nahrungsmittel

Getreide Amaranth, Grünkern, Hafer, Rundkornreis, Sago

Fleisch/Fisch alle gegrillten Fleischsorten, Fasan, Hammel, Hirsch, Huhn, Lamm, Rebhuhn, Reh, Schaf, Wildschwein, Ziege; alle geräucherten Fischsorten, Aal, Barsch, Forelle, Garnele, Hummer, Kabeljau, Lachs, Languste, Muscheln, Sardellen, Scholle, Shrimps, Thunfisch

Gemüse Fenchel, Frühlingszwiebel, Kastanie, Kürbis, Lauch, Meerrettich, Süßkartoffel, Zwiebel
Nüsse und Samen Pinienkerne, Pistazien, Walnüsse
Obst Aprikose, Korinthe, Pfirsich, Rosine, Süßkirsche
Käse und Milchprodukte Harzer Käse, Münster Käse, Schafskäse, Schimmelkäse, Ziegenkäse, Ziegenmilch
Getränke/Spirituosen Fencheltee, Getreidekaffee, Kaffee, Kirschsaft, Kokosmilch, Yogitee; Glühwein, Honigwein, Likör, Reiswein, Rotwein, Schnaps, Whiskey, Wodka
Gewürze und Kräuter Basilikum, Beifuß, Cayennepfeffer, Chili, Curry, Dill, Essig, Fenchelsamen, Ingwer, Kakao, Kardamom, Knoblauch, Koriander, Kreuzkümmel, Kümmel, Liebstöckel, Lorbeer, Majoran, Mohn, Muskat, Nelke, Oregano, Paprika, Petersilie, Pfeffer, Piment, Rosmarin, Schnittlauch, Senf, Sternanis, Tabasco, Thymian, Vanille, Wacholderbeere, Zimt

Neutrale Nahrungsmittel

Getreide Hirse, Mais
Fleisch/Fisch Kalb, Hase, Rind; Karpfen
Gemüse und Hülsenfrüchte alle Kohlsorten, Buschbohne, Erbse, Feldsalat, Karotte, Kartoffel, Linse, Rosenkohl, Rote Sojabohne, Rübe, Saubohne, Stangenbohne
Nüsse und Samen Erdnüsse, Haselnüsse, Kokosnüsse, Mandeln, Sesam
Obst Dattel, Feige, Pflaume, Traube
Käse und Milchprodukte Butter, Ei, Käse, Kuhmilch, Sahne
Getränke Malzbier, Traubensaft, Süßholztee
Gewürze Honig, Malz, Rohzucker, Safran

Literatur- und Quellenverzeichnis

Aschner-Fibel, Abele/Stiefvater, Haug-Verlag, Heidelberg
Das Enneagramm, Die neun Gesichter der Seele, Richard Rohr, Andreas Ebert, Claudius Verlag, München
Das Geheimnis der menschlichen Temperamente, Rudof Steiner, Zbinden Verlag, Basel
Das große Gesundheitsbuch der Heiligen Hildegard von Bingen, Ellen Breindl, Econ Verlag, Düsseldorf
Das große Lexikon der Heilsteine und Düfte, Edition Methusalem, Neu-Ulm
Das Handbuch des Deutschen Aberglaubens, Thomas Schweer, Heyne Verlag, München
Das Tao Lebenselixier, Gérard Edde, Edition Tramontane, St. Goa
Duden Fremdwörterbuch, 4. Auflage, Bibliographisches Institut, Mannheim
Duftführer, Dr. B. Rieder/F. Wollner, Börwang
E-XXX-Zusätze in Lebensmitteln, Thomas Doering
Ernährung nach den Fünf Elementen, Barbara Temelie, Joy Verlag GmbH, Sulzberg
Ernährungsrundbrief Nr. 85 und 106, Arbeitskreis für Ernährungsforschung, Bad Liebenzell
Eutonie, Das Verhaltensmuster des menschlichen Wohlbefindens, Volkmar Glaser, Haug Verlag, Heidelberg
Fit fürs Leben Teil 2, Harvey und Marilyn Diamond, Waldthausenverlag, Ritterhude
Gesund und schön durch Ayurveda, Andrea-Anna Cavelius/Birgit Frohn, Südwest-Verlag, München
Gesundheit aus dem Meer, Prof. Dr. H.-J. Holtmeier, Molden-S. Seewald, München
Grundformen der Angst, Fritz Riemann, Ernst Reinhardt Verlag, München
Hauterkrankungen als Botschaften der Seele, Anne Maguire, Walter-Verlag
Heilmittelverzeichnis WALA, 15. Auflage, WALA Heilmittel GmbH, Eckwälden, Bad Boll
Judentum, Philip Sigal, Kohlhamer Verlag
Krankheit als Symbol, Dr. Rüdiger Dahlke, Bertelsmann Verlag
Kräuterspagyrik, Hans-Josef Fritsch, Hugendubel Verlag, München
Lehrbuch für Heilpraktiker, Richter, Urban & Schwarzenberg, München
Nutze die Heilkraft unserer Nahrung, Dr. med. E. Schneider, Saatkorn-Verlag, Hamburg
Pschyrembel, Klinisches Wörterbuch, 258. Auflage, Walter de Gruyter, Berlin
Psychotherapeutische Entwicklung, Dr. Stèphano Sabetti, Institut für Life Energie, München
Schweinefleisch und Gesundheit, Dr. H.-H. Reckeweg, Aurelia-Verlag, Baden-Baden
So hilft Kneipp bei ..., Prof. Dr. H.-J. Reimann, Verlag Orac, München
Wasser, Wilfried Hacheney, Aquädukt Dingefelder, Aquädukt Andechs
Weleda-Nachrichten, Heft 191, Weleda AG, 73552 Schwäbisch Gmünd
Yoga mit Heilwirkungen, Werner Vogel/Marlies Dorschner, Schnitzer-Verlag, St. Georgen
Zusatzstoffe von A–Z, Bundesverband Deutscher Reformhäuser, Oberursel/Taunus

Weiterführende Literatur

Aroma-Therapie, Christine Stead, Econ-Verlag, Düsseldorf
Bach Blütentherapie, Mechthild Scheffer, Hugendubel Verlag, München
Das haben wir nicht gewollt, Johannes Hemleben, Urachhaus-Verlag
Der erfahrbare Atem, Ilse Middendorf, Junfermann Verlag, Paderborn
Die sanfte Kraft der edlen Steine, Harish Johari, Windpferd-Verlag, Aitrang

Die Zukunft bauen, Sarah Rossbach, Knaur Ratgeber
Duftheilkunde, René A. Strassmann, AT-Verlag, Aaarau, Schweiz
Fasten, Brigitte Fabian, Mosaik Verlag, München
Feng-Shui und ökologische Landschaftsgestaltung, Wohnen ist Leben, Feng Shui und harmonische Raumgestaltung, Die Kunst des Wohnens, Derek Walters, O.W. Barth Verlag
Gelebte Träume sind die besten Träume, Klausbernd Vollmar/Johannes Fiebig, Königsfurt Verlag, 24796 Klein Königsförde
Gesunde Haut mit Heilkräuter-Essenzen, Dr. D. Gümbel, Haug-Verlag, Heidelberg
Grundlegendes für eine Erweiterung der Heilkunst nach geisteswissenschaftlichen Erkenntnissen, WALA Heilmittel GmbH, Eckwälden, Bad Boll
Heilende Edelsteine, Reinhard Florek, Windpferd-Verlag, Aitrang
Heilkraft der Kristalle, Uma-Silbey, Peter Erd Verlag, München
Himmlische Düfte, Susanne Fischer Rizzi, Hugendubel, Irisiana, München
Indianische Heilgeheimnisse, Gerhard Buzzi, Bastei Lübbe
Krishnamurti, Revolution durch Meditation, Humata Verlag, Schwabe GmbH, Bad Homburg
Lebensmittel-Qualität und bewußte Ernährung, Petra Kühne, Verlag Freies Geistesleben
Meditation, Osho, Osho-Verlag, Zürich
Musik und Transzendenz, Dr. Otto Zsok, EOS Verlag, Erzabtei St. Ottilien
Träume – Suchbilder der Seele, Günther Feyler, Esotera Taschenbuch, Verlag Hermann Bauer, Freiburg/Breisgau
Vom Typ zum Original, Ein Praxisbuch zum Enneagramm, Uwe Böschemeyer, SKV Edition, Lahr
Wie neugeboren durch Heilkräuter-Essenzen, Dr. D. Gümbel, Gräfe und Unzer, München

Wichtige Adressen

Aura-Soma-Beratung, Sabine Schaefer, Birkenleiten 32, 81543 München
Bach Centre, German Office, Eppendorfer Landstr. 32, Hamburg
Bellassana-Institut, Ganzheitliche Gesundheitsvorsorge, Therapie und Schulung, Brigitte Fabian, Hiltenspergerstr. 11, 80798 München
Deutsche Gesellschaft für Geobiologie e.V. (Magnetfeldmessungen), Sandweg 3, 93161 Sinzing
Geo-Biologischer Arbeitskreis, Nordbayern e.V. (Magnetfeldmessungen), Jakobinenstr. 8, 90762 Fürth
Institut für Gesundheitspflege (Darmsanierung nach Gray), W.H. Müller, Rätikonweg 45, 88239 Wangen
Internationaler Therapeutenverband, Akupunkt-Massage nach Penzel e.V., Willy-Penzel-Platz 2, 37619 Heyen
Life Energy Infostation (Life Energy Institute), Heide Bongers, Winkstr. 3, 81373 München
Natur Vital Knöbel & Merker GmbH, Food State Vitamine, Mineralien und Spurenelemente, Kronthaler Str. 11, 61462 Königstein
Phönix Laboratorium GmbH, 71145 Bondorf
Primavera Life (Ätherische Öle), Am Fichtenholz 5, 87477 Sulzberg
Süddeutsches Institut für Logotherapie GmbH, Geschwister-Scholl-Platz 8, 82256 Fürstenfeldbruck
WALA Heilmittel GmbH (Anthroposophische Heilmittel), 73085 Eckwälden, Bad Boll
Weleda AG Heilmittelbetriebe (Anthroposophische Heilmittel), 73525 Schwäbisch Gmünd

Register